雍正帝朝服像

雍正手持如意

雍正帝觀書像

雍正帝藏傳佛教袈裟像

雍正帝道袍像

雍正帝農裝像

胤禎像，時年約三十歲

（上）雍正十七弟果親王允禮所繪之雍正像
（下）雍正帝著西洋服裝所繪之肖像

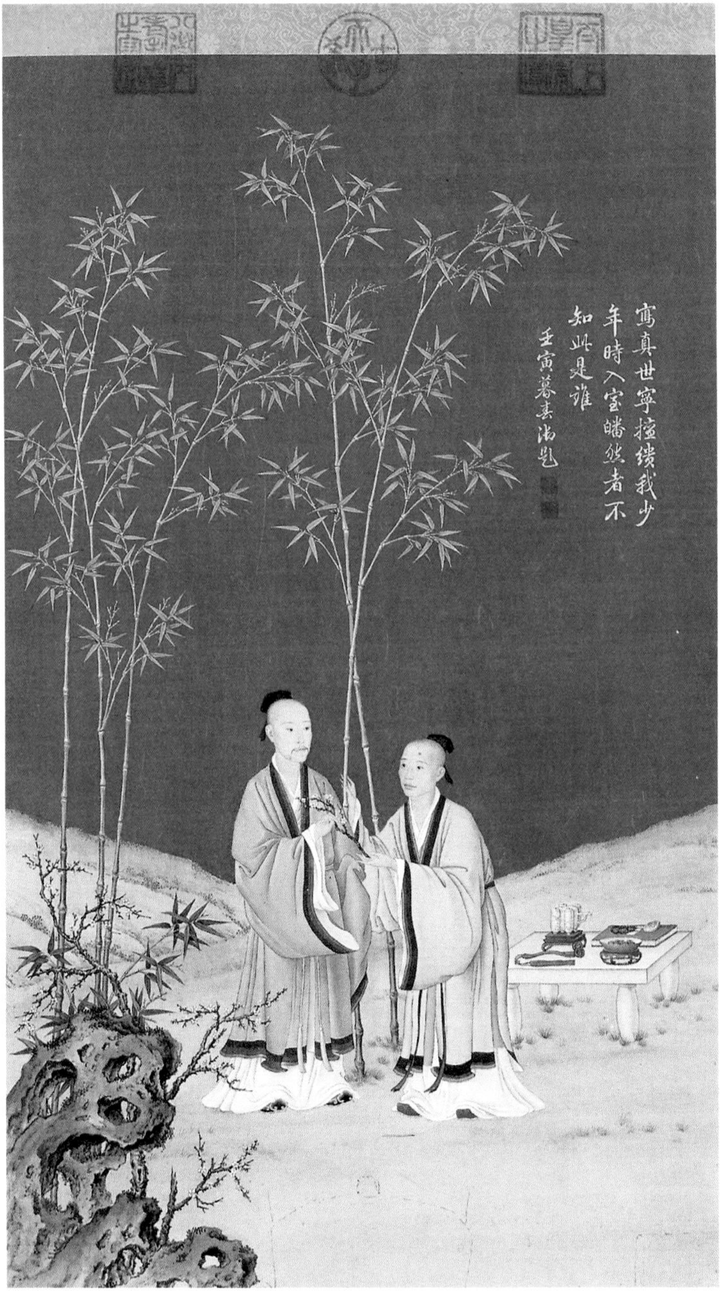
寫真世寧擅繢我少
年時入室皤然者不
知此是誰
壬寅暮春御題

郎世寧《平安春信圖》中身著漢裝的雍正帝與乾隆帝

雍正帝《行樂圖》其一。雍正帝與眾皇子春遊花園，正準備擺膳

雍正帝《行樂圖》其二。雍正帝與嬪妃身著漢裝，在圓明園遊樂

康熙帝玄燁朝服像

雍正的生母德妃烏雅氏朝服像

雍正的第一任皇后：孝敬憲皇后喇那氏

雍正的第二任皇后孝聖憲皇后鈕祜祿氏朝服像。是弘曆的生母，被康熙讚為「有福之人」的兒媳

雍正第四子弘曆，幼年時即受康熙喜愛，送入宮中撫育

雍正帝妃常服像

雍正十三弟胤祥像

雍正十四弟允禵夫婦像

雍正以後的清帝寢宮皆位於養心殿

北京雍和宮，原為雍親王府，雍正死後亦曾停棺與此

雍正手書的對聯，其書法造詣高，亦受康熙的喜愛

雍正時期皇后禮服（石青緞繡五彩雲金龍朝掛）

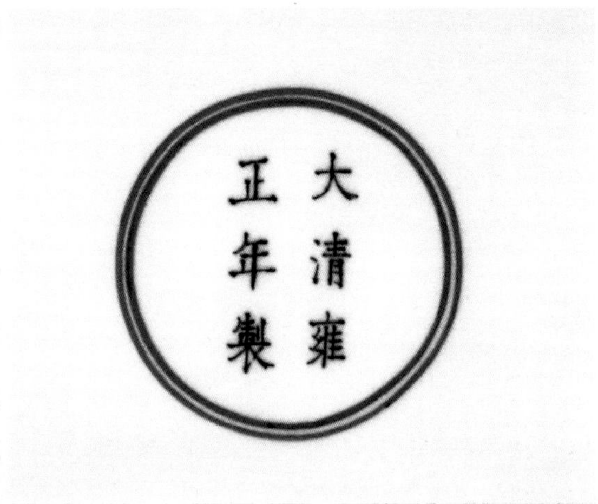

景德鎮窯製「粉彩桃樹紋大皿」，底部有「大清雍正年製」字樣

親切的、活潑的、趣味的、致用的

實用歷史叢書

遠流出版公司

實用歷史

雍正寫真

陳捷先 著

出版緣起

王榮文

・歷史就是大個案

《實用歷史叢書》的基本概念，就是想把人類歷史當做一個（或無數個）大個案來看待。

本來，「個案研究方法」的精神，正是因爲相信「智慧不可歸納條陳」，所以要學習者親自接近事實，自行尋找「經驗的教訓」。

經驗到底是教訓還是限制？歷史究竟是啓蒙還是成見？——或者說，歷史經驗有什麼用？可不可用？——一直也就是聚訟紛紜的大疑問，但在我們的「個案」概念下，叢書名稱中的「歷史」，與蘭克（Ranke）名言「歷史學家除了描寫事實『一如其發生之情況』外，再無其他目標」中所指的史學研究活動，大抵是不相涉的。在這裡，我們更接近於把歷史當做人間社會情境體悟的材料，或者說，我們把歷史（或某一組歷史陳述）當做「媒介」。

・從過去了解現在

爲什麼要這樣做？因爲我們對一切歷史情境（milieu）感到好奇，我們想浸淫在某個時代的思考環境來體會另一個人的限制與突破，因而對現時世界有一種新的想像。

通過了解歷史人物的處境與方案，我們找到了另一種智力上的樂趣，也許化做通俗的例子我們可以問：「如果拿破崙擔任遠東百貨公司總經理，他會怎麼做？」或「如果諸葛亮主持自立報系，他會和兩大報紙持哪一種和與戰的關係？」

從過去了解現在，我們並不眞正尋找「重複的歷史」，我們也不尋找絕對的或相對的情境近似性。「歷史個案」的概念，比較接近情境的演練，因爲一個成熟的思考者預先暴露在衆多的「經驗」裡，自行發展出一組對應的策略，因而就有了「教育」的功能。

・從現在了解過去

就像費夫爾（L. Febvre）說的，歷史其實是根據活人的需要向死人索求答案，在歷史理解中，現在與過去一向是糾纏不清的。

在這一個圍城之日，史家陳寅恪在倉皇逃死之際，取一巾箱坊本《建炎以來繫年要錄》，抱持誦讀，讀到汴京圍困屈降諸卷，淪城之日，謠言與烽火同時流竄；陳氏取當日身歷目睹之事與史實印證，不覺汗流浹背，覺得生平讀史從無如此親切有味之快感。

觀察並分析我們「現在的景觀」，正是提供我們一種了解過去的視野。歷史做爲一種智性活動，也在這裡得到新的可能和活力。

如果我們在新的現時經驗中，取得新的了解過去的基礎，像一位作家寫《商用廿五史》，用企業組織的經驗，重新理解每一個朝代「經營組織」（即朝廷）的任務、使命、環境與對策，竟然就呈現一個新的景觀，證明這條路另有強大的生命力。

我們刻意選擇了《實用歷史叢書》的路，正是因爲我們感覺到它的潛力。我們知道，標新並不見得有力量，然而立異卻不見得沒收穫；刻意塑造一個「求異」之路，就是想移動認知的軸心，給我們自己一些異端的空間，因而使歷史閱讀活動增添了親切的、活潑的、趣味的、致用的「新歷史之旅」。

你是一個歷史的嗜讀者或思索者嗎？你是一位專業的或業餘的歷史家嗎？你願意給自己一個偏離正軌的樂趣嗎？請走入這個叢書開放的大門。

〈推薦人的話〉

雍正寫眞　正大光明

莊吉發

辛亥革命推翻清朝政權以後，政治上的禁忌，雖然已經解除，但是，反滿的情緒，仍然十分高昂，清朝政府的功過得失，人言嘖嘖，否定多於肯定。孟森著《清代史》指出，「清一代武功文治，幅員人材，皆有可觀。明初代元，以胡俗爲厭，天下既定，即表章元世祖之治，惜其子孫不能遵守。後代於前代，評量政治之得失，以爲法戒，乃所以爲史學。革命時之鼓煽種族，以作敵愾之氣，乃軍旅之事，非學問之事也。故史學上之清史，自當占中國累朝史中較盛之一朝，不應故爲貶抑，自失學者態度。」歷史研究，筆則筆，削則削，清朝歷史是我國歷代以來較強盛的朝代，其成敗得失，足爲後世殷鑒，貶抑清代歷史，無異於自形縮短中國歷史。陳捷先教授著作等身，近著《康熙寫眞》出版後，緊接著又出版《雍正寫眞》，都是可讀性很高的暢銷著作。清朝入關後，統治中國歷時二百六十八年（一六四四～一九一一），其間，康熙皇帝在位六十一年（一六六二～一七二二），雍正皇帝在位十三年（一七二三～一七三五），乾隆皇帝在位六十年（一七三六～一七九五），這三朝皇帝在位共一百三十四年，恰好佔了清代歷史的一半，其文治武功，遠邁漢唐，這三朝即所謂盛清時期，倘若缺少了雍正朝，則盛清時期的文治武功，必然大爲遜色。陳教授在《雍正寫眞》前言中指出，雍正皇帝勤於政事，勇於改革，是一位難得的帝王，清朝盛世沒有他，就無法建立，中衰時代，可能提早來臨。的確如此，雍正皇帝是促進清朝歷史發展的重要人物，也是清朝歷史承先啓後的政治家，他的歷史成就與地位是應該受到肯定的。《雍正寫眞》也指出，辛亥革命以後，推翻清朝的種族口號成功，清代的「醜事惡政」全都被渲染開來，根本偏離了史實，一直被大家目爲「暴君」的雍正皇帝，當然就被更加醜化，更加貶損，而深入人心。今天很多史料公開了，清史也被人重新作評價了。雍正皇帝的生平、事功與歷史地位也都有了新的詮釋。因此，陳教授希望現代的人，能摒除前人的種族成見，審愼的看清朝歷史，審愼的看雍正皇帝。陳教授的論點是客觀的，態度是審愼的。

雍正皇帝登基以後，對他不利的八卦新聞就蜚短流長，謠言滿天飛。長期以來，對雍正皇帝的負面評價，固然有一部分與他的個性、作風有關，大部分卻是他當時的政敵或失意政客編造出來的，加上種族成見的推波助瀾，歷史小說的虛構杜撰，終於讓人們認爲雍正皇帝是一位兇殘的暴君，是個喜怒不定的獨裁者。直到今天，還有不少人相信雍正皇帝矯詔篡位，謀父逼母，弒兄屠弟，貪財好利，誅戮忠臣，眾口鑠金。陳教授指出，根據不可靠的證據定人於罪，那是不公平的。《雍正寫眞》一書就是利用可信的歷史材料，剖析雍正皇帝的性格、爲人與政治得失，進行縱向和橫向研究，從而讓讀者認識眞正雍正皇帝的面目，認識眞正的雍正時代的清朝。

康熙皇帝向來反對服用人參，他認爲亂服人參，與病不投，對身體有損無益，南方人一病不支者，俱係動輒服用人參之故。雍正皇帝即位不久，在京師就開始傳說康熙皇帝在暢春園病重，雍正皇帝就進一碗人參湯，不知何如？康熙皇帝就崩了駕，雍正皇帝就登了位。還傳說康熙皇帝原傳十四阿哥允禵天下，雍正皇帝將「十」字改爲「于」字，而篡了十四阿哥的天下。《雍正寫眞》一書指出，改「十」字爲「于」字的傳說，是無稽之談。康熙皇帝年近古稀，他自從兩度廢黜皇太子以後，身心交瘁，諸病時發，終於一病不起崩了駕。因此，陳教授認爲康熙皇帝既然一向反對人用人參進補，雍正皇帝怎麼可能進人參湯呢？陳教授的分析是符合歷史事實的。康熙皇帝因爲喝了人參湯而駕崩的傳說，確實不足採信。失敗者輸不起，必然會在雍正皇帝繼位的是否合法問題上大作文章，誣謗謠言遂不脛而走，後世相信謠言，也正是同情失敗者的常情。

富豪家庭，惟恐子弟眾多，多則亂生，帝王之家，何獨不然。康熙皇帝子女眾多，爲歷代所罕見，據《清史稿·后妃傳》的記載，康熙皇帝的后妃嬪貴人有姓氏可查者共三十二人，所生皇子共三十五人，皇女共二十人。皇太子胤礽被廢以後，皇子們個個都有帝王夢，彼此樹黨暗鬥，以角逐皇位。雍正皇帝即位後，他的政敵仍然心有不甘，尤其是皇八子允禩、皇九子允禟等一黨人的勢力最大，雍正皇帝開始秋後算帳，那些曾經參與過康熙末年皇位繼承鬥爭的兄弟們，一個也不曾輕易地放過。雍正皇帝最恨允禩、允禟，因而對他們的整肅手段也最殘忍，不單是百般侮辱，而且命令削奪他們的宗室身分，更改不雅名字，也有人懷疑他們是被雍正皇帝指使人毒害他們致死的。《雍正寫眞》已指出，論人貴平心，尤須審時勢，因爲繼承鬥爭是康熙皇帝引發的，所以責難雍正皇帝一人，是不是眞正的公平，值得考慮。《清史稿・世宗本紀論》也有一段論述：「聖祖政尚寬仁，世宗以嚴明繼之。論者比於漢之文景，獨孔懷之誼，疑於未篤。然淮南暴伉，有自取之咎，不盡出於文帝之寡恩也。」誠然，兄弟鬩牆，骨肉相殘，允禩等諸兄弟也有自取之咎，並非盡出雍正皇帝一人的刻薄寡恩。

康熙皇帝一心想做儒家的仁君，他的用人施政，一向主張與民休息，治國之道，貴在不擾民，與其多一事，不如少一事，這種少做少錯的政治主張，固然使他在歷史上留下了仁君的美譽，但也因官場的因循苟且，怠玩推諉而衍生出政治廢弛、百弊叢生的現象。雍正皇帝即位後認爲新政府不能再存有以不生事爲貴的念頭，爲政應當「觀乎其時，審乎其事，當寬則寬，當嚴則嚴。」爲官者一定要負責實心的辦事，雍正皇帝勉勵臣工多多做事，勤勞做事，認眞做事，因循玩愒是絕對有害的。《雍正寫眞》指出，雍正皇帝上台以後的施政思想與目標，顯然是適合當時局勢的。澄清吏治，鼓勵官員實心從政，可以淸除康熙年間以來的政治弊端，由於雍正皇帝的勵精圖治，終於使雍正朝政治呈現新興的氣象。

雍正年間，因勢利導，推行多項新政。《雍正寫眞》指出，雍正一朝可以正面肯定的事情很多，他宵旰勤政，嚴格認眞，是一般帝王所不能匹比的，雍正朝的吏治澄淸，行政效率提高，政治上軌道，都與雍正皇帝的勤勞工作有關。雍正皇帝推行務實政治，任命可信官吏，大力改革，成立會考府、軍機處，使中央行政事權歸於統一。他大刀闊斧的推行賦役改革，攤丁入地，取消了貧民的人頭稅。火耗歸公，變私收爲官徵。窮追虧空，限期補足。農民的賦稅負擔減輕了，國家的財政卻逐漸好轉，府庫日益充實。雍正皇帝先後豁除了山陝、江南、閩粵等地的賤民階級，允許他們開戶爲民，改業從良，改變了賤民千百年來沉淪已久的命運，較之歷代帝王，雍正皇帝的表現，確實是值得大書特書的。此外，厲行保甲，加強宗族制度，擴大墾田，興修水利，改革旗務等等，都是有利於社會經濟發展的重要措施，雍正皇帝的事功成就是值得肯定的。

雍正皇帝勤求治理，正大光明，他在位期間，政績卓著，在中國歷史上的地位，可以媲美唐宋賢君。《雍正寫眞》利用可信史料，以五十個子題，論述雍正朝紛繁複雜的歷史問題，剖析了流言的眞假，肯定了雍正皇帝的事功成就，還原歷史，探賾發微，深入淺出。陳教授以生動流暢的文筆，勾勒出一個清晰的歷史發展的輪廓，相信《雍正寫眞》的問世，必將獲得廣大讀者的推崇。

〔推薦人簡介〕

莊吉發，民國二十五年生，臺灣苗栗人，原籍廣東陸豐。民國四十五年省立台北師範，民國五十二年臺灣師範大學史地學系，民國五十八年臺灣大學歷史研究所畢業，先後曾任士東國小、士林初中教員，臺灣師範大學歷史研究所、政治大學民族學系、淡江大學歷史學系、東吳大學歷史研究所兼任教授，講授中國近代史、中國現代史、中國通史、清史專題研究、故宮檔案專題研究、中國祕密社會史、中國邊疆文化史、滿洲語文等課程。現任國立臺灣師範大學歷史學系兼任教授。

目錄

〈前言〉

有爭議的皇帝——雍正

清朝的雍正皇帝確是一位有爭議的君主。從他登基做皇帝之後，對他不利的流言即不斷的發生。直到今天，不少人還認為他是個凶殘的暴君，是個喜怒不定的獨裁者，是個恐怖特務領袖，是個冷血的殺人王。他又喜愛祥瑞、偏好神仙、大搞密摺、發動政爭，簡直一無是處。不過，最近幾十年來，也有不少專家學者，為他說了一些公道話，為他辯白鳴冤，認為雍正皇帝並非如一般人想像中那樣的邪惡，他勤於政事、勇於改革，是位難得的帝王，清朝盛世沒有他無法建立，中衰時代可能早就來臨了。他是促進清朝歷史發展的重要人物，也是清朝歷史承先啟後的政治家，他的歷史成就與地位是應該受到肯定的。

雍正皇帝姓愛新覺羅，名胤禛，是清朝入關後的第三代君主，生於康熙十七年十月三十日（

一六七八年十二月十三日）。他是早婚而多妻的康熙皇帝玄燁的兒子，若以出生次序來說，它是康熙皇帝所生的第十一個皇子，不過他的兄長們有不少已經夭折不存了，只有比他大六歲的允禔、大四歲的允礽、大一歲的允祉還健康的活著。按照當時皇家的規定，早夭的人不序齒的，所以胤禛就算排行老四了，這也是他日後被稱為「皇四子」的原因。康熙六十一年（一七二二）他繼統當了皇帝，年號雍正，享國十三年，享壽五十八歲，於雍正十三年八月二十三日暴卒（一七三五年十月八日），廟號世宗。由於一般人喜用年號稱皇帝，他也就被人習稱為雍正帝了。

這位皇帝的「劣跡惡行」似乎很多，就其重大的而言，至少有以下幾項：

謀父：傳說「聖祖皇帝（暗指康熙）在暢春園病重，皇上（暗指雍正）就進了一碗人參湯，不知如何，聖祖皇帝就崩了駕，皇上就登了位。」這是說他殺害了生父而登基的。

逼母：雍正皇帝的母親烏雅氏，在她兒子當皇帝約半年之後，突然病逝。當時有一種謠傳說：雍正上台隨即下令他的同父同母弟允禵從西部邊疆回京，而允禵又是康熙晚年寵愛的兒子，很有選作繼承人的可能。他回京後，雍正便將他囚禁，「太后要見允禵，皇上大怒，太后於鐵柱上撞死。」雍正似乎又逼死了生母。

弒兄：雍正帝的母親不是皇后，依當時宗法血統等制度，胤禛是庶出的皇子。胤禛的二哥允礽是皇后生的，嫡而居長，所以康熙帝早就立了他為皇太子，也就是未來皇位的繼承人。不過在康熙五十年代前後，由於政爭與允礽自身行為上諸端原因，康熙廢黜了儲君，並將允礽禁錮。後來雍正得到了大位，允礽也沒有得到好的待遇，仍囚禁在咸安宮，雍正二年十二月允礽病逝；但有人說是雍正折磨他死的。

屠弟：早在康熙末年，由於皇太子被廢，其他皇子中多有覬覦大位，各種爭繼活動展開，宮廷與朝廷的政爭乃愈演愈烈，皇家兄弟各成集團，互相慘鬥。雍正繼統之後，骨肉相殘並未停止，雍正大力掃除異己，對敵對兄弟也不念親情，務使反對勢力徹底消滅。雍正以各種手段，或殺或囚的對付兄弟，致有屠弟的惡名。

貪財：雍正即位後，為了振衰起敝，革除頹風，在澄清吏治方面雷厲風行的做了一番工作，特別對貪官污吏，毫不留情的命他們補回虧空、追繳橫取，甚至籍沒家產，由於手段激烈，官員被整肅的人很多，一時傳說雍正皇帝的這些作為是他貪財的表現。

誅忠：雍正皇帝的繼承皇位，一直被人視為非法所得，而傳說他之所以能登基踐祚，「內得力於隆科多，外得力於年羹堯」。隆科多當時出任京城九門提督，相當於京師的警衛總司令，康熙臨終時他在皇帝的御榻旁邊，繼承遺命是他傳達的，大家認為很有問題。「有人傳說，先帝（按指康熙）欲將大統傳與允禵，朕躬不豫時，降旨召允禵來京，其旨為隆科多所隱。先帝賓天之日，允禵不到，隆科多傳旨遂立當今。」

因此隆科多後來被雍正看著是「大功臣」。年羹堯在康熙末年任職川陝總督，幫助撫遠大將軍允禵在青藏一帶平亂。康熙病逝之時傳聞他牽制了允禵的軍力，不能反抗雍正。允禵回京被囚禁後，年羹堯在雍正皇帝的特旨下代替允禵為撫遠大將軍，權重一時，名傾中外。不過隆科多與年羹堯在雍正地位穩固後，先後被皇帝整肅致死了，大家都有「鳥盡弓藏」的悲嘆，認為雍正是個「誅忠」的不義君主。

此外還有說雍正有好殺、懷疑、酗酒、淫色、好諛、任佞等等罪行的，總之把雍正說得十分醜惡，一文不值。最有趣的，指責雍正罪行的這些傳聞，不是開始於後世，而是在雍正年就到處流傳了。不是外省的街談巷議，而是出自大內深宮，這是非常值得我們注意的。

不過，近代對雍正皇帝作過研究的專家學者們則認為：以上的傳聞畢竟是傳聞，不是史實，可靠的史料則可以證明雍正是另外的一個人，並不至於壞到不可救藥。相反的，他還有些勝於常人的地方，他的學養與稟賦是中國歷代帝王中難得的；他的信念與作風更是領導人物中少見的；他的性格是鮮明的，他的成就是肯定的。特別是政治事功如實行耗羨歸公、建立養廉制度、推行攤丁入畝、紳民一體當差、豁除賤民階級、加強中央集權、改革八旗事務、削弱王公特權、加強保甲制度、強化宗族關係等等方面，是應該有正面評價的。以往人們對雍正的看法想法，多少與他當時的爭繼承有關，尤其是受到同情弱者與失敗者的心理作用影響，我們不能人云亦云，應該給雍正皇帝一個新的、正確的歷史地位才是。

雍正皇帝確實是一位爭議性很大的人，以往大家把他比喻成暴君，現代又有人看他是英明的領袖。特別是現代作家二月河的渲染誇張，中共總理朱鎔基的幫腔造勢，使雍正得到了翻身的機會。雍正究竟是怎樣的一個政治人物呢？他自己曾經說過：「朕反躬內省，雖不敢媲美三代以上聖君哲后，若漢唐宋明之主，實對之不愧？」他的自我評價可以相信嗎？

本書就是想利用可信的歷史材料，剖析雍正的性格、為人與政治得失，從而讓讀者認識真正雍正的面目，認識真正的雍正時代的清朝。

1 少年雍正

清朝入關統治中原以後，前兩代君主都是沖齡繼統，順治皇帝六歲登基，康熙皇帝八歲即位，前者由叔父攝政，後者由元老重臣輔政，他們早年都是有名無實的皇帝。第三代君主雍正當皇帝時已經是四十五歲了，他不但比他的父祖即位時的年紀大了很多，同時他也是整個清朝所有皇帝登基時年齡最長的一位。

康熙皇帝的妻妾很多，隨他祔葬在景陵的就有五十五人，這些妻妾之中，有十五人家世不詳，其餘四十人中，有二十八位來自滿、蒙、漢八旗的家庭；另十人是純漢人家的女子，而且多是皇帝後來從江南召入宮中的。只有二人是蒙古人，這與他父祖的娶妻民族屬性不同。

雍正的生母烏雅氏（一作吳雅氏，是滿洲語 uya 的同音異譯字）是滿洲正黃旗人，家世並不顯赫，早年被選入宮時也沒有受到康熙的寵幸。直到她生下雍正，在宮中的地位開始竄升了。康熙十八年被冊封爲德嬪，兩年後又升格冊封爲德妃，她一共爲康熙生過三男三女，顯見康熙對她的感情還是不差的。

根據史料所記，康熙的皇子在出生後多由乳母哺育照料，皇子稍長後也多半不隨生母在一起生活。雍正童年就被皇后佟佳氏撫養。佟佳氏出自高貴門第，她的父親是一等公佟國維。皇后本人又與康熙有親表兄妹的關係，所以這位皇后在宮中的地位特殊。不過佟佳氏沒有爲皇帝生子，只生一女，而且早殤，這是康熙讓她撫養烏雅氏所生之子的原因。雍正幼年卻因這層關係在皇子中有了較好的地位。

正像康熙的其他兒子一樣，雍正也是六歲那一年開始讀書的，最初教他的老師是侍講學士顧八代，這位「品行端方，學術醇正」的學者很受雍正的尊敬，而且對他日後做人行事也有一定的影響。其後雍正又隨飽學的大臣張英、徐元夢等學習，每天除研讀四書五經、作詩練字之外，還有滿洲語文的必修課程以及騎馬、射箭、使用各種火器的訓練。誠如清代史家趙翼羨慕時說的：皇子們如此的教育，「文學安得不深？武事安得不嫻熟？」康熙確實是想把他的兒子們都培養成能文能武的專才，個個都是治國的高手。

康熙不但爲皇子延請名師教導他們，有時他自己也忙裡偷閒的考核他們的成績。康熙二十六年六月初十日午後，皇帝帶著雍正等七個皇子，一同到皇太子的讀書所在，與皇太子的老師湯斌、耿介等人一起談論讀書的事情。皇帝說：「朕宮中從無不讀書之子。」他隨手從書架上取下經書十幾本，交給湯斌，並對他說：「汝可信手拈出，令諸皇子誦讀。」湯斌遵照皇帝的意思，打開經書，由「皇三子、皇四子、皇七子、皇八子以次進前，各讀數篇，純熟舒徐，聲音朗朗」。皇四子就是雍正，可見他當時也能熟讀儒家經書，並也參加了當日的表演。

雍正少年時代的才華還表現在書法上，他有一次隨父皇到山東，皇帝讓大臣觀看他書寫對聯，「諸臣環立諦視，無不歡躍欽服」。當時文學名家王士禎也說：「東宮暨諸皇子皆工書如此，蓋唐宋明以來僅見之盛事也。」雍正的書法顯然在當時也是被人稱道的。

由於從小就接受嚴格訓練，雍正的騎射技術也是可觀的。有一次他被父皇點名與其他兄弟一同射箭，「皇三子、皇四子、皇五子、皇七子、皇八子同射，皆中四箭、三箭不等。又命皇太子、皇長子同射，皇太子中三箭，皇長子中二箭」。可見在皇子中雍正的命中率是較高的。爲了讓皇子們有親身狩獵與作戰的經驗，康熙三十一年七月間就命雍正兄弟等隨同他到塞外打獵，歷時一個月，大家都在馬上度過，皇子們手持弓箭，任憑風吹日曬，「每個人幾乎沒有一天不捕獲幾件野味回來」。這一年雍正才十五歲，事實上他九歲時已經跟著他父親出塞過一次了。

康熙三十五年二月，皇帝第二次親征外蒙的噶爾丹，當時有六位皇子也隨行出征，雍正就是其中之一。十九歲的他已被父皇重用擔任掌理正紅旗大營的軍務了，與士兵們一樣辛苦的參加戰役。

雍正也常在父親身邊學到不少西洋科學的知識，他曾經在一段回憶的談話中提到：「昔年遇日食四五分之時，日光照耀，難以仰視。皇考親率朕諸兄弟在乾淸宮，用千里鏡，四周用夾紙遮蔽日光，然後看出考驗所虧分數，此朕身經試驗者。」另外在康熙五十年雍正也隨同父皇巡視通州河堤，康熙在工地上命令侍從人員「取儀器插地上，令將豹尾槍縱橫豎立」，然後「親視儀器，定方向，命諸皇子、大臣等分打樁木，以記丈量之處，又於尾處立黃蓋，以爲標準，取方形規儀，置於膝上，以尺度量，用針畫記，朱筆點之」。其後康熙又向兒子們講解測量法的原理，藉機傳授他們西方科學。雍正從他父親處學到的是中西兼備的學問，難怪當時學界人士感嘆的說：「士大夫家弗如也。」

「國之大事，在祀與戎」，雍正在父親的率領下參與過戰爭，當然他父親也希望他了解祭祀的禮儀。康熙對他的祖母孝莊后非常尊敬，孝莊后死後康熙自己或派專人每年都到她墓地「暫安奉殿」去虔誠致祭。康熙二十七年皇帝帶著雍正和他兩位兄長允禔、允祉去行禮。第二年，雍正又和皇太子等兄弟一同前往致祭。康熙三十五年屆及孝莊后的忌辰，康熙則命令他一人獨自前往主持，益發顯得他的重要性了。另外，康熙執政期間，以崇儒重道爲國策，對孔子備極尊敬。康熙三十二年，政府出資重修闕里孔廟完工，皇帝命令雍正等三兄弟同往山東曲阜，參加祭祀大典，年僅十五歲的雍正就被擔當如此重任，絕非偶然。

雍正在少年時不但到過塞外打獵、參戰，到過河北遵化祭祖，他也特別被選出來到山東曲阜祭孔，一次南巡以及更多次陪他父親巡視京畿，這些活動讓他了解了山川地理、風俗民情，接觸到了深宮之外的廣大社會，獲得許多書本上不見的知識，對他日後統治國家具有極重要的意義。

雍正在二十一歲時被册封爲多羅貝勒，但仍居住宮中。第二年，即康熙三十八年，可能才獲得新居而分府獨住，開始他人生中另一段旅程。他的少年生活雖不如皇太子那樣的特顯高貴，但也算得上多采多姿了。

2 雍親王

康熙三十七年（一六九八），皇帝第三次親征噶爾丹勝利之後，分封所有隨他出征過的皇子，雍正也列名其中。當時雍正二十一歲，被册封爲多羅貝勒。皇子有了爵位，當然就有了實際的權力與地位，從此他們也對政局產生正式的影響了。

按照一般的情形，皇子受册封後，隨即分府居住，搬出皇宮；但就史料可知，雍正在當年還住在宮中，可能是第二年才由康熙下令爲他建府。新建的府第在「皇城東北隅」，京城舊柏林寺東面，這所宅邸原是「明內宮監官房」，清入關後一度劃屬於內務府官用房舍，規模爲一般「大四合式」的宅院，不過經過修繕，做爲多羅貝勒居所後，規制顯然不同了。由於新主人是皇四子胤禛，又有了貝勒的爵位，所以當時人都尊稱爲「禛貝勒府」或「四爺府」。

滿洲人家有分家子與未分家子，分家子就是兒子長大後離開父家，另立門戶，父親在兒子分出時也會酌予財產，讓他好去生活發展。康熙對於分封的皇子，也是給予財產資助的。據雍正說：「查從前朕弟兄分家之例，總計各得錢糧二十三萬兩。」這是一筆可觀的財富。

除了分得藩邸與大筆財富之外，康熙皇帝對這位皇四子似乎也是有著特別鍾愛之情的。在受册封後不久，雍正就被指定陪同父兄等人一行前往東北老家等地祭祖陵了。清朝在東北的皇家祖陵有安葬遠祖的興京（今遼寧新寧縣）的永陵與位於瀋陽的努爾哈齊福陵以及皇太極的昭陵。雍正在陪祭三陵之後，深切感受到祖先創業的艱辛，因此他寫了謁陵詩：

龍興基景命，王氣結瑤岑。
不睹艱難迹，安知啓幼心。
山河陵寢壯，弓箭歲時深。
盛典叨陪從，威儀百爾欽。

康熙三十九年，雍正又陪同皇父視察永定河工程，由於他精嚴負責，發現河工所用木樁短少不合規格，要求負責的官員重新補樁。第二年他隨皇帝去複查河工，沒有再生問題，他奉命寫了紀行詩，其中有：

百姓資疏浚，群工受準程。

聖心期永定，河伯助功成。

確是紀實的文字。

康熙四十一年，皇帝登上五台山禮佛，雍正又是隨行的皇子之一，他對五台山的初見印象是「隔斷紅塵另一天，慈雲常護此山顚」。禮佛之後他則祈求「兵象銷時崇佛象，烽煙靖始颺爐煙」。

最令雍正印象與感慨深刻的是江南之行。康熙在位期間曾六次遊江南，皇帝南巡是有多重目的的，除了解民間實情之外，還有視察黃河、淮河等工程以及聯絡漢族知識分子等等的任務，康熙四十二年是第四次南巡，皇四子被指定隨行，一路經過河北、山東、江蘇、浙江等歷史名城，花了三個月的時間往返，雍正飽覽沿途風光，眞實了解了黃淮河道工程，也認識了南方的社會經濟情況，他也爲此行寫下了不少詩篇，例如他登上鎭江金山寺曾作詩云：

宿暮金山寺，今方識化城。

雨昏春嶂合，石激晩漸鳴。

不辨江天色，惟聞鐘磬聲。

因知羈旅境，觸景易生情。

又如〈雨中泊楓橋遙對虎阜〉詩則記：

維舫楓橋晚，悠悠見虎邱。
塔標雲影直，鐘度雨聲幽。
僧舍當門竹，漁家隔浦舟。
茫茫吳越事，都付與東流。

這類寄興之作，也多少可以說明雍正的詩境了。

如前所述，康熙的皇子多由乳母哺育成長，皇長子允禔與皇三子允祉都是養育在官員之家，皇二子允礽是嫡長子，是皇儲，當然是由皇后在宮中悉心撫育的。雍正生母的家世不很好，但他「養育宮中」，而且由皇后佟佳氏親手帶大，也許正因爲這層關係，皇帝對皇四子是比一般皇子更爲關懷的。

康熙四十七年，清宮裡發生了大事件，皇帝認爲被册封爲皇太子達三十三年之久的嫡子允礽有「不法祖德，不遵祖訓，肆惡虐眾，暴戾淫亂」等惡行罪狀，「將其廢黜，並加監禁」。沒有想到廢了皇儲之後，竟發生了皇子間爭奪繼承的大門爭，皇帝感到事態嚴重，乃以皇太子允礽被喇嘛施行法術變得不正常爲由，殺了喇嘛，處分了部分皇子，在半年後又降旨復立允礽爲儲君。康熙爲了改善諸皇子間的關係，爲了防止皇儲報復打擊別人，又實行了一次分封。當時封皇三子允祉、皇四子胤禛、皇五子允祺爲親王，還有其他皇子爲郡王、貝勒、貝子等不同爵位的。後來更給允祉賜封號「誠」親王、胤禛爲「雍」親王、允祺爲「恆」親王等，以示尊貴，並提高地位。雍正也從此升格爲雍親王了，他的住處也被尊稱爲雍王府了。

雍正在晉升爲雍親王之後，似乎更爲他的皇父所倚重。康熙五十二年順治皇帝的遺孀淑惠妃逝世，康熙前往祭奠，發現祭器祭品都粗劣不堪，隨即命令雍正去查辦，結果查得光祿寺卿、工部尙書與侍郎、內務府總管等長官失職，經雍正不徇私情的照實奏報，皇帝很欣賞雍正的嚴肅執法作風，給應負責任的官員們革職、降級或罰俸等不同的處分。

康熙五十六年，發生明陵被盜的事件，皇帝又命雍正與他的三兄允祉等皇子一同去審理，結果也令皇帝滿意，事後遂命他們祭祀明陵。同年皇太后病重，康熙皇帝自己也生病，無法照料，只得以雍正與允祉二兄弟代傳諭旨辦事。後來皇太后去世了，皇帝病重又不良於行，不能參加安葬大典，由雍正爲父皇代讀祭文。另外宮嬪、常在棺木落地案、太監索詐過多、貢士哄鬧考官府以及清查通倉糧米等案，也都是由雍正負責查辦的，他也能克盡職守，獎懲嚴明的辦理，最後完善的結案。雍正的認眞負責，給康熙皇帝深刻而欣慰的感受。

康熙對祭祀，特別是祭天，認爲是非常重要的，多年來都是親自主持。康熙六十年的圜丘祭天禮以及六十一年的冬至祭天禮，則因生病都命雍正代他舉行，也可以說明他對雍正的看重了。

由此可知：胤禛被封爲雍親王，不單是他的爵位升高了，他在他父親心中的倚重成分與地位也升高了。

3 雍親王的官邸與別墅

自從分封以後，在多羅貝勒與和碩雍親王的十數年間，雍正先後獲得不少房地產，這也可以看出康熙皇帝對他是關愛有加的。

康熙三十七年分封之後不久，雍正就被賜得在京城東北角的「明內宮監官房」，經修繕改建後成了「禛貝勒府」或「四爺府」。這座貝勒府按當時的建築規制是：

基高二尺，正門一、重啓門一。繚以崇垣，堂屋五重，各廣五間，筒瓦壓脊，門柱紅青油漆，梁柱貼金，彩畫花草。翼樓五間，前墀環石欄。……

由此可知雍正分得的是一所三進三出的大四合式的院落，主要建築的檐頂沒有用琉璃瓦。宅院內的門、室、閣房等也都沒有漆朱繪彩。從雍正與乾隆日後所寫的一些詩文當中，我們可以看出在宅院東側有一花園式的跨院，布置清幽，遍植四時花卉，是雍正讀書與他妻妾們賞月觀花的所在。更重要的，乾隆皇帝就是在這東花園內出生的。乾隆曾經追述他父親當多羅貝勒時常以圖書翰墨自娛，遍臨過晉、唐、宋、元以來諸名家的法帖。

康熙四十八年，雍正的爵位晉升爲親王之後，所居的宅邸不但改名爲「雍親王府」，由於府內又增加了一些屬官、太監、侍衛等等的服務人員，官邸的擴建當然有必要了。而且主人榮升了高位，宅邸內若干房舍如前朝後寢等，都必須有固定的名稱，以符合規制。例如正門兩邊須有側門，門前增設一對漢白玉大石獅子，琉璃瓦蓋頂，照壁漆成朱紅，廣場用方磚等等，如此才能合適親王的身分。又如雍親王府正廳屋頂改用琉璃瓦，漆朱繪彩，用黃、綠、藍三色琉璃磚砌台墀，又加建配樓，增加氣派。其他如親王書房、寢室以及福晉們的居處也都做了不同程度的修建。佛堂也重新裝修，擴大爲面闊五楹，名爲觀音閣。總之，雍正的官邸煥然一新了，規制堂皇了。

雍正自己儘管說他在雍親王府居住時經常披經閱史，又旁及百家，過著「蕭閑」的生活；不過在康熙末年皇位繼承的鬥爭中，很多重要決策也是在這所宅邸裡制定與執行的。加上康熙五十年乾隆又是在王府東花園內如意室誕生，所以當時大家一直認爲雍親王府是龍興之地，非比尋常。雍正繼統登基之後，雍正三年即一七二五年將王府升格爲行宮，並欽賜佳名爲「雍和宮」。雍正死後，曾將他的棺柩停放在行宮神御殿中一年有餘，然後才移棺到河北易縣的西陵安葬，而神御殿中仍供放雍正的影像，乾隆皇帝按著季節，「歲時展禮」，並有喇嘛每天來誦經祈禱，雍和宮一度成了清朝的祭祀影堂了。乾隆九年（一七四四），皇帝爲了「安藏輯邊，定國家清平之基於永久」，改建雍和宮爲西藏黃教（格魯派）寺院。直到今天北京雍和宮仍是著名喇嘛寺院，著名藏傳佛教藝術殿堂。

除了後來改作皇家行宮的雍和宮之外，在康熙年間，雍正還得到他父親賜給他的兩處別墅。一是圓明園，一是獅子園。圓明園位於北京城的西北郊，緊靠著暢春園的北邊。暢春園是康熙皇帝常住的「行宮」，一年之中總要在此度過很多天的園居生活，最後他也是在這裡歸天的。康熙把暢春園附近的地方賜第給皇子，雍正所獲得的圓明園只是其中之一；由於這一園林經雍正、乾隆兩代大肆擴建修繕，成了中外著名的名園。圓明園原是明代一座私人花園，雍正所有之後曾做過一番興建，製造了幾處景點，當時最有名的地方是「牡丹臺」，因爲在康熙六十一年三月間，康熙來到圓明園作客，在牡丹臺會見雍正與乾隆，祖孫三代在此歡聚，傳爲佳話。雍正的這所園林別墅爲什麼以「圓明」爲名呢？據說是康熙皇帝所賜，含意非常深遠，所謂「圓而入神，君子之時中；明而普照，達人之睿智也」。似乎是祝福居住在園裡的主人是位睿智的通達人物，他會實行符合人民需要、既不苛嚴也不寬縱的時中政策，而成爲名君的。至於圓明園賜給雍正的時間，大概是在康熙四十六年（一七〇七），當時有包括雍正在內的皇子多人聯名「奏請於暢春園附近建房」，康熙同意了他們的請求，降旨說：「（暢春園）北面新建花園以東空地，賜與爾等建房。」於是「四阿哥、八阿哥、九阿哥、十阿哥奏聞父皇後，於此處建房了」。這是康熙朝滿文奏摺裡的紀錄，應該是可信的。

獅子園別墅是在熱河避暑山莊。我們知道：康熙皇帝不太喜歡侷促在北京紫禁城中，尤其是酷暑的夏天。皇家來自涼爽的東北，又習慣於草原的生活，所以康熙早就物色到了狩獵的場地。後來更因聯絡蒙古與西藏的需要，便在康熙四十二年宣布在熱河興建行宮，也就是歷史上著名的避暑山莊。康熙皇帝每年都到熱河去住夏，而且一住常是四、五個月，或是更長。國家政務也在那裡處理，當然他的兒子們在那裡賜給別墅居住是必須的。關於雍正所有的獅子園的賜予與興建情形，我們知道的不多，不過他三兄允祉在當地的別墅則留下了部分的紀錄。允祉原本在避暑山莊已建有大小房屋近七十間的別墅，可是他仍認爲不夠使用，於是在康熙五十一年七月他又向父皇奏請在獅子溝另建寬敞居屋近一百間，以便「每年攜帶妻兒，前來山莊，闔家共蒙聖恩」。皇帝同意了，允祉的新建別墅顯然是與雍正的獅子園同在一區的。只是雍正日後當了皇帝，在大修獅子園時，可能將允祉的產業也併入大獅子園了。

雍正曾於康熙五十三年七月邀請過他父親到獅子園中作客，還寫過詩記述當日歡愉的情景。

獅子園中更光彩的一次宴會則是發生在康熙六十一年，也就是皇帝死前不到半年。康熙帶著在宮中撫養的孫子弘曆到獅子園來，弘曆是雍正的兒子，因爲祖父康熙喜歡他，因而送到宮中去撫育，這次是祖父帶著孫子來會父親，並傳見了弘曆的生母鈕祜祿氏，祖孫翁媳在一起閒話家常，康熙甚至還稱讚鈕祜祿氏是「有福之人」，這也是後世人認爲康熙決定以雍正繼承大位的一個原因。不管這種推測是否可靠；但是獅子園正像圓明園以及雍和宮一樣，都是康熙賜給雍正的居所，讓雍正與他的家人在其中度過很多快樂的時光。

4 皇位繼承鬥爭

康熙皇帝為了仿行漢人的制度，為了穩定三藩變亂初期的不安政局，他在康熙十四年（一六七五）六月命禮部詳察册封皇太子的應行典禮，十二月十二日遵漢人古禮行册封大典。這是違反滿族舊俗的一項措施，會激化皇權與旗權之爭的。

果然在三十三年之後，也就是康熙四十七年九月，康熙皇帝公開宣布廢黜儲君了。皇太子允礽原是他鍾愛的嫡長子，也是他費盡苦心多年培育的繼承人。為什麼突然父子翻臉呢？其中的原因固然很多，如允礽本身有不少缺陷、皇太子黨引起的政爭、康熙本人漢化的功利態度以及滿族權貴對漢化的反動等等；但是最重要的則是父子之間發生了對立的矛盾鬥爭，甚至於令皇帝有「不卜今日被鴆，明日遇害」的恐懼感覺，當然他先發制人的將這個「不法祖德」、「暴戾淫亂」

的儲君廢掉了，以免將來危害到祖宗艱辛創建的基業。

康熙明快的廢儲之後，沒有想到竟立即引起了皇子們爭奪繼承大位的鬥爭了。首先是康熙的庶長子允禔建議將廢皇儲允礽乾脆殺了，以絕後患，這使皇帝進一步了解到允禔的野心與凶殘，而康熙又深知這位庶長子有不少滿洲權貴在他周圍，聽他使喚，勢力是可觀的，因而沒有依從他殺死允礽的主張，並公開表示他的「秉性躁急愚頑」，不合適在未來當皇帝。允禔見自己的希望落空，便轉向支持皇八子允禩，說有相面人張明德從允禩的面相上斷定他「後必大貴」，言下之意可以當皇帝。另外允禔又請來喇嘛用魘勝術，咒死被廢的允礽，這些事都令皇帝厭惡又寒心，終於下令將允禔終身監禁，使他的勢力集團瓦解失敗。

皇八子允禩在當時確是有成爲繼承人可能的，皇帝在廢皇太子後四天，便任命他去署理內務府總管事，以代替皇太子的親信原任總管凌普。但是允禩爲收買人心，包庇了不少允礽集團中的人，甚至連有罪的也不處分。同時允禩也有殺害允礽的意圖。皇帝了解他的這些行事之後，指斥他「妄蓄大志」，下令將張明德處死，鎖拿允禩，交議政處審理。

廢儲事不到三個月，宮庭裡已鬧成一團，兩位皇子又被關進了大牢或鎖拿，實在出乎康熙的意外，也令他感到不安，更敎他意識到儲君的事不能不早做決定。然而康熙是一位「國惟一主」、「乾綱獨攬」的君主，特別是立儲君的大事，他不希望別人干擾或觸犯他的皇權，所以對於上書擁立允礽的，或是集體表達支持允禩的，都給予了懲處，並警告「諸阿哥中如有鑽營謀爲皇太子者，即國之賊，法斷不容」。也就是要皇子們千萬不能輕舉妄動。最後以庶長子用喇嘛魘勝事作下台階，皇帝在第二年三月又降旨復立允礽爲皇太子。

康熙明知允礽不是理想的人選，但是還是再一次的以他爲皇儲，皇帝的用意是很淸楚的，就是這項重大的人事任命權，絕不是皇子們結黨造勢所能取得的，也不是八旗權臣所能支配的，只有皇帝自己才能決定，皇權是高於一切權力的。

在宮廷家族發生劇變的這半年之中，雍正始終保持一種中立超然的態度。他一邊爲被囚禁的廢皇儲說情，一邊又聯絡允禩一黨的人，他更向父皇獻殷勤，關心父皇的病體，揣摩父皇的心理，紓解父皇的心結，他幾面討好，在這場風暴中安全的被大家視爲無奢望的人，甚至被康熙皇帝譽爲「偉人」。

皇太子復立之後，竟不知自我反省，反而更驕奢淫侈、貪瀆財貨，並且糾結黨羽，更勝於前的作威作福，使皇帝痛苦萬分，一般朝臣都看得出允礽早晚還會出事的。

允礽的兄弟們當然抓住機會攻擊皇太子，特別是皇八子允禩的黨人，百般的對二度册立的允礽肆意汚衊。康熙爲安撫諸皇子，並對皇太子牽制，又將年長的皇子加以封爲親王、郡王、貝子等爵位，連皇八子允禩也恢復了貝勒的封號；但是封爵卻給了他們更多的權力與更高的地位，提供了他們與皇太子鬥爭的資本。

允礽廢而再立了兩年多後，康熙發現不能解決問題，而且皇子間的明爭暗鬥日益嚴重，皇太子又不能體諒父親的苦心，皇帝爲鞏固自己的帝位與穩定朝廷政局，乃在康熙五十一年四月先指責皇太子結黨，九月間再把他拘捕囚禁，十月宣布「是非莫辨，大失人心」等等罪狀，認爲他的惡行「斷非能改」，決定再行廢黜。不過皇太子黨羽的勢力則無法根除。首先在康熙五十二年二月左都御史趙申喬出面以「固國本」爲由，請求立太子，皇帝發還了他的報告，不准立儲。四年之以後，大學士王掞又爲「爭國本」上疏請立皇儲，王掞雖沒有指名人選，但大家都明瞭他是爲允礽服務的，皇帝也沒有回應。不久後康熙病倒，御史陳嘉猷等又疏請册立太子，並建議讓皇太子與皇帝分理政事。如此公然的向皇權挑戰，當然遭到斥責。康熙五十七年，又有翰林院官員朱天保指名允礽「聖而益聖，賢而益賢」，應該做繼承人，康熙大怒，認爲朱天保如此上奏完全是「希圖僥倖取大富貴」，於是殺了他並將他的家人、同夥流放。康熙六十年是皇帝登基一甲子的大慶年，大學士王掞與御史陶彝等人先後請皇帝「早定儲君」，康熙認定他們是「借此邀榮」，下令給予他們到西北邊疆軍前効力的處分，允礽一黨所做的復辟活動，至此遭到徹底失敗。

皇八子允禩與他弟弟皇九子允禟、皇十四子允禵一黨人，在皇太子第二次被廢之後，也不斷的從事角逐的行動。允禩找出康熙的寵臣李光地出面說項，允禟到處收攬人才，爲自己製造輿論，但因皇帝對他們成見已深，都徒勞而無結果。只有允禵後來得康熙的欣賞，並任命他為撫遠大將軍，大家認為這位幼年皇子必是父皇屬意的人選，因而轉向全力支持允禵。

允禵原名允禎，康熙四十八年封為貝子，五十七年被父皇寄以專征青海的重任，他與康熙的關係極佳，一時京中外省都認為他有被指定為皇儲的可能，他自己也有此一想法。不過康熙病逝時他遠在西疆，未能繼承大統，也給日後雍正登基事留下很多疑點與問題。

在允礽二度被廢後有兩位皇子看似安靜，但暗中是在從事爭奪繼承活動的，他們是皇三子允祉與皇四子胤禛。

在允禔與允礽被禁錮之後，允祉與胤禛是康熙諸子中年長者，皇帝也很重視他們，常交給他們重大任務去辦理，也常到他們的別墅和他們歡聚；但是允祉「以儲君自命」、「輒忿然謾罵」，引起康熙的反感。尤其他的屬下人孟光祖到各地為他送禮活動的事件爆發之後，允祉的繼承可能性大大的減低了。

皇四子胤禛則對父皇表現極度孝順，在兄弟們大肆活動時他表面上不偏不倚，與世無爭，但在暗中卻羅致人才，扶植親信，擴充實力，製造輿論。尤其他把握了「處庸眾之父子易，處英明之父子難」的道理，非常謹慎、隱密的從事活動。他的憑藉原本不多；但他聯絡的官員多能產生巨大影響力。他負責秉公的辦事，使父皇確認他是有正義有能力的執政者。他以兩面手法混淆大家的視聽，常與僧衲人士往來，寫些願與山僧野老爲伍的詩文，讓大家以爲他是「天下第一閑人」，欺騙大家，所以康熙對他的好感不斷的增加。

皇帝經過兩度廢儲，又看到兒子們凶殘的鬥爭之後，感到非常痛心失望。他在觀察、思考之餘，得到了一些結論：皇儲不能不立，但應由皇帝全權決定人選，而儲君可以不必立嫡立長，賢能應是最重要的標準。對於屬意的人選不能草率宣布，應該暗中再考察與培養。可惜後來因爲對準噶爾戰爭以及皇帝自己的病勢日增，所以在康熙死亡之前始終沒有正式宣布他的繼承人選。

5 雍正繼統疑案

康熙六十一年（一七二二）十一月十三日皇帝駕崩於北京郊區的暢春園，繼承登基的是雍正。當年參加爭奪皇位的人都還活著，顯然都不甘心，因此新君即位不久，在京中就傳出雍正篡位的一些傳聞了。例如有人說：

聖祖皇帝在暢春園病重，皇上就進一碗人參湯，不知如何，聖祖皇帝就崩了駕。

又如：

聖祖皇帝原傳十四阿哥允禵天下，皇上將「十」字改為「于」字。……先帝欲將大統傳與允禵，聖祖不豫時，降旨召允禵來京，其旨爲隆科多所隱，先帝賓天之日，允禵不到，隆科多傳旨遂立當今。……

這是《大義覺迷錄》一書中所記的，文中「聖祖」是康熙的廟號，「皇上」、「當今」是指雍正。「允禵」是雍正的同母弟，隆科多則是當時的京城九門提督，支持雍正的權臣。

雍正對於這些傳聞曾經闢過謠，只強調他父親在死亡前曾經把允祉、允祐、允禩、允禟、允䄉、允祹、允祥以及隆科多等人召喚到他的病榻之前，以口頭降諭說：「皇四子人品貴重，深肖朕躬，必能克承大統，著繼朕即皇帝位。」雍正當時不在場，因爲他奉皇父命行南郊祭天大典，後來才趕來。皇十四子允禵在青海邊疆，無法隨侍。雍正的解釋不外是他不在現場，當然無法安排篡位的事，而諸兄弟又都聽到父親死前的遺命，所以皇位授受是沒有問題的。至於人參湯與隆科多隱旨的事未作說明。

從雍正時代一直到今天，不少人對雍正繼承皇位存著很多疑問，譬如：雍正既然後來也趕到暢春園，並和康熙在病榻前幾度對話，爲什麼皇帝不把指定他爲繼承人的事直接當面告訴他？「口授末命」的人爲什麼是隆科多一位大臣？而隆科多後來被雍正整肅時又爲什麼說出「白帝城受命之日，即是死期已至之時」的話？相傳年羹堯在西部邊疆控制允禵兵力有功，讓雍正登上了皇

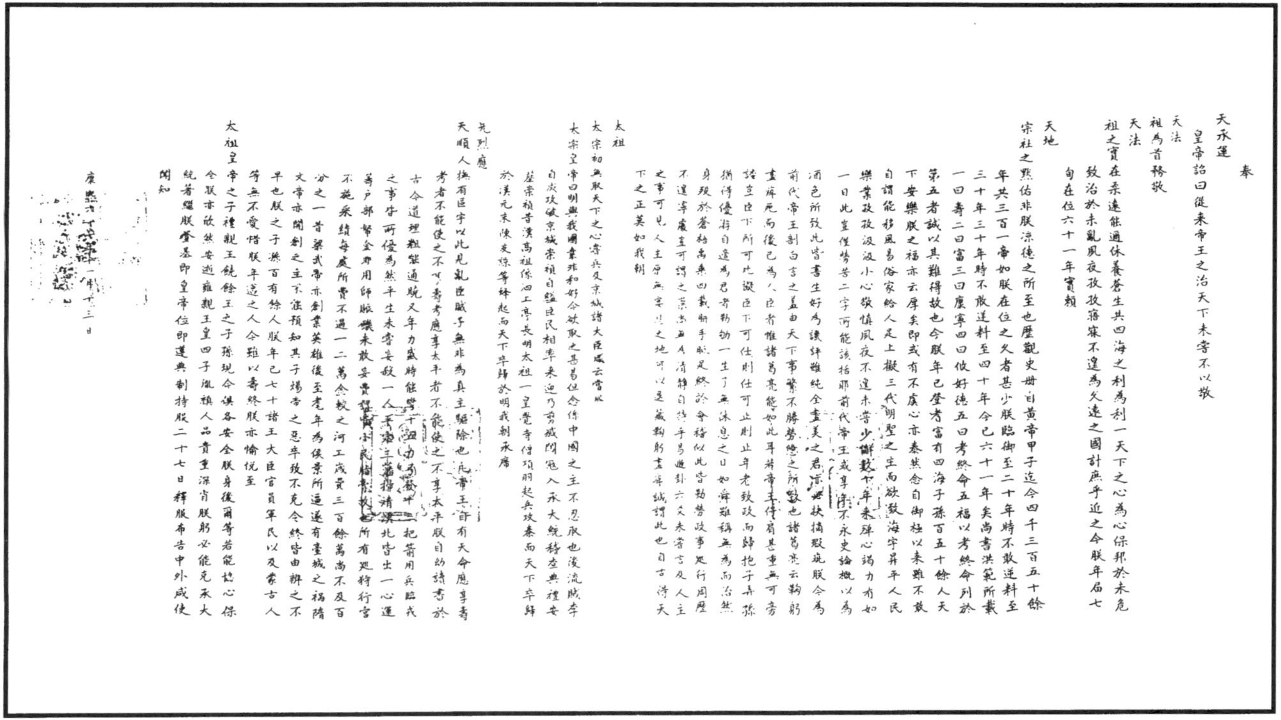
奉
天承運
皇帝詔曰從來帝王之治天下未嘗不以敬
天法
祖為首務敬
天法
祖之實在柔遠能邇休養蒼生共四海之利為利一天下之心為心保邦於未危
致治於未亂夙夜孜孜寤寐不遑為久遠之國計庶乎近之今朕年屆七
旬在位六十一年實賴
天地
宗社之默佑非朕涼德之所至也歷觀史冊自黃帝甲子迄今四千三百五十餘
年共三百一帝如朕在位之久者甚少朕臨御至二十年時不敢逆料至
三十年三十年時不敢逆料至四十年今已六十一年矣尚書洪範所載
一曰壽二曰富三曰康寧四曰攸好德五曰考終命五福以考終命列於
第五者誠以其難得故也今朕年已登耆富有四海子孫百五十餘人天
下安樂朕之福亦云厚矣即或有不虞心亦泰然念自御極以來雖不敢
自謂能移風易俗家給人足上擬三代明聖之主而欲致海宇昇平人民
樂業孜孜汲汲小心敬慎夙夜不遑未嘗少懈數十年來殫心竭力有如
一日此豈僅勞苦二字所能該括耶前代帝王或享年不永史論概以為
酒色所致此皆書生好為譏評雖純全盡美之君亦必抉摘瑕疵朕今為
前代帝王剖白言之蓋由天下事繁不勝勞憊之所致也諸葛亮云鞠躬
盡瘁死而後已為人臣者惟諸葛亮能如此耳若帝王仔肩甚重無可旁
諉豈臣下所可比擬臣下可仕則仕可止則止年老致政而歸抱子弄孫
猶得優游自適為君者勤劬一生了無休息之日如舜雖稱無為而治然
身歿於蒼梧禹乘四載胼手胝足終於會稽似此皆勤勞政事巡行周歷
不遑寧處豈可謂之崇尚無為清靜自持乎易遯卦六爻未嘗言及人主
之事可見人主原無宴息之地可以退藏鞠躬盡瘁誠謂此也自古得天
下之正莫如我朝
太祖
太宗初無取天下之心嘗兵及京城諸大臣咸云當取
太宗皇帝曰明與我國素非和好今欲取之甚易但念係中國之主不忍取也後流賊李
自成攻破京城崇禎自縊臣民相率來迎乃翦滅闖寇入承大統稽查典禮安
葬崇禎昔漢高祖係泗上亭長明太祖一皇覺寺僧項羽起兵攻秦而天下卒歸
於漢元末陳友諒等蜂起而天下卒歸於明我朝承席
先烈應
天順人撫有區宇以此見亂臣賊子無非為真主驅除也凡帝王自有天命應享壽
考者不能使之不享壽考應享太平者不能使之不享太平朕自幼讀書於
古今道理粗能通曉又年力盛時能彎十五力弓發十三把箭用兵臨戎
之事皆所優為然平生未嘗妄殺一人平定三藩掃清漠北皆出一心運
籌戶部帑金非用師賑饑未敢妄費謂此皆小民脂膏故也所有巡狩行宮
不施采繢每處所費不過一二萬金較之河工歲費三百餘萬尚不及百
分之一昔梁武帝亦創業英雄後至耄年為侯景所逼遂有臺城之禍隋
文帝亦開創之主不能預知其子煬帝之惡卒致不克令終皆由辨之不
早也朕之子孫百有餘人朕年已七十諸王大臣官員軍民以及蒙古人
等無不愛惜朕年邁之人今雖以壽終朕亦愉悅至
太祖皇帝之子禮親王饒餘王之子孫現今俱各安全朕身後爾等若能協心保
全朕亦欣然安逝雍親王皇四子胤禛人品貴重深肖朕躬必能克承大
統著繼朕登基即皇帝位即遵典制持服二十七日釋服布告中外咸使
聞知
康熙六十一年十一月十三日

康熙遺詔

位，正像隆科多一樣，年羹堯不久也是被整死的，這是不是殺人滅口呢？雍正的同父同母兄弟允禵從西疆回京奔喪，對雍正的態度相當不尋常，而雍正最後將他監禁，是不是「先帝欲將大統傳與允禵」的旁證？雍正其他敵對兄弟幾乎沒有一個得到善終，這算不算是早年繼承鬥爭的「秋後算帳」？康熙死前究竟有沒有遺詔？改「十」字爲「于」字有沒有可能？另外皇家玉牒上的記載，胤禎改名胤禵、康熙末年得寵太監被殺、曹雪芹等人家被抄家等等的問題，是否都與雍正繼承皇位有關？這些問題在以前都認爲是雍正奪嫡或篡位的證據；不過近二十年來，由於新史料的發現與專家們如馮爾康、吳秀良、楊啓樵、楊珍、莊吉發等等的新論著問世，各項疑問幾乎都有了新的解釋了。以雍正用人參湯毒殺康熙來說，學者們從新史料發現康熙自兩度廢皇太子以後，身心交瘁，「諸病時發」、「頭暈目眩」、「手抖頭搖」、腿腫腳痛，很多時候連走路都需要人扶掖，病狀可以說是顯著而又嚴重了，甚至有專家認爲皇帝後來患了腎虧及腦血管方面的毛病，在當年能活到近七十歲已算是高齡了，而且康熙一向反對用人參進補，並且說過：「北人於參不合。」他是不會喝人參湯的。

雍正的同胞十四弟允禵是不是康熙最後要傳位的人呢？是不是隆科多隱藏了聖旨，或是把「十」字改成「于」字而讓他喪失掉做皇帝的機會？這些事大家也有新看法。首先一般研究結論都肯定允禵在康熙末年與皇帝的關係很好，派他去擔任撫遠大將軍平定青海等地動亂，當然是對他重視的表示。他與兄長允祉、胤禛可能同爲康熙考慮的繼承人選。但是如果康熙眞有意要他繼承，那又何必讓他遠離京城、遠離皇帝身邊呢？尤其皇帝當時已年老多病，而且時常怕被人殺害，誠如雍正說的：「豈有將欲傳大位之人，令其在邊遠數千里外之理？」隆科多隱旨不發，致使允禵不能回京繼位，這也是不正確的猜想。因爲按照清朝當時制度，皇帝的聖旨都由內閣承辦，寫好以後，交兵部著驛站專送給當事人。隆科多旣不是內閣大學士，也不是兵部主管，他絕沒有這個能力隱匿或阻擋這件聖旨的發送。至於改寫「十」字爲「于」字，更是當時做不到的事。詔書是官方文書，不是便條，遣詞用字都馬虎不得的。「傳位十四子」改作「傳于四子」就不合當時體制，因爲所有官方文件都要尊稱皇帝的兒子爲皇幾子，胤禛稱爲皇四子、允禵稱爲皇十四子，這是規格，不能不作如此寫。再說官文書上的「於」字也不可以簡寫成「于」字，和今天「於」、「于」通用的情形不同，所以合乎規格的「傳位皇十四子」若被改成「傳位皇于四子」，根本變得不通了，可見這是無稽之談。還有人說雍正的十四弟本名「胤禎」，後來因爲要搶得十四弟的皇位，雍正逼他弟弟改名「胤禵」，而他自己也改名爲胤禛，「禎」與「禛」在竄改上很容易，這也就是盜名改詔一說的由來。根據史料記載，皇十四子確實原名「胤禎」，現在存留於世的册封皇十四子爲撫遠大將軍的敕書與康熙〈諭宗人府〉文中封皇十四子爲貝子的原始文件都寫記著「胤禎」。同樣的在〈諭宗人府〉文中以及其他有關的文件上也寫記著皇四子的名字爲「胤禛」，所以他們兄弟確實是以「禛」與「禎」命名的。這樣的命名是不是不合常規呢？專家認爲沒有問題，因爲康熙受漢人儒家文化的影響很深，給兒子們命名就體現這方面的影響。他的皇十三子到皇十六子的名字是古經書裡選出來的吉祥語。《禮記》中有：「國家將興，必有禎祥。」《詩經》中有：「君子萬年，福祿宜之。」所以皇十三子叫允祥、皇十四子叫允禎、皇十五子叫允禑、皇十六子叫允祿。「禑」字與「福」字義同，康熙不直接用「福」字是避諱他父親順治名叫「福臨」的緣故，這也是漢人的一項古禮。雍正做了皇帝以後，爲了唯我獨尊，竟將兄弟們名字上一字排行用字由「胤」改作「允」，皇十四子的「禎」改成「禵」也是可能的了。雍正多年來就名叫「胤禛」，絕沒有因篡位而改名的事。

很多人都懷疑隆科多「口授末命」的事，爲什麼只有他一個人擔當如此重大的任務？其他大臣何以沒有參與？這個問題應該先從他的身分與職務方面談起。他當時任職九門提督，負責京師與禁城的安全，這位禁衛總司令兼著皇帝的貼身保鑣頭子，當然是不離康熙身邊的。康熙宣布遺詔是在凌晨時分，他是最接近皇帝、最容易宣召的人。再說他與皇家的關係又不同於一般人，康熙的生母是他的姑母，他與皇帝是表兄弟。他的姊姊又嫁給康熙，他們又有郎舅關係，可謂親上加親。他與康熙皇帝的關係確實不同於普通的大臣與外戚。由於他具有這樣公私的特殊身分，讓他傳詔是可能的，也是合適的。隆科多後來被雍正整肅時，負氣的說出「白帝城受命之日，即是死期已至之時」的話，正可以證明他確是「口授末命」的人。他的整肅是不是跟殺人滅口、鳥盡弓藏有關呢？我認爲沒有必然的關係，應該從他的行事與皇權的衝突以及雍正喜怒不定個性去考究會更正確一些的。

此外，雍正即位後與自己兄弟的骨肉相殘事件，對功臣屬人的殺戮問題，多少會讓人聯想到是爭繼的餘波，這些事將在以後各節中討論。不過雍正篡位的傳聞流行很久了，加上雍正苛嚴殘暴的行事作風，康熙末年儲位一直虛懸未定，老皇帝死前又沒有親筆書寫的手跡證據等等，要大家消除疑慮是非常困難的。我們希望將來有更多的新史料發現，能更有利的解決疑案的謎團。

有關雍正繼承大統的事，多年以來，仍有不少學者是存有疑問，認爲非法取得的成分居多。從半個世紀前的孟森、蕭一山、王鍾翰等人到近年有新見地的許曾重、金承藝、楊珍等，似乎都不能同意雍正的得位之正，至少以下的一些問題很不能讓人信服，無論是當初雍正的解釋，或是現在專家們的分析，總相信還有值得進一步研究的。舉例來說：

第一、清代官書中提到康熙臨終前有七位皇子在暢春園皇帝病榻前聽到傳位口詔以及隆科多「口授末命」的事，是雍正登基以後第七年才由雍正下令寫在《大義覺迷錄》裡的，當時跟雍正鬥爭的重要敵對人物幾乎都已死亡，連幫他在內外有擁立大功的隆科多與年羹堯也都被他整肅殆盡，雍正製造出康熙口授傳位末命的事，可以說已是死無對證了。爲什麼皇帝不在即位之時就公告天下呢？再說《大義覺迷錄》與《淸實錄》這些官書都是御用官員們寫作出來的，內容可以由皇帝與政府隨心所欲編撰的，可信度根本就有問題。而當時人所寫作的《皇淸通志綱要》與《永憲錄》二書中都沒有七位皇子聆聽遺旨的文字，這種略而不書，正足以說明當時根本就沒有發生這件事。另外，雍正說皇八子允禩在康熙死後，他在暢春園中「並不哀戚，乃於院外倚柱，獨立凝思，辦派事務，全然不理，亦不回答，其怨憤可知」。而皇九子允禟在雍正喪父的悲痛之時，他「突至朕前，箕踞對坐，傲慢無禮，其意大不可測，若非朕鎭定隱忍，必至激成事端」。學者們認爲這兩位兄弟的表情與行爲，正是說明他們在毫無心理準備下，突然聽到隆科多的「口授末命」，而才有的如此憤恨心態與冒失行動的。

第二、繼承皇位是頭等大事，康熙皇帝絕不能不事先作些安排的。有兩件事可以做爲參考：雍正即位後不久，向他的弟弟允祺、允祐、允禟三人說過這樣的話：「爾等母親們都上了年紀了，先前父皇也在兩處寫有朱筆諭旨，見今你們將妃母各自迎接回家，也可得以問安侍養，盡爾孝心。」這件事雍正在四年後又重提說到：「朕即位後，恭檢皇考所遺朱批諭旨，內有料理宮闈家務事宜一紙，皇考諭令有子之妃嬪，年老者各隨其子，歸養府邸，年少者暫留宮中。」由雍正自己的談話可以證實：康熙死前確實交代了一些身後之事，並以朱批諭旨親手寫下了。對於繼位如此重大事務，竟然沒有預爲安排，沒有寫下諭旨，於情於理都不合。

第二件事是康熙對於政府重大政務都是公開處理的，像他在第一次廢黜皇太子時，他是「召諸王大臣、侍衛、文武官員等齊集行宮前」，當眾宣布了廢儲消息的。隨後又多次召見「諸皇子、議政大臣、大學士、九卿、學士、侍衛等」，下達有關廢儲的指示。第二次再廢皇太子時，他仍然是向「諸王、貝勒、貝子、大臣」們頒布「御筆朱書」。即使在康熙五十六年十一月提出建儲新構想時，他也是召集皇子與全體大臣，當大家的面宣布所謂「長編諭旨」這項文件的。可見康熙非常注意建儲的公開性。既然如此，皇帝怎麼能不預先留下遺詔，而在病重時也不召集大臣王公們一起來聽他的末命呢？竟然只把傳位事悄悄的告訴隆科多一人，這顯然是違反康熙辦事原則的，不能不令人起疑。況且隆科多當時不是大學士，也不是領侍衛內大臣，官階只是九門提督護軍總領，以他的地位而言，他不夠資格成為皇帝臨終時的唯一受命者。

也有學者指出：《皇清通志綱要》這部書記康熙死亡事有些離奇，書中不但沒有記述七位皇子在病榻前聽到遺命的事，反而在記載康熙死亡事前，寫些「時領侍內大臣六人」某某某，「大學士五人」某某某，其中都沒有隆科多的名字，這是不是暗示讀者隆科多受遺詔時，六位領侍衛內大臣與五位大學士都沒有被宣召在場，這是違反常理的！

第三，隆科多這個人雖是皇親國戚中的特殊人物，他是康熙舅父佟國維的兒子，是康熙皇后佟佳氏的弟弟，與康熙確有好幾層的姻親關係；可是他的背景複雜，而且忠誠度有問題。他最初是皇長子允禔的支持者，其後又「交結阿靈阿、揆敍，邀結人心」，變成皇八子允禩的旗下大將了，可見他不是雍正門下的舊人。事實上，雍正皇帝有一次對年羹堯說過：「舅舅隆科多，朕與爾先前不但不深知他，眞正大錯了。」這些文字可以證明雍正與隆科多的關係並不密切，而隆科多的從支持允禔轉變支持允禩，更反映出他是一個現實勢利、騎牆派的人，一切事常隨利益多少而取決的。康熙末年他因諂媚得到老皇帝的信任，背叛了允禩黨人，康熙死亡前夕，他權衡輕重，只有協助皇四子胤禛得位，對他好處最多，事實上，雍正登基後，他成了「功臣」、「希有大臣」，這是擁立允祉、允禩、允禵中任何一人所不能得到的地位，因爲別的皇子手下位極人臣的助手很多，「功臣」還輪不到他呢！

自第二次廢儲之後，從史料中可以看出：無論是辦理軍國大政，或是施加恩惠於個人，康熙對皇三子允祉、皇四子胤禛以及皇十四子允禵是比較特別的，也是日後史家們認爲這三位皇子應是康熙皇帝最後意屬的人選。但是以地位、名望來說，允祉因年長應高過諸弟，而允禵在受到特殊榮寵一端，又是超過他的兩位長兄。雍正可以說在朝內外的威望與受老皇帝的重用方面都不如他的兩位兄弟。最後他能入承大統，也難怪教很多人生疑！

其他還有康熙對雍正怒擲念珠、皇家玉牒資料被改動、雍正即位後不久生母就自殺、康熙晚年得寵太監的不得善終以及雍正生前預築自己墓園時遠離康熙陵寢等等，也都令不少人認爲是些證據，證明雍正繼承是有問題的。

皇家宮闈事務本來就諱莫如深，當年資訊不發達，不能像今天媒體這樣的「上窮碧落下黃泉」式挖新聞。加上專制帝王的淫威，消滅史料證物，竄改書檔內容，只要心想就能事成，當時篡位的謠言就滿天飛了，教人不信也難！康熙如此精明的君主，竟對皇位繼承大事未做安排，而死後確實也不見他的親筆詔書，說來也是難以置信的。

6 登基後面臨的難題

雍正在排除萬難、打倒反對勢力後終於取得了大位，登基成爲清朝的新皇帝了。可是在即位伊始，他面臨著不少的難題，有些是康熙留下來的，有些是他自己新製造的，不過無論如何，他都必須及時的加以解決，否則會關係到他的統治地位與清朝未來的發展。

在這些難題之中，他首先要處理與解決的是政局不安、皇權受制、官場腐敗以及法制不張等等的問題。他親身經歷了康熙末年的皇子爭繼鬥爭，而很多失敗者在他上台之後仍然存活人間，而且多有各自勢力，當然對他形成極大的威脅，加上篡位謠言四起，對當時的政局引起極度的不安。他要鞏固政權，勢必得徹底打擊並消滅反對他的勢力。

康熙統治長達六十幾年，晚年又因健康欠佳與懈怠政務等原因，呈現了吏治不清、社會紊亂的現象。中外官員因循苟且，貪污腐化時有所聞。政壇弊端叢生，社會問題也隨之而起。新君即位後不能不管，興利除弊是必須及早從事的工作。

早在康熙廢黜皇太子時，皇權就嚴重的受到旗權與其他行政勢力的干擾與挑戰了。康熙這位大家長尚且如此，雍正新登基當然會更感受到重大壓力的。要想成為「天無二日，民無二王」的國君，雍正在加強皇權上，一定得從多方面努力，才能以竟全功。

康熙一向要做理想的儒家君主，在文治武功都有相當成就的晚年，他多少受到成就感的羈絆，一心想在歷史上留下「寬仁為尚」明君的美名，因此他主張「從來與民休息，道在不擾，無其多一事，不如少一事」。這種「少做少錯」的想法，衍生出政治廢弛、百弊並生的可怕後果。雍正是一位自負而又有能力的君主，為了對國家有益、對自己有利，他當然要不顧一切的從事革新運動了。特別在法制上做些強化的改革。

對於面臨的以上難題，雍正在思想上似乎已經有了準備，擬定好了改革的綱領了。最重要的認知是他感覺到新政府不能再有「以不生事為貴」的念頭，因為「因循玩愒」是絕對有害的，所以他決心要「振數百年之頹風，以端治化之本」。從他早期的言論當中，我們似乎可以看出一些輪廓。例如：

一、他以為做為臣民的必須要對君主絕對的効忠，人臣應以君主之是非為是非，不能罔上行私、不能擾亂君主的視聽、不能譏訕朝政，當然更不能有反叛君主的實際思想與行爲，任何人犯了背叛君上的罪，就一定要受嚴厲的制裁。這是對加強君權、安定政局有助益的。

二、做爲官員的人，雍正認爲一定要負責實心的辦事。他一再的告誡臣工說：「爲政之道，要在務實。」他討厭虛名，更痛恨那些「釣譽以爲名，肥家以爲實」的腐敗官僚。各級官員應「時刻以吏治兵民爲念」，以「籌國是，濟蒼生」爲服務目標。他希望官員們都能留名青史，做千古的名臣。

三、儘管雍正對官員們說：爲政應「觀乎其時，審乎其事。當寬則寬，當嚴則嚴」。他也教訓大臣說：「政寬則民慢，慢則糾之以猛，猛則民殘，殘則施之以寬，寬以濟猛，猛以濟寬，政是以和，此誠聖人千古不易之名言也。」事實上，雍正還是以嚴厲執法爲基調的，因爲他覺得人心玩愒已久，「若不懲創，將來無所底止！」可見他是有心要厲行法治，強化公權力的執行的。

雍正上台後的這些施政思想與目標，顯然是合適當時局勢的，也是對他的統治地位鞏固有助益的。強化忠君思想可以打擊、進而消滅異己分子以及他的政敵仇家，是安定政局的良方。澄清吏治、鼓勵官員實心從政，可以清除康熙以來政界的弊端，可以解決國計民生方面的很多問題，實在是勢在必行的。

雍正對解決登基初期難題的方向掌握得很正確，但是在執行工作上卻是異常辛苦的，甚至會影響他的名譽與歷史地位的。現在我們就來做一番考察，作一番評斷吧。

7 骨肉相殘

康熙末年，皇子們紛紛組織集團，整編力量，從事爭奪皇位的鬥爭，最後由皇四子胤禛得到勝利，他即位之後，政敵們仍心有不甘，尤其允禩、允禟一黨人的勢力很大，雍正當然不敢掉以輕心，清除反對派人的行動當然不能避免了。

由於剛剛登基，地位未穩，而且京中與外省都有流言而呈現不安。雍正於是採用了特殊的手段，他在康熙死後第二天，先進封允禩為親王，讓他與怡親王允祥、大學士馬齊、隆科多一同為總理事務大臣，把國家大政全都交給他們辦理，表面上看他是在向政敵頭子允禩示好，事實上他是擒賊擒王，把允禩控制在掌握之中。不久後皇帝又下詔召允禵回京，理由是奔喪，其實是解除他手下幾十萬大軍的軍權。後來又叫允禟去西疆辦買糧草，命允䄉護送蒙古哲布尊丹巴的遺骸回外蒙，這都是新君上台後三個月內所做的一些打擊異己勢力的動作。允禵返京後與雍正鬧得不可開交，被皇帝軟禁在康熙的陵墓所在地遵化。允禟在西寧被年羹堯看管，無法發揮作用。允䄉到張家口後流連不前，並且居住了下來。雍正藉此刁難允禩。如此一來，雍正雖未殺人，但已瓦解了允禩、允禵一夥人的集團實力，手法實在高明。

雍正二年（一七二四），年羹堯等人在青海等地平定了羅卜藏丹津的動亂，使雍正的聲望大為提高，地位也逐漸穩固了，因而對打擊政敵的態度與手段也明顯強硬了起來。先在四月間當眾公開指責允禩的「劣跡」與「失誤」，並於同月內革去允䄉的王爵，永遠拘禁。七月間又頒布了〈朋黨論〉，認為朋黨會干擾朝政，妨礙君權發揮，「朋黨之惡，可勝誅乎？」雍正是借〈朋黨論〉來威懾、分化允禩黨中的追隨者。雍正的這些措施確實有效，不過外間的評論也因而出現了。有人說皇帝「凌逼弟輩」，有人認為是「報復私怨」，更有人請雍正「親骨肉」，不要殘害家人。

可是雍正是個「除惡務盡」的人，他在雍正三年初除孝以後，變本加厲的清除允禩等人了。隨時挑允禩在工作上的毛病，極盡詆毀之能事的在公眾前責斥他。七月中革去允禟的王爵，十二月又革掉允禵的郡王，降為貝子。雍正對弟弟們及其黨人的打擊可以說是為所欲為的。

雍正四年正月，允禩、允禟、蘇努、吳爾占這些宗室權貴都被皇帝下令「削除宗籍」，革去黃帶子，並從宗人府裡除名。隨後允禩也失去了人身自由，被「圈禁高牆」中了。更凶狠的是命令允禩、允禟兩人改滿洲語名字分別爲「阿其那」與「塞思黑」，再給他們加多一層侮辱。允禵也在這一年的夏天被押回京城，關在景山壽皇殿裡，因爲他「並不醒悟悛改」的緣故。接著允禩的支持者前領侍衛內大臣鄂倫岱、阿爾松阿等權貴都在瀋陽被處死，連死去的蘇努的子孫也不能倖免，遭到流放極邊的命運。雍正皇帝更乘勝追擊，又爲允禩羅致了四十條大罪狀，允禟二十八條罪狀，讓他們分別在同年的八月與九月間「冥誅」歸天了。雍正在這段期間都在皇宮中「酒肴並列」的與諸大臣歡樂的共慶「海宇澄清」呢！

允禩一黨中的其他兄弟允䄉、允禵，據說他們「尙非首惡」，暫時不予處決，但仍然被囚繫不得自由，「寬以歲月，待其改悔」。雍正十三年皇帝崩駕了，這兩位「叛黨」弟弟還活著禁錮在皇城中。乾隆二年新君才把允䄉釋放出來，並封他爲輔國公，又過了四年他才逝世。允禵則在乾隆登基後不久恢復了自由，並在乾隆二年封輔國公；十二年六月晉貝勒，十三年正月，晉封「恂郡王」，直到乾隆二十年才病逝，享年六十八歲。這二人算是比較幸運的了。

雍正除了對那些年幼的小兄弟沒有整肅外，那些曾經參與過康熙末年爭繼鬥爭的其他兄弟們，一個也沒有輕易的放過。雍正的三兄允祉，原先也是有希望能繼承大統的，他得到父親的關愛很多，也被老皇帝任命辦理過不少軍國大事，尤其他「頗通才學，兼通天文」，很受康熙賞識，並讓他在暢春園蒙養齋開館，負責編輯律呂、算法有關的專書。《古今圖書集成》也是在允祉主持下完成的學術大產品。在爭繼活動方面，他也派人去各地奔走聯絡；但不如其他兄弟那麼劇烈。雍正即位後，先命他去護守康熙陵寢，雖然沒有受到任何處分，但是蒙養齋的一批人馬全被雍正給拆散了，充軍的充軍，降職的降職，允祉的勢力被消滅殆盡了。後來到怡親王允祥死後，雍正又以他出席喪禮晚到，又無哀容，而說他「乖張不孝」，削奪了他的爵位，禁錮在景山永安亭，這是雍正八年發生的事。兩年後他鬱抑而終。

至於廢太子允礽，在康熙死後，雍正曾放他出來去哭靈，但旋即又將他禁錮。雍正二年即謝世了。雍正曾「親臨喪所」，以親王禮葬他。

康熙的皇長子允禔自第二次廢儲之後，一直被嚴行禁錮，雍正上台後也沒有對他法外施仁，他死於雍正十二年，皇帝對他優待，「以固山貝子禮殯葬」他的。

從以上敍述，相信可以了解雍正即位後對皇室兄弟骨肉相殘的大概了。雍正最恨允禩、允禟，因而對他們的整肅手段也最殘忍，不單百般侮辱，而且命令削奪他們宗室籍貫，更改不雅人名，最後還說允禩在禁錮中「患嘔噦，命給與調養」而「病死」的。允禟則在保定「以腹疾卒於幽所」。雍正說他們都遭天譴，因而落得「冥誅」的下場，但有人懷疑這兩位兄弟是雍正指使人毒害他們致死的。

雍正死後大約兩個月的光景，新君乾隆即降諭說：阿其那（允禩）與塞思黑（允禟）的子孫是康熙皇帝的支派，當年削除宗籍是王大臣們再三要求的，不是雍正的本意，所以乾隆要八旗王公與文武大臣把這件事好好的研議一下，不久後就決定將允禩等的子孫給予紅帶子，恢復他們的宗籍，收入玉牒。而允禩等人改用的「惡名」阿其那、塞思黑等，也不准再用了，恢復了他們的原名。乾隆有一次向大臣們說：他父親雍正晚年常爲給叔叔們更名的事「愀然不樂」，因此他下令復用原名，以完成他父親的遺願。事實上，他是爲他父親雍正當年不得人心的行爲做一些彌補工作而已。

8 阿其那與塞思黑

雍正對他八弟允禩、九弟允禟進行無情殘忍鬥爭時，曾將他們的名字分別更改爲「阿其那」與「塞思黑」。這件事一方面反映了雍正心腸的狠毒，另一方面也透視了一些滿族文化的舊傳統，值得我們深入的做些探究。

根據史料所記：允禩、允禟兄弟被整肅後，一個禁錮在北京，一個後來被軟禁在保定。雍正四年三月初四日皇帝降旨對宗人府的官員說：

爾等乘便行文楚宗，將允禟之名並伊子孫之名，著伊自身書寫，告知楚宗，令楚宗報於爾旗。允禩之名及允禩之子之名，亦著允禩自身書寫，編入佐領。

八天之後，王大臣等向皇帝回報：

> 遵旨將允禩改名之處，詢問允禩。允禩自改名爲阿其那，改伊子弘旺名爲菩薩保。

由於允禟是在押送回京途中，改名的事直到五月十四日皇帝才得到王大臣的奏報說：

> 允禟改名，所擬字樣，存心姦巧，殊屬不法，應發令擬改。

雍正看了大臣的報告之後，認爲若令允禟自改，他必定「又多姦詐」，所以皇帝就命令誠親王與恒親王爲他改名，後來允禟就被改名爲「塞思黑」了。至於允禟自己究竟改了什麼滿文名字，因史書上沒有記載，不得而知。由此可見：允禩是自己更改的名字，皇帝也接受了；而允禟則自己改了一個大臣們都不能滿意的名字，所以後來由親王們爲他代擬了一個名字，更名的事至此才算定案。

「阿其那」與「塞思黑」究竟是什麼意思呢？由於在目前所見的滿洲詞彙中這兩個字都詞意不明，乃有專家們做成了不同的解釋。不過從清宮檔案中大略知道他們所改用的新名字是「惡名」，也就是不雅或不含好意義的，更談不上寓義吉祥等等的了。

自從清代以來，就有人把「阿其那」與「塞思黑」分別釋義爲「狗」與「豬」，甚至後來更有人引申其義爲「瘋狗」與「笨豬」的。這可能是受到康熙當年斥責允禩等人「形同狗彘」一語影響。同樣的，雍正也罵過允禟「乃係癡肥臃腫、矯揉妄作、粗率狂謬、卑汚無恥之人」。「狗彘」與「癡肥臃腫」不正是「瘋狗」與「笨豬」的好注腳嗎？

然而近年以來，滿語專家輩出，「阿其那」與「塞思黑」的解釋乃進入語言學的研究領域了，不再是一些主觀的聯想了。先以「阿其那」一詞做一說明：

「阿其那」一詞多年來大家把它拼寫成滿洲語 Acina，可能是因爲早已有學者解做「狗」意，專家們也向「狗」意上去申論。例如玉麟先生認爲：滿文 acina 是口語，它的詞根是「阿其」、「愛其」，原是「走吧」、「去吧」之意，「那」是加添的尾音。「阿其那」聯起來含有對某人某事有討厭與輕視之意，像斥令某一對象叫他：「走吧！」「去吧！」他又說，滿族人家養狗看門，狗有腥味，當狗進入門內時，主人常命它「出去」、「走」，滿語發音爲「愛其」，所以「雍正帝把允禩改名爲阿其那，就是把他比著狗，像厭惡的狗似的趕出去之意」。

另有富麗女士則說：滿語「馱」的動詞是 acimbi，aci 是詞根，若變成命令式「去馱」就是 acina 了，所以她的結論是：雍正勒令皇八子允禩改名爲阿其那，顯然是命令他像牲口那樣「去馱」，其引申義不啻是罵允禩爲「畜生」。

然而臺灣海峽兩岸珍藏的滿文書檔陸續公諸於世了，專家們才發現「阿其那」這一詞在滿文書檔中不是寫做acina，而是寫成akina的，「ki」音沒有漢語的對譯字，因而早年清代漢字官書中寫作「其」字音了。這一發現，當然給「阿其那」一字帶來了新意義。

沈原先生的看法是：從滿洲人家的傳統來說，他們把狗看做是忠誠的象徵，在清代不少人名中，凡是與狗有關的，如「殷達渾」、「台哈」、「喀爾扎」等等，都沒有貶義。再說允禩是自己改名的，臭罵自己的可能也不大，而且從他兒子弘旺改名爲「菩薩保」看來，顯然有無奈而做祈求的意味。他從滿文辭書中發現了akina這個字與akiya（昂剌魚）或akiyan（夾冰魚）等字有關，允禩表示自己是東北冰原上的一種魚，夾在凍層中凍死了，頗有「俎上之魚」，任聽雍正宰割之意。他給弘旺改名「菩薩保」，則是祈求雍正能像菩薩一樣的大慈大悲，保佑弘旺，免其一死。

至於「塞思黑」一詞，富麗女士的說法是：滿語「塞思黑」（Seshe）是動詞seshembi的命令式，即令某人「抖落」或「厭惡」之意。「雍正更此名，本爲辱罵允禟是『討厭鬼』」。

玉麟先生的看法「塞思黑」是一般口語，它是從滿語詞根cecemi（豬刺傷人）的意思變來的，所以是「像刺傷人的野公豬一樣令人可恨東西」的意思。

沈原先生的解釋比較深入：第一、他從滿洲詞彙中找出近二十種稱豬的名詞，但沒有一個與「塞思黑」音同或音近的。第二，他發現滿語seshe是seshembi的命令式，不過它也可以用作

「形動詞」形式，去修飾它後面的名詞的。例如在《清文總彙》辭書中收有seshe efen一詞，意思是「祭祀時供的撒糕」，就是Seshe有「撒」意用來修飾「糕」的。Seshe又確有「厭煩」之意，若用來修飾「人」或「東西」之類的名詞，則就表示「討厭的人（或東西）」之意了。以上這幾位專家們的解釋是不是最可信的解釋，我個人不敢確言，也許以後在史料裡有新發現也未可知。不過有一點我倒是比較重視的，就是雍正死後乾隆下令恢復他叔叔允禩、允禟等人原名時，宗人府上奏時曾提到：「伊等之名，原非世宗憲皇帝更改賜予之名，乃群臣援引必加惡名於元凶之先例，再三具奏而更改者。」當時的人顯然已認定是「惡名」了，「惡名」一定是不好聽的，不吉利的了。

王嵩儒的《掌固零拾》中記：「乾隆中，納穆扎爾之子保泰，以處置藏事不當，更其名曰『浮習渾』。」「浮習渾」滿洲語作fusihūn，意爲「下賤」。保泰更名「浮習渾」之後，只要有人稱呼他一次，就等於臭罵他「下賤」一次。這是整人的一種好辦法，也是滿族文化中舊傳統的一項特色。

9

雍正逼死生母？

雍正登基之後，京城裡流言四起，對他很爲不利，特別是在他上台剛剛半年，他的生母又突然暴斃了，大家又流傳一種說法是：

> 聖祖皇帝原傳十四阿哥允禵天下。……聖祖不豫時，降旨召允禵來京，其旨爲隆科多所隱，先帝殯天之日，允禵不到，隆科多傳旨遂立當今。……皇上就登了位，隨將允禵調回囚禁，太后要見允禵，皇上大怒，太后於鐵柱上撞死。……

雍正與允禵是同胞兄弟，他們的生母就是文中所說的太后。允禵確實是一度被大家看好的繼承人選，他也是在康熙死亡後被雍正降旨召回京城並在回京後被皇帝軟禁起來的，而他們的母親也確實是在他們兄弟間發生不愉快衝突後突然死亡的，難怪當時的人以及後世人都相信雍正的生母是被皇帝逼死的事。究竟眞相如何呢？我們先來看看這位太后的有關生平點滴吧。

雍正生母娘家屬滿洲正黃旗，姓烏雅（一作吳雅），史書裡稱爲烏雅氏。她的父親叫威武，擔任過護軍參領，是正三品的武官，職位不高。她何時入宮「奉御」康熙皇帝，因史料缺乏，不得而知。不過她在康熙死後不久說過「予自幼入宮，備位妃列幾五十年」的話，以此推測她應是在康熙十五年以前就成爲康熙的妾了。康熙十六年第一次册嬪時，名單裡沒有她，顯見當時她還不受皇帝與皇家的重視。康熙十七年她生下了皇四子胤禛，即日後的雍正皇帝，母以子貴，她在第二年便册封爲「德」嬪了，這個「德」字是說明她在德行上是有稱許的意思。兩年後更上層樓的被進升爲德妃，「妃」是僅次「后」的一級，可見這位烏雅氏的幸運雖然晚來了一些，但來得很快。

烏雅氏的進封爲妃，可能是她在康熙十九年又爲皇帝生了一個皇子胤祚的關係；不過這位皇子在康熙二十四年就早死了，康熙與烏雅氏都爲此事很悲傷了一陣子。康熙二十七年，她又生下一男，初名胤禎（雍正即位後給他改名爲胤禵或允禵），這位小皇子在康熙當時諸子中齒序第十四，所以又稱他爲皇十四子，十四阿哥或十四爺，他就是日後被敕封爲撫遠大將軍到青藏邊疆去平亂的總指揮官，也是康熙末年頗爲皇帝鍾愛、並被大家看著是皇位的繼承熱門人選。烏雅氏還爲康熙生過三個女兒，分別出世在康熙二十一年、二十二年與二十五年，由德妃生產兒女的情形看，十年之間，她竟一連生下三男三女，康熙有皇后妃嬪等妻妾幾十人，她在這段期間得寵的情形也可以想見了。烏雅氏所生的三個女兒只存活了一位，即康熙二十二年生的五公主，十八歲時下嫁給一等公佟國維之孫舜安顏，可惜這位公主命薄，出嫁後兩年就病逝了。五公主是在隨父皇前往熱河途中突然患急病暴死的，康熙感到極度悲痛。

康熙皇帝對德妃的感情似乎不錯，我們從史料裡可以看出他常帶著德妃出巡。例如康熙四十六年（一七〇七），德妃已是四十八歲了，皇帝還帶著去了江南，在這次南巡的回程中，留守京城的皇子們，在五月十二日收到皇帝的朱批諭旨，其中有：

> （朕）……大概十八日可抵天津。爾等派出護軍八十人，侍衛大臣一班，俟朕於十八日至和詔屯（上岸），即由四阿哥、十四阿哥帶來迎接。不要早來了，白白等候。……

爲什麼指定胤禛與允禵兩兄弟去迎接聖駕呢？原來這次隨行的妃嬪中有他們的生母烏雅氏。德妃的身體不是很好，康熙三十六年南巡時德妃也曾「有些恙」過，而雍正即位後也說她生母「素有痰疾」，可見德妃患有氣管炎、哮喘，甚至肺癆一類的疾病。皇帝命令她的兩個兒子來天津接駕，也許是與德妃旅途勞頓、身體不適有關。另外在允禵留下的一些詩文之中，有「妃母自熱河賜鮮荔枝一小瓶恭記」等的按語註文，顯然證明德妃也陪同康熙到過熱河避暑。

德妃在康熙末年皇子們爭奪繼承地位時扮演了什麼角色，我們不敢亂猜；不過她有時的行爲與表現也許可以幫助我們了解一些內幕。

她的小兒子允禵在康熙末年很得父皇鍾愛，寄以西部邊疆的重任，而且各方盛傳允禵有繼承大統的可能，允禵自己也感覺受父皇寵幸而「頓萌大志」了。在長兄們眼中，皇九子允禟對他最看好，時常稱讚他的皇十四弟「聰明絕頂」或是「才德雙全，我兄弟皆不如」。甚至說過「將來這皇太子一定是他（允禵），而「十四爺若得立爲皇太子，必然聽我幾分說話」。可見允禟與允禵的關係很好。

康熙死後，允禟的生母宜妃正在病中，但她急忙的坐了軟榻奔向靈堂，到靈堂後她無視於雍正的存在，竟直接跑到雍正生母德妃的面前並擺出母妃的架子，這事令雍正大爲不滿。後來雍正爲此將她的太監張起用充軍到邊疆去耕地，又將允禟的太監李盡忠發配到雲南的荒邊當苦差；另外一個太監何玉柱則發往東北三姓地方給窮披甲人爲奴，籍沒他的家產。這件事說明了雍正生母與允禟的生母關係很不錯，而且對雍正是很不恭順的，沒有把他看著是皇帝。德妃甚至還說過這樣可怕的話：「我自幼入宮爲妃，在先帝前毫無盡力之處，將我子爲皇帝，不但不敢奢望，夢中亦不思到。」德妃似乎在否定她親生大兒子的繼承合法性了。她與允禟生母在靈堂上的表現顯係爲小兒子允禵與允禟一夥人抗議的。

另外，在雍正舉行登基大典時，在以孝治國的當時，禮部事先擬好一套爲皇太后行禮的儀注，烏雅氏不願受賀，向大臣們說：

皇帝誕膺大位，理應受賀。與我行禮，有何緊要？況先帝喪服中，即衣錦服受皇帝行禮，我心實有不安，下旨諸大臣，著免行禮。

她拒絕行慶賀禮，簡直是給雍正即位大典殺風景。後來總理事務王大臣等又向她奏請：

皇太后以先帝孝服爲重，不受行禮，允爲至當。但此係本朝歷來遵行之禮，今皇上初登寶位，有關大典，皇太后若受朝賀，則皇上受諸王大臣朝賀始安。臣等伏乞皇太后俯念國家大典，允臣等所請，受皇帝行禮。

這本來是當母后的風光場面，皇帝向她行禮是多麼難得的機緣；可是她看了奏章之後，「仍不受禮」。最後還是雍正出面再三的向她「叩求」，她才「無可如何」的表示「知道了」。從這件行禮的事件上似乎也可以看出她是很不合作的，對雍正的登基當皇帝一點快樂與興奮都沒有。

康熙末年，德妃與小兒子允禵的關係相當親密，妃母常常賜物給允禵，現存允禵的詩與摺子可以證實此事；而小兒子也對慈母感恩，懷念，寫些「捧觀如聚首，侍側在何時？」「天漿未敢輕沾齒，敬述慈恩藉管城」等等眞情表達的文字。父母一般總有偏愛幼子的情況，胤禛與允禵爭奪天下時，德妃有可能是傾向允禵一方的。到了康熙駕崩之後，雍正又隨即下令命允禵回京，並解除了他的軍權，兩兄弟在京城相見，又發生極不愉快的場面。據雍正說：

（允禵）到京之日，先行文禮部，詢問見朕儀注，舉朝無不駭異，及到京見朕，其舉動乖張，詞氣傲慢狂悖之狀，不可殫述。

凡此種種，相信都令德妃不樂的。等到雍正下令將允禵監禁，德妃必然更傷心氣惱了。

雍正與生母失和還可能與皇帝不給母親上尊號以及即位後給隆科多上「舅舅」封號等事有關。雍正承認佟氏爲舅家，而對親娘舅家不作任何表示，對生母來說，一定是不能諒解與寬宥的。身體本來就有病的德妃，經歷了如此的痛苦煎熬，難怪在小兒子被監禁後一月她就暴斃了。她是病死？氣死？或是自殺？當然就留給人想像的空間了。

10

恩仇中變

雍正在對他兄弟們骨肉相殘的同時，也著手對一些驕縱攬權的大臣清算了，年羹堯就是其中的一位。

年羹堯出自一個官僚家庭，父親年遐齡在中央與地方都做過官，原屬漢軍鑲白旗。年羹堯於康熙三十九年中進士，後來任職翰林院檢討，充當過鄉試正考官，也出使過朝鮮國。他曾娶明珠孫女爲妻，可見他家是反皇太子允礽一黨的，與皇八子允禩的關係較好。康熙四十八年是他們家的重要轉捩時刻，因爲這一年清朝皇家選秀女，而年遐齡的女兒被選爲雍親王胤禛的側室福晉。按照制度，年家因成了皇室姻親就提升了自家的地位，他們被「抬旗」而進入了鑲黃旗，並撥歸雍親王府的門下。年羹堯在這一年升任四川巡撫，他一生重要軍政生涯由此開始。年羹堯既爲雍邸屬人，他應該對主子胤禛絕對効忠才對；可是在康熙末年大家爭奪繼承的時候，他似乎不很忠誠。例如他與允祺黨人並未完全絕斷關係；他又接受皇三子允祉門下人孟光祖的餽贈，爲此他還受到「革職留任効力」的處分。胤禛更臭罵他「無父無君」、「驕橫不法，狂悖無忌」、「公然跋扈」，並命令他將十歲以上兒子都送回京城，做爲「人質」，因爲年羹堯「他日爲謀反叛逆之舉，皆不可定」。儘管如此，在康熙五十七年以後，皇十四子允禵出任撫遠大將軍時，年羹堯對被大家看好的「準皇儲」也百般迎逢，盡心盡力的爲求得允禵的歡心，甚至還安排張愷的瞎眼人爲允禵算命，恭維允禵命好得「貴不可言」。他的這些表現使雍正的忠心支持者擔心說：「恐怕西邊十四爺與總督年羹堯有事。」康熙五十九年，他又接待了皇八子允祺派出去的西洋人穆景遠，並收下了允禟送的西洋製的小荷包禮物三、四十隻。在在說明年羹堯不是一個「不事二主」的人，儘管他與主人胤禛還有相當的聯絡與關係。

康熙死後，情勢大變了。雍正先將他的十四弟詔令返京，起初以年羹堯與延信共同執掌西疆軍務。雍正元年五月，皇帝又發出諭旨，讓年羹堯獨攬西疆的軍事指揮權。雍正所以如此重用年羹堯，不少學者認爲這與年羹堯出賣允禵，回靠雍正，控制西疆兵權，使「口內口外，帖然安靜」有關。雍正即位不到兩個月，年羹堯在欣喜戒愼的心情下，先向皇帝表示他一切聽命於主子，「嗣後凡有緊要事情，先具奏稿，密呈睿鑒，伏求聖訓批示」，然後遵行。同時他又表示「所有見聞，亦復不少。若欲於奏摺內剖切詳明，剖悉無遺，臣實無此手筆」，所以他請求讓他進京，當面向主子面呈，當然表面上也說進京是爲康熙叩謁梓宮、「少展哀慕微忱」的。年羹堯於雍正元年春返京，確實是爲告密來的，向皇帝談了很多他十四弟的壞話。這次主奴見面，大家都感到滿意，雍正得到西疆安全的軍力保證，年羹堯則從主子處得到豐厚的實利，包括賜金、賜第、賜佐領以及他父親、妹妹、兒子一家人的升官授職的封賞，連年羹堯自己都說「寵榮逾份」，「均出尋常之外」。不久之後，皇帝又以平定西藏戰功加年羹堯太保，其後又封爲三等公，眞是「曠典時頒」。年羹堯也知道他的主子當時正在消滅允禩一黨的勢力，他除了遵照諭令嚴格看管允禟之外，也非常的關心皇帝在京城的安危。他怕「諸王心變」，密奏請求提防。在皇帝送皇太后梓宮出關時，他說：「臣心不禁懸懸，聖駕往回，萬祈弗過十日，至要！至要！」字裡行間，充滿恐怖緊張。同年秋天，青海的羅卜藏丹津起兵鬧事了，皇帝命令年羹堯帶兵去征剿，並任命他爲撫遠大將軍，年羹堯不負主子厚望，半年不到就打敗了叛逆，徹底解決了青海問題。這一戰役的勝利，提高了雍正的威信，鞏固了他的統治地位，當然更有利於他從事打擊異己與整飭吏治等的工作。年羹堯也因此晉升爲一等公，堪稱位極人臣了。更特殊的，皇帝還把年羹堯的一個兒子年熙過繼給朝臣中大紅人隆科多作子嗣，據說年羹堯命中剋長子，而隆科多又命中「應有三子」，尙缺一個，所以皇帝就作了如此的安排，事實上雍正是想把這兩位重臣組合成親家，更能爲他利用的。這一段時間，眞是雍正與年羹堯的黃金蜜月期，皇帝有「莫與倫比」的欣喜，年羹堯則有不可言喻的慶幸。皇帝甚至說：「我二人做個千古君臣知遇之榜樣，令天下後世欽慕流涎！」又說過朝廷中若有十個像年羹堯這樣的大臣，國家就不愁治不好了。尤其在青海戰亂平息之後，雍正竟稱年羹堯爲「恩人」，而且跟年羹堯之間還有很多不成體統的「情話」硃批，很失人君風度，這也讓年羹堯暈頭轉向的不能自持，認爲這位嚴君是布衣之交了，從此也伏下了他日後的敗亡肇因。

雍正在這一年中，甚至連京中內政事務也與年羹堯研究，像耗羨歸公這樣的稅務大問題，他也向年羹堯徵求意見。還有其他人事與吏治的問題，皇帝也有與年羹堯相商的。弄得當時社會上以爲很多政策是由年羹堯幕後制訂，雍正不得已只好向外闢謠，說他年長於年，「年羹堯之才爲大將軍總督則有餘，安能具天子之聰明才智乎？」然而事實上，皇帝在雍正元年春天爲了年羹堯下令山西巡撫德音免職；第二年爲擬具迎接年大將軍儀注不妥而將禮部侍郎三泰降級。雍正二年十月年羹堯又威風的回到京師，皇帝竟讓他一起與總理事務大臣們宣傳上諭，他儼然成了中央政府的最高行政官員了，受寵之專，眞是無以復加！不過，雍正對他的恩遇也到了盡頭了，他這次返回西疆的任所之後，皇帝在與他的通訊中顯露出了將對他整肅的消息。先是溫和的警告他：

……凡人臣，圖功易，成功難；成功易，守功難；守功易，終功難。爲君者，施恩易，當恩難；當恩易，保恩難；保恩易，全恩難。若倚功造過，必致返恩爲仇，此從來人情常有者。爾等功臣，一賴人主防微杜漸，不令至於危地；二在爾等相見時見機，不肯蹈其險轍；三須大小臣工避嫌遠疑，不送爾等至於絕路，三者缺一不可，而其樞要在爾等功臣自招感也。……

從以上文字中，可以看出雍正認爲君臣之間的恩功很難保全始終，他警示年羹堯要「自招感」，否則就「返恩爲仇」，不可收拾了。年羹堯見到這些硃批諭旨，知道他與皇帝間發生了恩仇中變事態，一直上奏章請皇帝「格外宏恩」，他決心改過，「以贖前罪」；可是雍正給他的答覆則是：「過而能改則無過矣！只恐不能心悅誠服耳！」甚至還批寫些令人驚心的話：

勉之，可惜朕恩，可惜己才，可惜奇功，可惜千萬年聲名人物，可惜千載寄逢之君臣遇合！若不知悔，其可惜處不可枚舉也。

終於在雍正三年三月，皇帝以年羹堯書寫奏章草率不敬，將「朝乾夕惕」寫成「夕陽朝乾」的細故問罪了，開始向各大臣收集年羹堯的罪狀，結果羅致了九十二條大罪狀，把這位權重一時的大將軍在同年四月至八月間調職、降級乃至於革去所有職銜、變成了平民。年羹堯得寵也快、失寵更快，是歷史上少見的，他的榮華權位，真像過眼雲煙，消失在瞬息之間，能不令人慨嘆！

這一年年底，年羹堯從杭州押解回京，先關在允禩的空府中，他妹妹為他求情，雍正顯然不顧夫妻之情，沒有寬宥。年貴妃突然死亡，有人以為她是為救兄不成而自殺的。年羹堯則向雍正哀求「望主子施恩」，「留下這個犬馬，慢慢的給主子効力」。但雍正並未心軟，最後還是下令叫他自盡結束了他的生命。

11

年羹堯之死

年羹堯是雍正三年（一七二五）冬天賜死的，皇帝特別派了代理直隸總督蔡珽去監刑。蔡珽是年羹堯的仇人，皇帝的刻毒也由此可見一斑。

年羹堯爲什麼在官場如此的大起大落而終遭殺身之禍呢？雍正皇帝有一個有趣的說法是値得一提的。在年羹堯死前幾天，據說皇帝還沒有決定殺不殺他，突然發生了一件怪事，使皇帝鐵定了心，下令叫他自盡的。這件事雍正在蔡珽的一份奏摺上曾經談過，當時皇帝寫了以下的一些文字：

一大奇事！年羹堯之誅否，朕意實未決。四、五日前朕覺意已定，不料初三白日，一虎來齊化門外土城關內地方，報知提督，帶新滿洲，虎已出城外河內葦草中，新滿洲到已晚。伊等周圍執鎗把火看守，半夜忽然突出往南去，從東便門上城，直從城上到前門，下馬道入大城，並未傷一人，直入年羹堯家上房，至天明新滿洲九門等至其家，放鳥鎗，虎跳下房入年遐齡後花園中，被新滿洲追進，用鎗扎死。有此奇事乎！年羹堯朕正法意決矣！如此明彰顯示，實令朕愈加懍畏也！朕實驚喜之至奇，從古罕聞之事也。朕元年得一夢景，不知可向你言過否？……

蔡珽看到皇帝的這些硃批諭旨後，便向皇帝報告說：「虎入年羹堯之家，此事眞是奇極！……皇上曾向臣說元年有夢虎之事，臣今雖記不甚明，然實曾有此旨，今果應矣，奇甚！」皇帝又在蔡珽的這幾句報告旁批道：「此夢朕向人言的多！」可見雍正是有遇虎不祥一夢之事的。

不過雍正是個會耍權術而又迷信的君主，他的話我想我們姑妄聽之可也，不必信其必有。倒是現代的史家有些解釋是値得注意。例如有人認爲雍正殺年羹堯是鳥盡弓藏，甚至是殺功臣滅口，毀掉他非法取得政權的人證。這一說法是確信雍正的得位「內得力於隆科多，外得力於年羹堯」的理論來的，以爲雍正即位時大將軍允禵與年羹堯都在西部邊疆，年羹堯箝制了允禵的軍權，使雍正順利篡位。這一想法並非無因，因爲允禵若要與他兄長兵戎相見，從甘肅進兵北京，勢必要經過今天的陝西、寧夏等地，而這些地區多是川陝總督年羹堯的勢力範圍，只要年羹堯發兵阻擾，允禵的軍事行動一定遇到困難，至少時間要拖延很久，對允禵是絕對不利的；因此，年羹堯有「功」的可能性是存在的。但是，當允禵知道他兄長繼承大位時，他眞能確定雍正是篡位登基的嗎？從所有的史料證據看來，康熙死前似乎沒有正式的文件或其他證物說明皇位是屬於誰的，允禵沒有確證當然就興兵無由了。若是他不服他哥哥繼位，他也是可以帶兵造反犯闕的，但軍隊與輿論等能不能支持他？所以允禵沒有動武可能並不一定是年羹堯的控制關係，那麼年羹堯在雍正繼承方面有功也就不大了。年羹堯的眞正功勞在平定青海亂事，羅卜藏丹津的敗走不但安定了邊疆，也安定了中央皇帝的統治權，也可以說年羹堯有贊助嗣統之功，而不是幫助篡位之功，鳥盡弓藏、殺人滅口之說也就不可能了。

年羹堯的死因究竟是爲什麼呢？雍正說他犯了大逆、欺罔、僭越、狂悖、專擅、忌刻、殘忍、貪瀆、侵蝕等大罪共計九十二條，條條都能定死罪。我個人以爲若從以下幾方面作一些觀察，也許更能了解他的死因：

第一，雍正初元皇帝不斷的給年羹堯施恩，賜爵，賜金，賜第，賜世職，眞是「令天下後世欽慕流涎」；可是康熙末年孟光祖向年羹堯聯絡的事件，始終令雍正有「違抗不悛」、「他日爲謀反叛逆之舉」的印象。而在他們做「千古君臣知遇榜樣」的期間，皇帝又發現被年羹堯嚴加看管的允禟，竟跟年羹堯有「密封文書」私下來往的事。幫皇帝監視允禟的總兵官李如柏後來被年羹堯百般虐待，甚至逼他改行，而且還對李如柏說：「你莫以十四貝子之事為得意，你若在我這裡也想如此，我萬萬依不得。」因此皇帝在暗中至少就派了蔡珽、圖理琛、岳鍾琪等人監視其工作與行動，可見雍正對年羹堯又起了疑心。另外年羹堯還有一些僭妄的行為也是令雍正不解的，例如他在征討青海時叫無罪的蒙古額駙下跪；他進京時也命令沿途的總督巡撫跪迎他；給將軍督撫們行文他擅用「諭令」，並以「硃筆打直」；會見屬下時，俱令大家「地下坐」。他做出蔑視官常、擅作威福的事很多，怎能不使皇帝對他產生疑慮？

第二，年羹堯在幾次用兵行動中，固然表現了他的勇敢與才智，但是也充分的暴露了他的殘忍本性。每次都「殺賊甚眾」，或是「殺敵無算」。特別在青海戰役中他以高壓手段，不分「奸良」的屠殺喇嘛，竟有將西寧喇嘛寺「番僧」四五千人全部殺光的紀錄。他在西部邊疆又任用私人，大小官員由他自己決定選派，根本不請示中央政府的吏部與兵部，顯有植黨營私之嫌。他又「市恩於眾」，想「以此要結人心，蠱蠹國事」，家中收藏了很多「鎖子甲」與「鉛子」等武器，更是令人擔心駭怕的。

一個擁有重兵而且兼具才智的武將，他結黨營私，殘殺成性，又私藏軍火，他行事的動機與目的當然有問題。尤其是對於猜忌出名的雍正皇帝來說，他對年羹堯心生畏懼是正常的。

第三，雍正是一個好勝心強，講專制體面的君主。他用肉麻的硃批文字給大臣們「灌迷湯」是他的治術一種，可是當大臣的應當知道分寸，遵守體制才對。像鄂爾泰、田文鏡等人，無論皇帝寫什麼樣胡柴的御批，他們都是保持冷靜，知禮守分。年羹堯則以爲他是椒房之親，有功大員，與雍正作布衣之交了。他編輯《陸宣公奏議》時，自撰序文，卻用雍正的名義。雍正是喜歡用筆墨，而且對文章很自負的人，對年羹堯的如此作爲相當不樂。又如皇帝的詔書等文件送他軍中，理應設香案拜跪開讀，以示尊敬才對；可是他卻直接拿到房中拆閱，毫無人臣之禮。皇帝賜給他琺瑯器皿，他嫌不夠，竟上書向雍正再討，並寫「以滿臣之貪念」一類的話，實在不成體統。還有密奏是要絕對保密的，雍正非常講求這一點。年羹堯卻大言不慚的說：「臣於淸字原未深曉，遇有不解之語，常常摘出問人。」甚至靠他通滿文的妻子「看念」。他又「奏繳硃批諭旨，故匿原摺」。他把天子謬託爲知己的種種行徑，都令雍正深感厭惡。

第四，由於年羹堯顯赫一時，位高權重，應勢諂媚他的人很多。像汪景祺稱他爲「宇宙第一偉人」，人若「不一瞻仰宇宙第一偉人，此身誠虛生於人世間」。王維時爲他尋覓占象人鄒魯來分析圖讖，鄒魯說他：「位至三公，掌天下兵權，大貴極矣！」年羹堯則說：「封王還不止。」年羹堯又說他住房上有白氣，白氣即王氣，鄒魯說：「年羹堯想做皇帝。」年羹堯在西安等地「用鵝黃小刀荷包，擅穿四衩衣服」，公館牆壁「俱彩畫四爪龍」，轅門、鼓廳也用四爪龍裝飾。

年羹堯又以「天日」自居，雍正一向強調「天無二日，民無二王」的，當然他對年羹堯的種種不敬惱怒之極。

年羹堯在雍正元年得新寵之後，恃功而驕，他聚歛財物，同情敵黨，頗令皇帝生疑。他以戰功與殘殺著稱，又廣屯火藥武器，結集人馬，必定教君主心膽震懾，內生恐懼。他的放逸無禮與尾大不掉行爲，皇帝也會日久生厭，而想造反當皇帝的傳聞，更觸發雍正的怒心。疑也、畏也、厭也、怒也，有此四者，年羹堯還能得到善終嗎？年羹堯的死可能從這裡找到一些答案。老虎入屋以及雍正夢景等等，可能只是雍正的另一權術把戲罷了。

12 第一超群拔類之希有大臣

根據淸代官書《實錄》所記，康熙死亡與雍正繼統的情形是這樣的：康熙六十一年（一七二二）十一月初七日，老皇帝覺得身體不適，便從南苑回到了暢春園行宮休息。初九日，因爲臥病就下令叫皇四子胤禛代替他去主持十五日將要舉行的南郊祭天大禮。胤禛覺得父親生病，懇求侍奉左右。皇帝不許，要他「誠敬嚴恪」的住到齋所裡去，虔敬的準備祭天。初十到十二這三天當中，胤禛不斷的差遣護衛與太監等到暢春園請安，皇帝還傳諭對他說：「朕體稍愈。」可是到十三日凌晨，康熙的病勢惡化了，乃派人到齋所找胤禛速來暢春園，南郊大祀的事改由吳爾占公爵恭代。皇帝又在破曉之前下令召集皇三子允祉、皇七子允祐、皇八子允禩、皇九子允禟、皇十子允䄉、皇十二子允祹、皇十三子允祥以及理藩院尚書兼九門提督的隆科多等人一起到他病榻旁邊來，對他們大家說：皇四子胤禛人品貴重，深肖朕躬，必能克承大統，著繼朕登基，即皇帝位。胤禛本人則在上午九時至十一時之間趕到暢春園，到寢宮與皇父見面。父皇告訴他「病勢日臻之故」，沒有交代其他的事。當天胤禛曾三次進見問安，直到晚間康熙才崩駕。

從以上記載裡我們可以說皇位繼承事記述得非常清楚，雍正的政敵允禩等人又都在場，似乎沒有什麼可以質疑的。不過，《實錄》是雍正上台後修纂的，當然有可能隨著雍正的意思而寫成，可信度頗有問題。清史大家孟森先生就提出一些看法：康熙既能親口告訴雍正他病勢惡化的原因，而雍正當天又曾三次進見請安，爲什麼「以大位相授一事遺忘不語乎」？

另一部在雍正主導下完成的專書《大義覺迷錄》，書中幫雍正闢了很多謠，對於皇位繼承的事，與《實錄》所記的差不多，只是加添了以下的一段文字：

……其夜戌時，龍馭上賓。朕哀痛號呼，實不欲生。隆科多乃述皇考遺詔，朕聞之驚慟，昏仆於地。誠親王等向朕叩首，勸朕節哀，朕始強起辦理大事。

文中誠親王是雍正的三兄允祉。「隆科多乃述皇考遺詔」是指康熙對七位皇子及隆科多口述讓雍正「著繼朕登基，即皇帝位」的事。由此可知：雍正是由隆科多口中才知道他被指定爲繼承人的。不過《大義覺迷錄》這一書在雍正即位後七年才編成刊行，當時允禩、允禟、隆科多等人都已先後被整肅死亡了，可以說重要證人都不存在了。

從以上二書所記，我們了解隆科多在當時大位授受之間確定是個極關重要的人物，而他在雍正登基後第二天就被任命爲總理事務大臣，幾天後又讓他承襲他父親佟國維的一等公爵位，還因爲他是康熙孝懿皇后的弟弟，遂被尊稱爲「舅舅」。雍正曾對年羹堯說過：隆科多是「聖祖（康熙）皇考忠臣、朕之功臣、國家良臣，眞正當代第一超群拔類之希有大臣」。隆科多對雍正究竟有什麼功呢？我們先來看看隆科多的官場背景。

隆科多是康熙娘舅佟國維的兒子，與康熙有親表兄弟的關係。由於外戚的原因，他在康熙二十七年初任一等侍衛，開始他的軍政生涯。五年以後升官爲鑾儀衛鑾儀使，後來又兼領過八旗的旗務，還擔任過犬房頭領，「牽狗跟著主子（康熙）行走」。康熙四十四年底因「不實心任事」革去很多職位，又在一等侍衛上行走。直到康熙五十年才又得到康熙信任，擔任代理步軍統領。這是負責京城防衛與皇帝安全的九門提督大任，他一任竟長達十一年之久，隨著康熙死亡才更上層樓的高升位極人臣的總理事務大臣等官。

事實上，康熙以前對他的印象並不是太好，尤其是在第一次廢皇太子之後，根本把他們一家人都看著是最初與「大阿哥（允禔）相善」而後又轉向支持八阿哥（允禩）的一夥人，多少對他們的反覆有輕蔑之意。爲什麼在即將第二次罷黜皇儲之前突然又重用隆科多呢？當然這與隆科多個人的個性與行事作風有關。佟國維和他其他子侄輩如鄂倫岱、法海等人，都是敢於直言，堅持己見的外戚典型人物，對國家大政也是極有興趣參與的；而隆科多則比較圓滑，常見機行事，絕不讓皇帝感覺到他是威脅、他是會侵犯皇權的人。他在寫給康熙的奏摺中稱自己為「無知小兒」、「卑微小兒，並不懂事」，對於皇帝的身體關心備至，希望皇帝「笑口常開，聖體自可健康」。他自己得到這份重要工作，則是怕「負主子隆恩，日夜悚懼不已」。他的表現與作風，正是適合家務國事都紊亂以及心情沮喪下的康熙所需要的。而且在隆科多任職步軍統領之後，他確實也負責工作，不論是京畿安全，或是對皇帝的保護，他都做得令康熙滿意，尤其在為皇帝祕密收集京中外省的情報方面，更表現得傑出，因此在當時大臣中，康熙對隆科多的信任是超過別人的。惟一使得這兩位君臣間存在著一些不快的是佟國維死後，他的一等公爵照例應讓佟國維的兒子承襲，但康熙沒有作決定，隆科多當然耿耿於懷，不過他表面上還是若無其事。康熙究竟為什麼不讓隆科多襲公爵呢？史料中沒有記載；但這件事可能影響到日後的皇位繼承。有人以為隆科多「隱匿」諭旨，使允禵失掉即位機會；而雍正上台後不數日就降諭命隆科多襲一等公爵，這當中確實有些不尋常。

雍正稱隆科多為「朕之功臣」，這是皇帝即位後剛不久說的，不禁令人聯想到康熙末年隆科多與雍正根本絕少往來，雍正也不諱言的說「不深知他」，既然如此則又何「功」之有呢？只有在皇位授受之際他為雍正出了力，才可能是「功臣」，這就是多年以來不少學者認為雍正繼嗣「內得力於隆科多」的說法根據。但是也有學者相信隆科多之所以被稱為「朕之功臣」，主要原因是雍正登基後，政局不穩，反對派甚至有想以暗殺行動報復皇帝的，隆科多控制了京城治安，保護了雍正的安全，如在皇帝出宮祭祀時傳有刺客，在前往遵化祭陵時途中不安等等；隆科多都能一一防範，讓雍正穩坐江山，加上他又完成「口授末命」的任務，當然可以算得上是雍正的功臣了。

除了功臣的爭論之外，在隆科多後來被定的四十一條大罪狀中，有些也是令人置疑的。例如：一、「聖祖仁皇帝升遐之日，隆科多並未在御前，亦未派出近御之人，乃詭稱伊身曾帶匕首，以防不測。」二、「狂言妄奏，提督之權甚大，一呼可聚二萬兵。」三、「妄擬諸葛亮，奏稱白帝城受命之日，即是死期已至之時。」這些欺罔與大不敬的罪狀，很能使人聯想到：在康熙臨終之時，情勢相當緊張，隆科多還身帶匕首，保護雍正。可是在皇帝與隆科多關係變壞時，隆科多對外宣稱他當日「未在御前，亦未派出近御之人」。假如這是實狀，那麼隆科多傳末命的事就不可能了。雍正後來在官書中的那些解釋都是假造的了，當然皇帝要說他「欺罔」，定他重罪。提督權大，「一呼可聚二萬兵」，也是說明雍正在即位時京城情形不安的。隆科多手下擁有精兵兩萬，當然可以控制局面，可以制止其他皇子的行動。雍正官書中強調政權轉移是在和平氣氛中進行，隆科多的這種說法就一定要指爲「欺罔」。「妄擬諸葛亮」的事應是隆科多後來發現雍正要整肅他時所說的負氣話，但也足以令人對康雍大位授受的生疑。

研究雍正朝歷史的名家馮爾康教授說：「雍正殺年、隆的性質，是君主按照封建君臣關係的準則，收回重臣所不應有的那部分權力，這是君主與大臣的權力分配問題，在封建社會是不斷發生的。雍正給予年、隆過分權力，是自作孽，年、隆不善自處，接受並擴大分外權力，是自釀禍。雍正懲治年、隆是保衛和加強君主權力，年、隆之案的所謂欺罔、僭越、狂悖、專擅、奸黨之罪，是指控他們擅權，明確他們的一些特權是非法的。」馮教授的這一番話確實是中肯的，隆科多也像年羹堯一樣，在雍正剛上台時得到很多殊恩曠典，他們都得意忘形了起來，隆科多經歷的官員銓選，大家稱爲「佟選」，可見他是憑他一己愛憎作衡量的，他完全掌控了用人大權，他在皇城裡見到皇帝兄弟時也不按儀規行跪拜禮，而只作「欠身而過」。他又貪贖財貨，甚至把贓銀物件「於各處轉運埋藏」。雍正是專制威權的君主，隆科多既然「攬權樹黨、擅作威福」，當然就會受到處分了。雍正三年五月，皇帝先把隆科多的不法行事曉示群臣，展開整肅工作。不久之後，又以隆科多庇護年羹堯，干擾查案，削奪了他的太保等銜，並命令他去阿蘭善山區修城墾地。第二年又命令他去阿爾泰山與外蒙首領議定遊牧地界，並與俄國使臣商議兩國邊界。但是後來由於隆科多私抄玉牒的事被人告發，皇帝不等他談好中俄邊界事務就把他召回京城了。最後定了他四十一條大罪，永遠圈禁，不得自由；家產充公，兒子革職的革職，充軍的充軍。雍正六年（一七二八），這位超群拔類的希有大臣在禁所中逝世了。雍正最後算是善待了他，賜金爲他治喪。隆科多也就這樣結束了他富有傳奇性的一生！

13 除惡務盡

雍正登極之後，立即面臨強大反對勢力。除允祉、允禩、允禟、允禵等皇室兄弟的不合作、甚至有抵制的行動外，還有眾多在朝廷中服務並同情皇家失意者的官員，他們在中央政府也有相當的地位與實力。雍正皇帝為維護自己的統治權力，一定要採取各種手段，消除異己的敵人，而且要除惡務盡，以免後患。

前面已經談過雍正對皇家兄弟的相殘概要以及對權臣年、隆肆意整肅的情形了，現在再就那些首領們的屬下黨羽被清算殺戮的實況作一些扼要的描述。

允祉的勢力不大，只有蒙養齋修書處中少數人是他心腹黨人，雍正也不放過他們，先指陳夢雷「不思改過，招搖無忌，不法甚多」，下令將他本人以及他兒子一起發配到邊區去。後來由於刑部尙書陶賴、張廷樞等人執行皇帝的命令不嚴，竟將陳夢雷的兩個兒子釋放了，因而給這些官員也以降職的處分。允祉集團就此瓦解了。

康熙朝被廢的皇太子允礽在雍正二年十二月病逝了，雍正雖下令按親王禮葬祭他；但是當年支持過他的那些大臣幾乎全都不予錄用。甚至在給官員蔭子、封典時，王掞家族子孫都不得授與，可見雍正的態度是多麼的堅決。

對於允禩、允禟一幫人的屬下或支持者，則更是給予無情的痛擊。雍正先從中央的高官下手，如領侍衛內大臣中有公爵的貴族鄂倫岱、阿爾松阿、阿靈阿以及宗室蘇努等人，不是削除宗籍，就是充軍邊地。像鄂倫岱的罪名是在乾清門當著公眾面前「將降給阿爾松阿的御紙扔於地上」，可見這批先朝舊臣對新君是十分不敬的。在雍正二年中間，阿布蘭、蘇努被革去貝勒、刑部官員七十（人名）、裕親王保泰、刑部尙書阿爾松阿等都被革職從職位拉了下來。允禩被清算後，他的妻子也被休回母家，另外一個名叫魯賓的貝子也因爲替允禵與允禩帶信而被圈禁。還有當過山西巡撫的諾岷被指爲庇護允禟而革職。在民間從事非法投書或發送傳單的蔡懷璽、郭允進等人當然以問斬治罪。甚至連已經死亡達七年之久的揆敍，雍正對他幫助允禩爭繼還是深惡痛絕，命人在他墓前豎上石碑，寫上一些譴責的文字，以示另一種方法的懲罰。允禩與允禟的太監也有多人被牽連入罪，如張起用發往邊疆耕田，李盡忠送到雲南蠻荒地區去受苦。

雍正對他親弟允禵家丁、教席也不寬宥。他有一次詢問允禵護衛孫秦、蘇伯、常明與家丁雅圖等人：允禵在軍中是否好喝酒行凶？屬下人都異口同聲的說沒有此事。雍正認爲他們說謊，便將他們「永遠枷示」，連他們的十六歲以上兒子也給予枷號，處分也不能說不嚴了。還有一位名叫徐蘭的天津監生，他在允禵家教書，雍正也以爲「其人不端」，把他逐回原籍，交給地方官看管。

年羹堯與隆科多確實侵犯了皇權，恃功而驕，做出很多皇帝不能忍受的事，終於被雍正興獄清除了。他們的屬下，或是黨羽，勢力也很大，而且人數更多，皇帝是絕對注意到的。甚至公開的說過：「年羹堯之逆黨私人，即一員亦不可姑容。」事實上，年羹堯在川陝一帶邊區經營了十數年，特別經由他「年選」的文武官員，爲數眾多，他已建起了他的「王國」，因爲在懲辦年羹堯的同時，皇帝先下令調換川陝官員，將甘肅巡撫胡期恆撤職，遺缺由岳鍾琪兼任，又把署四川提督調回京城，讓親信鑾儀使趙坤去代理。後來年羹堯被調到杭州，離開了他的川陝根據地，並失去官爵與實際力量時，雍正更進一步的消滅他的黨羽勢力。年羹堯的兒子年富、年興、年逾等全部削爵奪官。南贛總兵黃起憲、四川按察使劉世奇、長蘆鹽運宋師曾、鴻臚寺少卿葛繼孔等人也以年黨罪名，或削籍，或沒收財產、或罰修河工。又逮捕了胡期恆、桑成鼎等人，興獄治罪。年羹堯自裁身亡之後，年父遐齡、兄長希堯都革了職，原任大理寺少卿的年羹堯兒子年富，被奪官還不足，又以新的罪名被處斬了。其他年家子孫還有多人發遣到廣西、雲南、貴州極邊煙瘴之區充軍的，「永不赦回，亦不許爲官」。當然年的財產也都被抄沒入官了，雍正對他岳父家如此嚴懲，似乎顯得過分與殘忍了一些。

隆科多治罪後，他的家人與屬下也逃不了被整的命運。例如用其家產追補贓銀，長子岳興被奪去官爵，玉柱發遣黑龍江當差。還有查嗣庭、陸生柟這些大小官員，以文字獲罪，被處以死刑。甚至與雍正一直相處不錯的蔡珽，最後也以「交結大逆不道之查嗣庭」爲罪名受到責罰。雍正對反對勢力是毫不容情的，而且在清除時是殘忍徹底的。

雍正二年七月，皇帝向全體大臣頒布〈御製朋黨論〉，可以說是給整肅異己政策定好了思想指導原則。他認爲朋黨各行其事，破壞朝政統一，損害君主權威。朋黨間互相攻擊，任用私人，也是侵犯皇帝人事任免大權的。大臣結黨，各徇其好惡以爲是非，根本就是對君主的不忠。他希望大臣們要「洗心滌慮、詳玩熟體，……務期君臣一德一心，同好惡，公是非」。在當時雍正皇帝心目中，朝中朋黨有康熙朝遺留下來的舊朋黨，如允禩、允禟一夥的人。又有他執政後新生的朋黨，那是年羹堯、隆科多這批人。無論舊的或是新的，在他看來都是不能以君主之是非爲是非，甚至還有想造反奪取他的寶位的，他如何不加以懲治呢？所以由此觀之，雍正初年的大興獄案，消滅異己，雖然是報復康熙末年爭繼的舊仇，實際上是爲維護與加強皇權所做的必要工作，否則他就不能統一號令，推行政務，更不談上做唯我獨尊的大皇帝了。

雍正在消滅了皇族與權臣的朋黨勢力之後，還對科舉制度產生的一批科甲集團進行過一場大戰鬥。他認爲讀書考試出身的科甲人，他們講究師生情誼、同年關係，事實上已經在政壇結成了朋黨，同樣的也影響到了政府的運作與皇權的伸張，所以也必須嚴厲打擊。

雍正對各類朋黨的懲處，儘管手段殘毒一些；但對澄清吏治，維護皇權確實產生良好作用，尤其是康熙末年爭繼留下了不少後遺症與雍正上台時政局極不安定的時刻，雍正以大決心、狠手段來清除朋黨也是自然的事。

14

新人新政

雍正即位之後，有鑒於康熙末年宮中發生爭繼，中外朋黨盛行，官場吏治廢弛，地方庫銀虧空，情勢相當嚴重，因而在執政後就以嚴厲手段，一方面進行殘酷政治鬥爭，清除爭繼時遺留下的敵對勢力與政壇上新興的及舊有的朋黨集團。另一方面他也以威猛的決心推行新政，來匡正前朝的缺失。

康熙中期以後，由於國家已經統一，生產逐漸發展，經濟日趨繁榮，社會相當安定，文治武功都有著極好的成就。皇帝滿足於他的成功事業，漸失銳氣與積極進取的精神，認爲「今天下太平無事，以不生事爲貴」，在如此「寬仁」的思想領導下，因循苟且的現象難免就滋生了。一些官員也貪圖安逸，甚至玩法違法的貪瀆國家財富，吏治變得腐敗了，虧空案件增多了。雍正早年當皇子時，就已看出了這些問題，正如他說的「天下利弊如指諸掌」，所以他登基的當月，就對大學士、尚書等高官們說：「政事中有應行應革能裨益國計民生者，爾等果能深知利弊，亦著各行密奏。」同時在康熙死後的整一個月即正式諭令戶部，傳諭各省總督巡撫，限以三年將所屬錢糧嚴行稽查，諭旨中有如下的文字：

……凡有虧空，無論已經參出及未經參出者，三年之內務期如數補足，毋得苛派民間，毋得借端遮飾。如限滿不完，定行從重治罪。三年補完之後，若再有虧空者，決不寬貸，其虧空之項，除被上司勒索及因公挪移者分別處分外，其實在侵欺入己者，確審具奏，即行正法。

不但如此，新年元旦日一向是皇帝的休假日，雍正卻在他就職後的一個半月的第一個新年第一天，破例的照常上班，並發出諭旨十一道給各省的總督、巡撫、督學、提督、布政使司、按察使司、道員、副將、參將、知府、知州、知縣等大小文武官員，要求大家察吏安民、共勵官箴、轉漕裕餉、培養教育、轄兵愛民、巡輯姦宄、執法不阿、與民生息、惠養元元，切不可「矯激沽名」，「昏庸廢事」。他也警告大家：「若罔顧聲名，廉隅不飭，國有常憲，罰必隨之。」希望各級官員好自爲之。這一年元旦因康熙皇帝逝世的大喪，免行新年慶賀禮，雍正卻連發革新朝政的諭旨，他的決心與迫切感由此可見一斑了。

雍正的新政目標據說是想做到「雍正改元、政治一新」。他希望上台之後能剔清前朝的積弊，移風易俗，使得國家能有個「熙皞」的盛世。他的做法大約有以下幾個方面：

第一，多多做事：康熙末年，皇帝說過：「興一利，即生一弊」，主張「不生事」，少做事。雍正則反對「因循玩愒」，主張多事。他不斷的告誡大臣務必上奏言事，萬萬不可馬虎，萬萬不可隱飾。同時他也要求大臣秉公直陳，不能報喜不報憂，不要怕生事。當時有翰林院檢討孫嘉淦，常常上奏，直言指出君過時弊，甚至彈劾皇親。雍正佩服他的膽識，特別在中央眾高官面前獎勵他說：「朕即位以來，孫嘉淦每事陳奏直言極諫，朕不惟不加怒，反而加恩，汝等臣工當以爲法。」皇帝確實是希望大臣們多提建言，多辦政事，即使是指責皇帝與彈劾皇親也要做，不能存少做少錯之想。

第二，勤勞做事：雍正知道要想臣工多做事，自己就不能偷懶。想獨裁政事，自己就得事必躬親，那就應該勤勞的從事工作了，雍正也眞能做到了這一點。他每天除上朝處理公務之外，退朝後多在披閱大臣從全國送來的奏章。他從不假手他人，每一件都是自己閱看，自己批示，有時要工作到半夜，弄得頭暈眼花。確實也因爲他如此的辛勤理政，他也得到了廣耳目、周見聞，「宣達下情，洞悉庶務」的效果。他命令大學士們「每日所奏本章毋令堆積」。大臣也在他的感召下勉力從公了。像大學士張廷玉就是「以晨夕內值，宣召不時，晝日三接，習以爲常」。有時甚至「坐肩輿中，仍披覽文書」，晚間回家之後，或有「燃雙燭以完本日未竟之事」的。君臣如此辛勤辦事，康熙末年的停滯不振現象當然爲之改觀了。

第三、實心做事：雍正不論在公開的諭旨裡或是手批的硃筆文字中，他常常要大臣「屏棄虛文，敦尚實政」，要大家「以實心行實政」、「做實在好官」。他知道當時官場的陋習，文武官員到任後先說地方上的落伍、腐敗等等的情形，不久之後，就向皇帝報告廢弛情形已大有改進了，表示他有了「政績」。雍正對於這類官員常加斥責，對他們的報告不是批寫「朕覽之厭矣」！就是警告說：「凡事務實爲要，粉飾、逢合、頌讚，套文陋習，萬不可法。」他也坦白的告訴大臣：「朕生平最憎虛詐二字。」因此大臣的奏報中有虛假內容時，他總是明白的指出，並予以申斥，例如雍正對甘肅巡撫石文焯在旱災期間下了小雨就報稱「可望豐收，此皆我皇上敬天勤民之所致」一事很不滿意，不客氣的對他說：「經此一旱，何得可望豐收？似此粉飾之過言，朕實厭觀。」還有一些官員向他做了誇張虛浮的報告，他就批示：「所奏諸務，惟宜實力奉行。莫謂朕之耳目，遠而弗屆也。勉之。」或是說：「汝每多此虛浮之奏，朕甚不取焉。一處不實，則事事難以爲信也。誌之。」皇帝既然以如此的文字不斷的監督大臣，行政效果與效率都必然好多了。

第四，認眞做事：官場還有一些陋習是官員遇事隨聲附和，或是應付塞責。雍正則訓誡他們要認眞辦事。雍正二年，河南發生蝗災，巡撫的奏報中說：「據各屬員報告，各已撲滅十之八九。」皇帝立刻批示：「爾等或可受屬員之欺誑，懵然不覺。朕君臨天下，若遇之語亦漫無察覺，其如萬幾何？此等陋習，洗滌淨盡方好。」雍正為了做辦事認眞的示範，他不但對大學士票簽不符、御殿時官員班行不齊等事都予以嚴厲責斥，就是大臣奏本丟落了一個字他也不輕輕放過。雍正元年他就為奏本上落字事大發議論說：「不得為小事便可輕忽，寫本雖係中書之事，爾等肯用心細問，自無錯誤。若大學士諉咎於學士，學士諉咎於侍讀，侍讀諉咎於中書，則朕亦可諉咎於大學士，諸事錯誤，令天下疑朕與大學士俱不看本，豈不可恥？」皇帝借文書上丟了一個字如此的小題大做，似乎過分了一些，事實上，這是他初政時認眞仔細的勤政作風，也是給臣工做示範的。他的這種做法，當然會對臣工供職任事產生重要的影響。

雍正又發現朝中大臣議事，常常各懷私心，自己有時不多言，而反說是從公議論。為了改變這種不認眞的辦事弊端，消除「彼此觀望」的劣習歪風，他下令將議事王大臣分成三班，遇事分組討論，各做意見表述。皇帝相信「如此，不但不致互相推諉，而且亦能出其主見」，更使朝臣認眞做事。

綜觀雍正初政的態度，可見他是有勵精圖治的決心與能力的。因而他能一邊與皇親、新貴、朋黨官員們進行慘烈鬥爭，消滅了敵對的干擾勢力，同時又一邊做政治與經濟各方面的重大改革，致使康熙末年的積弊得以一清，他的新政給人耳目一新之感。他的勤勞工作，實心辦事的要求，使得當時若干重大決策實行無礙，這不僅強化了中央集權，而且也扭轉了政壇與社會因循苟且的風氣，打開了停滯不前的局面，爲雍正中期以後政治穩定與經濟發展奠定了基礎。

15 窮追虧空

官員挪用或侵吞公款造成虧空的事是常見的。康熙末年因爲「庫帑虧絀，日不暇給」，國家庫房都有問題了，而「直隸各省錢糧虧空甚多」，情形更是嚴重。康熙皇帝乃下令研究對策，以清理虧空。當時官員們訂下了法規，明令地方官徵收錢糧後，隨即解送中央，免得官員有挪侵的機會。又規定出一些賠補的辦法以及官員懲處的條文。至於因公挪用的則「將該員革職留任，勒限獨賠」，這也是比較寬大的。不過立法雖是完成了，但沒有大力執行，中央監察又無效，所以到康熙逝世時情形未見改善。

雍正當親王時，就知道中央戶部虧空數百萬兩，地方藩庫有多到幾十萬的。他想政治要清明，就不能有貪官，國家要強盛，就不能不整理財政，因此在他上台之後，清查虧空的工作便展開了。

前面已經談到，他繼承大位剛滿一個月就降諭虧空限期三年賠補，否則從重治罪。又過一個月之後，命令在中央設立會考府的單位，做為今後一切錢糧奏銷事務的清釐專職機關。雍正並對大臣們說「朕今不能如皇考寬容」，他容忍不下貪官污吏。他以允祥、隆科多、白潢、朱軾會同辦理會考府事務，要求他的皇弟允祥嚴格的執行清查政策，甚至還向允祥說：「爾若不能清查，朕必另選大臣；若大臣再不能清查，朕必親自查出。」整頓虧空的工作就這樣由上到下，從內到外的展開了。

雍正清查虧空是六親不認的，他先從中央戶部做榜樣。經允祥等人核算的結果，發現戶部庫銀短少了二百五十萬兩。皇帝認爲以前在戶部任職的歷任堂官、司官以及部吏都應該負責賠償其中的五分之三、即一百五十萬兩，另一百萬兩由戶部逐年彌補。在調查過程中也發現有皇族與高官牽涉到虧空案，雍正下令不予寬貸。他的十二弟允祹也被追索賠還虧空，最後以拍賣家中器物來補償。十弟允䄉經清查後應賠幾萬兩，後因罪抄家才了事。另有內務府官員多人也被抄家作賠補之用。當時有人痛斥允祥「過於苛刻」，雍正立即出面爲允祥撐腰，說允祥是照他的命令行事的。

中央既做「好榜樣」在先，地方官當然不敢不徹底清查了。一時不少挪侵地方銀庫的高官都成了對象，並被革職而查封了家產。有名的河道總督趙世顯因剋扣治河工料、侵蝕錢糧，關進了刑部大牢，也充公了他的家產。蘇州織造李煦與曹雪芹家祖先在康熙年間都是大紅人，雍正在清查虧空的行動中，也不顧一切的抄沒了他們的家產。

雍正皇帝因爲與地方官員經常由奏摺與硃批互通訊息，他對虧空案有著深入的了解，而且有些案件的處理可能有徇私庇護的現象，所以他不斷的與大臣們研究，終於又制定出了一些更嚴苛的追討虧空的新辦法。例如：

一、有的貪官已將贓銀偷運到老家置產了，他在任官的地方財產無多。雍正爲了追得更多虧空銀兩，下令貪官一經被參，他在官衙與原籍的產業同時抄檢，這樣可以搜得所有的貪官家產，不致被隱藏或漏失。

二、貪官也有可能將贓銀寄藏在親友家的，不在貪官名下，當然在一般情形下就很難追回來了。雍正的新辦法中規定可以命令有關係的親友幫助賠償，甚至可以抄沒這些親友的家產。

三、有些地方官員在虧空銀兩時，後任的官員與當地的老百姓可以集資爲他代爲淸償，這是有些官員爲地方做事花費而造成虧空時，或是人民爲感激好官常有的代賠行動。雍正下令不准再如此做，因爲皇帝認爲這樣會形成貪官與地方土豪劣紳的利益輸送，不利於地方。

四、以往貪官被告發後，多半還留任讓他彌補虧空。雍正認爲這是不好的政策，因爲留任的貪官一定再設法貪財，以新的貪污所得來彌補舊欠，所以皇帝下令貪官一定要革職離任。如果他眞沒有問題，尙可爲官的，可以由上級官員奏請讓他復職或出任新職。

五、官場常有官官相護的事，有些貪官得到長官的庇護，利用法律的不同解釋，使其所犯之罪變輕，例如貪官有不得已的「挪移」與不可寬恕的「侵欺」的原因，性質不同，判法也各異了。很多侵欺貪案經長官幫助後，由眞正的貪案變成了因公暫時的挪移，殺頭抄家的命運就不會發生了。雍正知道官員會在條文上玩法，他乾脆下令：「將挪移罪輕之項令其先完，侵欺重罪之項令其後完，使揑挪移希避重罪之人無所施其伎倆。」雍正是想達成追賠的目的爲要緊。

六、不少貪官在案發後，或由於顏面，或由於逃避追賠，他們自殺了斷了，以爲這樣可以結案。但是雍正的手段特別殘酷，規定即使當事人畏罪自殺，還是要追賠。雍正說，「一死抵賴、留貲財爲子孫之計」的貪官，應由總督、巡撫等上級長官將他們的嫡親子弟與家人，嚴加審訊，「所有贓款著落追賠」，不讓這些貪官沾到任何便宜。

皇帝又爲防範有新的貪案發生，常以密奏調查各地官員的操守，只要發現有問題，他就採取警告的行動。例如陝西延綏等地方副將總兵李耀的聲名不好，雍正就在他奏摺上批道：

著實小心，做官貪之一字，切忌少有，不要連從前都帶出來的！

甘肅巡撫石文焯爲帑項久懸未補，皇帝很生氣的批寫了：

無恥之極！難爲你如何一筆書此一摺！

河南開歸道沈廷正的侄兒沈竹行爲乖張，操守不好，皇帝說他「只以錢一字，命都不顧」。沈廷正爲侄子向雍正祈求寬宥時，皇帝說：

將來此人是要耍頭的！

這些怵目驚心的警語，讓有意貪贓的官員看了，一定不敢再進一步犯法的，除非他眞想丟官「耍頭」。

由於雍正皇帝施以嚴厲之威，徹底認眞的窮追虧空，嚴懲貪官，使得雍正朝的財政與吏治都逐漸好轉，不但爲國庫增添了不少的財富，以致「國用充足」，同時在政治上也呈現了一番清明的新氣象，使那些「貪冒之徒，莫不望風革面」了。

16 火耗歸公

中國歷代官員的薪俸唐朝比較多，明朝就少了。清朝雖然承襲明朝制度，但官俸不及明朝豐厚，因此要官員不貪贓也難。康熙初年有位御史說過：

若以知縣論之，計每月支俸三兩零，一家一日，粗食安飽，兼餵馬匹，亦得費銀五六銀，一月俸不足五六日之費，尚有二十餘日將忍飢不食乎？不取之百姓，勢必飢寒。若督撫勢必取之下屬，所以禁貪而愈貪也。夫初任不得已略貪下贓，賴贓以足日用，及日久贓多，自知罪已莫贖，反恣大貪，下官行賄以塞上司之口，上司受贓以庇下官之貪，上下相蒙，打成一片。

他認爲「俸祿不增，貪風不息，下情不達，廉吏難支」。希望皇帝應設法增加各級官員薪俸，杜絕貪污。

這位御史的說法也許誇張了一些；但清初官員的俸祿確實低得過分，生活費也許還可以支應，而官場應酬等費爲數頗多，一般官員就必須另闢財源了。例如一個下級小官，凡遇上司的生辰喜慶事要送禮、週年過節要送禮、有事參謁要送禮，若想升官更要送禮。上司對下屬的考評往往又依送禮而定，所謂「以饋送之厚薄，定官評之賢否」，小官不貪污弄錢根本是不能當官的。高級官員也不是沒有開銷，他們向京城各衙門辦事時也得送禮打通關節，「部費」、「別敬」等等的花費也很多。當時京官的待遇也不高，全靠外地官的送禮做補貼。外官到京裡來洽公辦事，不送「規費」的常被刁難，或是被積壓下來慢慢辦理。

地方小官如何來另闢財源支付各項費用呢？正好他們有直接向人民收稅的權，於是便在這個經手的機會裡玩法取巧的撈錢了。

帝制時代，政府向人民徵收「田賦」與「丁役」做爲國家的主要經費。「田賦」就是土地所有人每年按畝向政府繳納一定的稅額；「丁役」則是年滿十六歲至六十歲的男丁每年向政府負擔相當時期的徭役。「丁役」最初是服勞役，後來改收銀錢代替，所以又稱爲「丁銀」，事實上就是一種人頭稅。清朝初年，採取分徵「田賦」與「丁銀」的方式，「丁自爲丁，地自爲地，本不相涉」。地方官如知府、知縣等是政府收稅的承辦員，他們找出一些理由向中央說明在徵收「田賦」與「丁銀」這些正項錢糧時有若干技術性的困難，例如人民繳稅時都送來碎銀與銅錢，官員送往中央時則必須將碎銀加工鑄造成大的銀錠，以便呈交；但在熔煉時雜質有損耗，地方官員不能負擔這筆「火耗」（又稱耗羨）掉的費用。又如糧食存放地方倉庫中，也有「雀耗」與「鼠耗」，這也是收稅官員不應負擔的，中央也不願少收賦稅，於是就把這筆損耗費用變成附加稅，加進正項錢糧向人民一併徵收了。地方官在中央默許下利用徵收「火耗」一類的額外附加稅來肥己與供應上司，可以說使貪污行為合法化了。

康熙年間，地方大吏就公開向皇帝說：「若斷絕外官火耗，則外任實不能度日。」皇帝也知道官員俸祿低，但也不能做全國性加薪，因而也不能取締「火耗」等的附加稅。州縣官在中央政府監督不嚴、吏治不清的時代，濫徵附加稅的事實就難免了。根據清代當時官私書檔的記載，江蘇等省火耗率較低，約在百分之十左右；湖南、陝西約在百分之二十至五十；另有高達百分之七八十的。康熙自己曾說：「所謂廉吏者，亦非一文不取之謂。」「如州縣官止取一分火耗，此外不取，便稱好官。」可是州縣官向人民徵收的附加稅遠遠超過百分之十了，皇帝為安於現狀，對貪官採取諒解與寬容的態度，益發使得火耗成為大問題。在康熙去世的當年，陝西巡撫噶什圖建議將火耗歸公家辦理，老皇帝認為火耗是地方官的私事，中央政府怎麼能做如此累民的事呢，他批說：「斷不可行。」火耗就更無限的加升，增添人民大眾的負擔了。

雍正早就了解這種濫徵租稅的弊端了，他在元年元旦諭地方官的訓示中就說道：

今錢糧火耗，日漸加增，重者每兩加重至四五錢，民脂民膏，朘削何堪。

可見他是關心火耗問題的。同年他又得到湖南官員奏請允准地方官在火耗中「節省出二成」，「以充一切公費之用」，其餘歸公。後來又有陝西官員要求將該省各州縣全年所得的耗羨銀，全數上交到省裡的藩庫，由省方做合理分配，一部分做抵補無著落的虧空，一部分給各級官員做公私用途的「養廉銀」，其餘繳送國庫。雍正對這些官員的建議加以支持，下令要他們好好實行。不過茲事體大，他又從大臣的密奏中深入了解火耗的眞切情形，不久發現地方官濫收火耗約有三大用途：一是自肥，二是供奉上司，三是用於地方上的公事。而且下級官員給上司送禮的花費比例佔高，他們自肥的數字也不少。雍正爲集思廣益，下令中央有關官員研議這一重大的財稅政策，他下令時雖然說要大家「平心靜氣，秉公執正，確議具奏」；但是他也已有主見的表示：「若有懷挾私意以及任性尚氣、淆亂是非者，則於此一事，必有一二獲罪之人也。」顯見他是帶有威脅口吻讓官員們討論的。由於這項稅制改革，涉及到不少人的切身利益，也有關官員們的政治理念，因此仍有不少人提出反對的意見。譬如有人認爲火耗原非善政，不應變爲合法稅。有人說火耗歸公未必有便於民。更有人認爲中央應給地方官以榮譽感，留更多的錢財在地方，讓他們知道廉恥更好。雍正不聽取他們的意見，先以威權的手段調任一位御史的官職，並將他的兩個兒子的舉人功名革掉，以阻擋反對他的言論與行動浪潮。隨即在雍正二年七月初六日，他發出上諭，實行火耗歸公。他在諭旨中強調：

> 歷來火耗，皆在州縣，而加派橫徵，侵蝕國帑，虧空之數，不下數百餘萬。原其所由，州縣徵收火耗，分送上司，各上司日用之資取給於州縣，以致耗羨之外，種種饋送，名色繁多，故州縣有所藉口而肆其貪婪，上司有所瞻徇而不肯查參，此從來之積弊所當剔除者也。與其州縣存火耗以養上司，何如上司提火耗以養州縣乎？

雍正既指出了官官相護、貪婪無已的原因，又說明了火耗歸公的優點，也就是說，皇帝確認這項稅制改革是有利於澄清吏治的。

不過雍正對火耗歸公的實行也有理性的一面，他要求有關的立法行政不能強求，應該因時因地而異，可以根據各地實際情形做出決定，可以分期實行，收得的火耗銀也可以視地方需要並經上級核准後，做不同幅度的留存本地。另外一省之內，州縣有大小，地區有貧富，事務有簡繁，火耗歸公既是權宜之計，各地方官在將來虧空補足，官吏廉潔品德養成時，可以將火耗提成逐漸減少，直到全部取消。還有一點也是特別要求的，就是歸公政策實行後，各地火耗徵收率只許減少，不能增多。

火耗歸公政策就這樣實行了，不過有的地方到雍正六、七、八年才次第實行，也有的一直還使用舊制的，這是因爲各地情形不同而產生的現象。不過，總體的看，歸公後火耗率確實大幅降低了，如河南、山東原來徵收近田賦百分之八十的火耗降爲百分之十三至十八了，而各地未見再有百分之三十以上的徵收率。同時雍正也考慮到官員的日用與公費，所以皇帝建立大幅增長的養廉銀制度，例如有些知縣原來年薪只有四十多兩的，他卻同意另發給他們二千多兩的養廉銀。總督巡撫年薪一百多兩的，竟有發給養廉銀幾萬兩的，各官所得的養廉銀比原俸多出好幾十倍甚至一百多倍的。中央的京官以及武官們後來逐步得到養廉的補助，數量少些罷了。

雍正朝火耗歸公與養廉銀的實施，是地方行政的一大進步，也顯示了雍正本人的辦事魄力。同時更令中央獲得更多的稅收，財政好轉了、國庫充足了，眞是一舉兩得的改革。

17 丁隨地起

在中國歷史長河中，田賦與差徭一直是分別徵收的。漢代的賦稅主要依人口徵收，口賦、算賦、更賦、戶賦，都是不同形式的人口稅。唐代的租庸調，一部分稅款依土地徵收，但是「庸」仍是人頭稅，而且佔有相當的比重。宋元明三朝，人頭稅依然是國家一項重要收入。清朝定鼎之後，稅制大體仿照明朝，直到康熙末才稍作改變。差徭原是人民服勞役，但是到清初也主要以徵收丁銀來代替了。丁銀的負擔也不輕，尤其對於一般無田的人更不能負荷。加上地方紳衿利用特權與關係規避丁役，造成差徭不均，迫使勞動者逃亡隱匿，反而使得國家稅收損失。尤其嚴重的，貧民因苦難加深，時有變爲地方動亂的，政府當然感到問題不小，要設法改進制度了。

明朝末年雖然有地方官試辦丁隨地起，就是把丁銀歸入田糧徵收，所以又有「丁隨糧起」或

「攤丁入畝」等的說法，但不久明亡清興，國家換了統治者，當然這一稅制改革行動只在極小地區極短時間內實行過。康熙中期以後，國家統一，政府也注意到了這項不公平的稅務，但是終因代表貧富兩方的官員們爭論不休，加上皇帝不想多事，始終未能獲得結論。康熙五十一年（一七一二），爲了表示寬仁爲政，皇帝降諭「盛世滋生人丁，永不加賦」，想藉此一德政，解決多年賦役的問題。這一政令是以康熙五十年的人丁數爲基準，徵收丁銀，以後出生的人口不予計算，即不論以後增加多少人丁，都不再增稅。這是把人頭稅固定了下來，對於新生的眾多人丁，減少了他們的負擔，有利於他們日後工作的增殖。但是原來的丁、糧分徵以及丁銀不均的弊端並未解決。

雍正登基以後，對於丁銀問題也非常重視，但是他的態度是愼重的。在他即位後約七個月，山東巡撫黃炳就上奏章請准按地攤丁，以蘇民困。皇帝批示：「攤丁之議，關係甚重，豈可草率從事。」甚至認爲他的奏請是「涉於孟浪」、「冒昧瀆陳」。不過又經過一個月的思考以及從密奏中得到的各地官員的意見，到雍正元年七月間，當他再接到直隸巡撫李維鈞以有益於貧民，請求丁隨地起時，他的態度變了！他把此案交由戶部討論，並指示說：「此事尙可稍緩，……以便熟籌利弊，期盡善盡美之效。」顯然他不完全反對了。其後皇帝又與戶部官員及李維鈞等反覆研究，到同年十一月決定實行，可謂決策得相當迅速。

丁隨地起，大體上是以州縣爲單位，把康熙五十年該州縣的丁銀數做爲應徵額，平均攤入到田畝隨土地稅徵收，因此有土地的人增加了賦稅，而「貧者免役」，這可以說是損富利貧的政策。從雍正二年起，許多省份在皇帝的同意下陸續實行了，直到雍正九年，山東、雲南、浙江、福建、河南、陝西、甘肅、江蘇、安徽、湖南、廣東、廣西、湖北、山西等省都成爲丁隨地起的稅制區。不過各省因情況的不同，實行的時間未必一致，甚至還有一些州縣遲遲未推行的，例如福建省早在雍正二年就宣布改制了，但是寧洋、壽寧、南平等少數州縣還是以舊制徵收丁銀。皇帝知道地方官有實際的困難，他也通融他們慢慢改革，沒有像整肅他的政敵那樣，雷厲風行的即刻展開。

丁隨地起的政策因爲損害了富人的利益，當然會引起他們的反彈。例如在雍正元年浙江有一批田多丁少的紳衿，爲了反對這一政令，曾經「蠱惑百餘人，聚集巡撫衙門，喊叫阻攔攤丁」。嚇得剛上任不久的巡撫法海「驚慌失措」，下令官員勸散群眾，並宣布「暫緩均攤之議」。如此一來無田的窮人很不滿意，也到巡撫衙門請願。反對與支持政府政策的人分兩派鬥爭，地方官一時不能解決。雍正四年，地方富紳們又趁著鄉試之時，聚集千餘人再到錢塘縣衙抗議，又發動商人罷市，情況相當嚴重，新任巡撫李衛採取強硬手段，才制服鄉紳，平息了動亂不安事件。還有一些州縣，像直隸是貴族高官最集中的地區，山西多富商大賈。他們依恃特權與財富，「地不納糧、丁不服役」，都轉嫁給了窮苦勞動的人，這是另一種反抗的方式，不過這也是極少地區的特例。

從丁隨地起政策的實行，也可以看出雍正施政務實的一面。他了解這項稅制改革是損富利貧的，但也是利國的，因爲丁隨地起可以保障丁銀的徵收，土地絕不能像貧民那樣可以逃亡隱匿。同時爲貧民減輕負擔，也可以緩和他們的反動情緒，消弭地方動亂的發生。所以總的來說雍正取消人頭稅，實行單一的土地稅制，不單是稅制上的一項進步，對清朝國家收入與政治、社會的安定也都是有裨益的。

18

萬民平等

生活在今天民主社會中的人，無法想像在古代中國有一批人是賤民階級的。他們被人歧視，家庭成員只能操賤業，很多事務他們不能參與，很多場所他們不准進入，他們沒有資格與一般人民互通婚嫁，他們的服飾也有一定的式樣，他們有錢也不准置產，他們更不許參加考試而提昇自己的社會地位。總之，他們是萬劫不復的、永無翻身之日的一批可憐人。

這一批人的來歷與形成這種賤籍的原因，據說是自古以來有一些在政治鬥爭中的勝利者，爲了報復與消滅反對勢力，在他們得權後對政敵家人與屬下給予懲罰，把他們淪爲官妓，或是從事社會上的低賤職業，並限定他們的權利與地位，使得他們永遠不能獲得政治權力、永遠無法反抗。還有一些作姦犯科的人與盜匪之流也有把他們的家人變成賤民的，也是一種懲罰的表示。

雍正即位以後，監察御史年熙上了奏章，向皇帝報告山西、陝西一帶，有一群被列名爲「樂戶」的人，他們的祖先原是忠義之士，在明朝初年因爲支持惠帝，反對成祖，最後失敗被成祖加害而淪爲賤籍的。這些人的家族多年來都以音樂歌舞爲職業，妻女也有當妓女的。他們雖想改變身分，但政府因他們已入樂籍不准他們成爲良民，而地方上的土豪劣紳也以他們爲蹂躪對象，不容他們脫離苦海，因此他們無法自新，年熙請求皇帝加恩，讓這些苦難人民有從良的機會，降旨取消他們的賤籍。雍正一向是關心社會基層事務的，他認爲壓良爲賤是明朝與古代遺留下來的弊政，有傷社會風化，理應改革廢除，皇帝先依行政程序命禮部議行，事實上他已諭令「亟宜革除」，並同時要各省調查，是否也有類似的賤籍人民存在，在「化民成俗，以禮義廉恥爲先」的理念下，雍正通令各省官員：所有賤民都應當准許他們出賤爲良。

雍正元年七月，約當皇帝下令革除山陝樂戶的賤籍後三個月，兩浙巡鹽御史噶爾泰也上奏請求皇帝准許紹興地方的惰民丐籍予以廢除。噶爾泰說，在浙江有一批人以捕蛙、賣餳、逐鬼、演戲、抬轎、「爲人髻冠梳髮，或穿珠花、群走市巷」以及幫人家打雜工爲業，這些人「醜穢不堪，辱賤已極，實於樂籍無二」，希望皇帝能像樂戶一樣，給他們豁賤爲良。

根據浙江地方文獻所記，惰民在該省已有幾百年的歷史，他們的祖先是宋朝犯了罪的人，被淪爲丐戶，不得列爲士農工商四民的名籍。他們能做的工作都是良民賤視而不願從事的，政府也不許他們讀書考試，不許他們充當公職，不許他們與良民家通婚，甚至不許與良民在公共場所平等相處。有些地區更規定丐戶居住的地區、住房的式樣以及他們穿著打扮，可謂極盡能事的侮辱他們的人格與尊嚴。

噶爾泰的奏章皇帝同意了，但禮部提出反對的意見，雍正堅持給丐戶削籍「亦係好事」，最後批准執行了。

雍正從大臣的密奏中知道安徽省徽州府有「伴當」，寧國府有「世僕」的一批人，他們「籍業下賤，幾與樂戶、惰民相同」，「應予開豁爲良」，他要安徽巡撫魏廷珍調查。魏廷珍不久即提出處理辦法：

嗣後紳衿之家典買奴僕，有文契可考未經贖身者，本身及其子孫俱應聽衆伊主役使，即已贖身，其本身及在主家所生子孫，仍應存主僕名份，其不在主家所生者，應照族人開户之例，豁免爲良。至年代遠久，文契無存，不受主家豢養者，概不以世僕名之，永行嚴禁。

原來在安徽以及其他地區的舊社會裡，有一些貧苦農民，他們沒有住屋、農具與牲畜等物，一切由地主提供，幫地主種田。這些人的地位當然比一般佃戶還要低賤，成爲替主人種田的奴僕，其中不乏簽下「賣身爲奴」文書的。世僕與地主之間有嚴格的主僕地位與關係，地主不但可以將世僕「隨田轉賣，勒令服役」，並且可以強迫世僕子孫繼承祖業，不許改業、遷徙，甚至他們的婚姻、喪葬等私事，也要聽命於主人的安排。魏廷珍提出以文契可考作條件的辦法，雍正認爲「所議允當」，批准執行了，這是皇帝主動提出的豁賤爲良案件，可見他確實有心從事這項活動的。

在廣東內河以及沿海地區還有一種受歧視的人民，他們被稱爲「蜑戶」。這些人以船爲家，以水上捕撈魚蝦、採珠爲業。蜑戶的祖先原在陸地上居住，而且是良民，後來生活水上，也按章繳納魚納；但是地方上仍視他們爲「卑賤之流，不容登岸居住，蜑戶亦不敢與平民抗衡，畏威隱忍，跼蹐舟中，終身不獲安居之樂」，雍正認爲這是極不公平的事，應予同情，所以在七年五月底下令要廣東總督、巡撫們承認壓迫蜑戶的不合理，既然他們在交納魚課，如何可以把他們視爲賤民？皇帝並指示說：

凡無力之蜑户，聽其在船自便，不必強令登岸。如有力能建造房屋及搭棚棲身者，准其在於近水村莊居住，與齊民一同編列甲户，以便稽查，勢豪土棍不得借端欺凌驅逐，並令有司勸諭蜑户，開墾荒地，播種力田，共爲務本之人。

皇帝下令允許蜑戶登陸居住並編入保甲，把他們看著是良民，又敎地方官保護他們不被土豪欺凌，幫助他們從事農耕工作，在在說明雍正關懷社會上弱勢的人民，他有著萬民平等的觀念。這又是皇帝自動提出開放賤籍爲良民的另一案例。

雍正年間，還有江蘇常熟、昭文二縣的丐戶，他們也被一般人民視爲賤籍，巡撫尹繼善在雍正八年上奏請求皇帝按照山西樂戶與浙江惰民事例，准許他們列入編戶，復爲良民，雍正也同意了尹繼善的呈請，又革除一部分賤民的賤籍。另外在福建、江西與浙江交界的山區，住著不少棚民，他們深居山中，以種樹顏料及燒炭爲業，有時進入附近城市銷售產物，也有城市人入山區營生，偶爾再回到城區的。這些人中多半沒有與齊民一同編入戶口，而且在臺灣朱一貴事件之後，政府發現竟有「叛逆」逃入棚民社區中的。雍正了解了這些事實，就命令這幾省的疆吏開放他們爲良民，勸導他們進入城區居住，以免製造治安上的問題。

社會上的賤民主要的是土豪劣紳控制與踐踏的對象，雍正革除了很多不同地區與不同性質的賤民賤籍，當然會損害了不法紳衿的利益，因而引起紳衿們的阻撓與反抗。像安徽世僕豁賤爲良命令在雍正六年下達之後，地方上紳衿很不甘心，有人暗中阻撓執行的，以致一直不能順利進行。雍正十二年有個世僕名叫葛遇的，領導了十多人到北京鳴冤告狀，請求開戶爲民，最後在政府力量的干預下，他們才實現了心願。雍正如此熱心的推行這項政策，雖然與「移風易俗」一類的官場話有關；但是更重要的可能有以下幾種目的：

一、雍正一再說賤民的存在是前朝的弊政，他必須做改革，一方面顯示他的新政新作風，同時也表明他是一位行「仁政」的君主。

二、賤民與紳衿是對立的，雍正解除賤籍，除讓賤民感恩，「人皆流涕」的感動之外，釋放賤民爲良民，也能藉以抑制紳衿的惡勢力。

三、賤民平日備受欺凌，必然有滿腔的不滿情緒，是容易引發社會問題；而不編保甲的賤民又不便稽查，盜匪與反清分子易混跡其中，雍正竭力讓他們成爲良民，便於監管，也是防患於未然的一種好方法。

四、雍正是個專制獨裁的君主，他強調「天無二日，民無二王」，他是天下唯一的領袖，怎麼能容忍地方上還存在著騎在賤民頭上的紳衿？他要萬民平等，但他是萬民之上的唯一權威、唯一主宰。

19 民無二王

年羹堯犯了九十二條「大逆」與「不敬」等等的罪，其中有一條與戴鐸的密報有關。戴鐸是雍正早年雍王府奔走的舊人，他在雍正元年派到年羹堯處「効力」，第二年八月他會見了年羹堯，據他事後向雍正皇帝報告當時他與年羹堯相見的情形說：

……（我）曾送過他一本《照心錄》，是奴才閒著在寓，將古人的君臣、父子、夫婦、昆弟、朋友家常俗事集成，寫一部書，內中俱係古人的格言成語，書名曰《照心錄》。書前面作一篇序，序中間有人生在世所共仰望者天與日，天豈雲之所能掩耶？日豈霧之所能障耶幾句。年羹堯曾說奴才：「主子賜我的匾乃青天白日，你為何這序上用天日的話呢？」奴才回：「主子賜的匾青天白日乃係教公爺高懸在上，時時如仰對青天白日，非以公爺爲天日也。」他這次見奴才甚惱。

戴鐸這份密奏究竟會產生什麼作用呢？我們也許可以在皇帝整肅允禟期間的一次談話裡窺知。他說：

古人云：天無二日，民無二王。臣子之於君上乃天經地義。苟懷二心，而存游移瞻顧之念，即爲亂臣賊子，天理國法，豈能容乎？……

可見在雍正心中誰要有天有二日，民有二王的想法，誰就是亂臣賊子，是天理國法所不能容的人，年羹堯當然就犯了死罪。雍正不但不能讓年羹堯、允禩、允禟等一批人心中有民有二王的念頭，不能讓地方紳衿做爲賤民階級的「王」，同時他更不能讓對他具有抗衡能力的人，特別是八旗首長們，以天日自居，動搖他的統治地位。

滿洲人在關外興起的時候，採取的是貴族共議的制度。努爾哈齊曾指命他的子侄爲和碩貝勒，共議汗國大政，他死前也交代和碩貝勒們「擇其受諫而有德者，嗣朕登大位」。不過淸太宗皇太極後來「奪立」而成了大汗。皇太極的兒子福臨（順治帝）則是由兩黃旗鬥爭後才繼承爲君的。多爾袞又憑藉旗權當上攝政王，幾乎篡位取代了順治。康熙皇帝則是八旗勳貴共同支持才登上大位，所以從清初的歷史來看，皇位繼承一事，總是少不了八旗親貴的參與干預。尤其到康熙末年廢儲之後，皇權與旗權的對抗更昭顯了。雍正當了皇帝，怎麼能不重視這一事實。如果他想要「以一人治天下」，那他就必須削弱諸王貴族們的旗權。

清代八旗中的鑲黃、正黃、正白三旗稱「上三旗」，其餘正紅、鑲白、鑲紅、正藍、鑲藍五旗是「下五旗」。「上三旗」由皇帝直接統率，可以說是皇帝的「人馬」。清初以來，下五旗的王公一向將自己屬下京官與外官的子弟挑選爲包衣佐領下等官，以建立各自的勢力集團。雍正繼承後第五天，他就下令「嗣後停止挑選」。如果遇有特殊情形，也必須將情由奏明，再行挑選，這是削弱諸王權力的第一步。雍正元年以後，皇帝的動作就更多了，例如：在正月裡皇帝下令將順貞門內廷禁地的護軍，由「內務府護軍等看守，並於內務府三旗內，每旗設統領一員，定爲三品」。撤換旗下護軍，改由內務府護軍侍衛，無疑的提高了內務府的地位。內務府是爲皇家服務的機關，當然就是加強與擴大皇權了。

同時爲了隔斷王公大臣間的聯繫，皇帝下令嚴禁上三旗大臣侍衛等「在諸王門下行走」。三月，又將原本在「諸王阿哥門下看守行走」的下五旗官兵，「撥回旗下當差，以減少實力」。

六月，皇帝說，在外省當官的旗員，常被該旗的長官控制，並「肆意貪索」、「分外苛求」，所以雍正允許他們密奏受害的經過。

七月，規定下五旗諸王補用官職，或挑選旗下人做差役，必須「列名請旨」，而且不許將旗員「擅行治罪」。如此一來，雍正又削奪了諸王的部分人事任用與司法之權。

十月，皇帝再降諭說：「親王、郡王等俱有封號，所以賜予封號者，蓋爲稱呼設也。如無封號之王、貝勒，即應直呼其名耳。至九貝子、十四王之稱，國家並無此例，嗣後凡無封號諸王貝勒等，即呼其名，若再如前稱呼，斷然不可。」「再小人等並將閑散宗室亦稱爲王，又有貝勒王、貝子王、公王之稱，嗣後若有如此稱呼者，決不寬恕。」雍正如此「正名」，實際是實踐「民無二王」的古訓。

雍正爲了進一步保證「民無二王」的皇帝尊嚴，他接受了大臣的建議，「將固山額眞改爲固山昂邦，將八旗印信，改鑄給予」。滿洲文「固山」（Gūsa）意爲「旗」，「額眞」（ejen）意爲「主」，「昂邦」（amban）則是「大臣」的意思，所以他下令把八旗都統的滿洲名稱由「固山額眞」改爲「固山昂邦」，也就是由「旗的主子」改爲「旗的大臣」。如此也嚴格的給主僕稱謂做了界定，只有皇帝一人可以稱「主」（ejen），一旗之主或旗下屬員都成爲皇帝的臣子了。所謂「額眞二字，所關甚巨，非臣下所可濫用」，實際上是藉改用名稱來提高皇權，降低諸王旗主之權。雍正四年五月，有位都統五格在皇帝面前習慣的還稱呼允禟爲「主子」，雍正大怒，痛斥五格是亂臣賊子一般的人，警告大家不能再犯此一錯誤。

雍正甚至還用手段令他的幾十個兄弟改掉人名排行用字「胤」字，以示他個人的地位不同於平常人，他的名字也是別人不能使用同樣字的（此事在下節詳述）。

此外，雍正即位後又以他的親信宗室允祿、允禮、崇安、福彭、錫保等王公分別管理下五旗的正紅、鑲紅、正藍、鑲藍、鑲白等旗事務，又一層的削奪了該旗原旗主的勢力。這些被皇帝臨時派去的王公們在八旗中擔任的此一職務不能世襲，所以也不會變成早年的主僕關係。

爲了長遠著想，雍正又不斷的設立教育宗室子弟的學校，如宗室左、右翼學與八旗官學等，表面上是爲提高皇室與八旗子弟的技藝與學問，但實際上是加強實施忠君遵制的教育。

以上這些措施，對於剝奪八旗諸王的旗權，收到很大的效果。當年王公旗主們的風光不再了，大家都成爲雍正的臣子了，中央集權得到進一步的成功，雍正統治下的清朝眞可稱爲「民無二王」的時代。

20 敬避御名的極端實踐

清朝皇室人名，原本沿襲滿洲族人舊俗，沒有什麼講求，不像漢人那樣有文化，談輩份、重偏旁，所以我們看到早期皇室人名還是從滿文名字翻譯成漢音字而成的。例如多爾袞這位名重一時的攝政王，他的滿洲原名叫Dorgon，意思是「貛」，是一種像野豬的動物。在清人入關之前，他的名字曾被音譯成漢字「多鎟」的，後來覺得不雅，而他的地位又變得崇高了，漢人大臣就改用了「多爾袞」三字，可謂切合堂皇。清朝定鼎北京的第一代帝王是俗稱爲順治的皇帝，他的漢字名字叫「福臨」，不過他的兄弟則分別以豪格、葉布舒、碩塞、博穆、博果爾等爲稱，可見仍是滿名漢譯的多。順治在位十八年，滿族因入關而「漸染漢俗」，順治死時在遺詔中甚至還自責他過度漢化；不過，他對於他兒子的命名還是沿用滿洲的傳統，未做任何改變，他的兒子有牛紐、福全、玄燁、常穎、奇授等等的，甚至他讓他一個兒子也以「福」字爲名，可見常時還不重視輩份尊卑的觀念與敬避尊親的漢人命名文化。

康熙八歲即位，十四歲生第一子，其後連生皇子多人，他的頭三個皇子分別名爲承瑞、承祜、承慶。第四子則取名爲賽音察渾。第五、六子又叫保清、保成。七、八子則命名長華、長生，可見當時情形紛亂，滿漢方式兼而有之，只能證明有了進一步漢化的現象。康熙崇尚儒家學術，尤其服膺理學，因此在重視家族倫理觀念下，他在康熙二十年（一六八二）完全採行漢人的命名制度，編出子孫排行用字，並擬定人名另一字的偏旁，以示親疏遠近。他下令以「胤」字做爲他兒子一輩的排行，而排行下一字用「示」偏旁，做爲他直系皇子的用字，因此他將後來排名皇長子的保清改名爲「胤禔」，保成（皇太子）改名爲「胤礽」，其他皇子也以胤祉、胤禛、胤祺、胤祚、胤祐、胤禩、胤禟、胤䄉、胤祥、胤禎（後改禵字）、胤祿……等爲名了。康熙不但爲他兒子一輩定了輩份用字與名字偏旁，由於他在位六十一年，他的子孫很多，因此他又爲他的孫輩及曾孫輩預定了行輩用字與偏旁，清朝皇室人名漢化至此接近完成。康熙帝又實行「敬避御名」的制度，就是皇帝名字的用字一般人不能採用，必須恭敬的迴避。在康熙時代，凡是和御名「玄燁」二字相同的，都要避用。當時北京城裡著名的「玄武門」就改稱「神武門」。《後漢書》的作者「范曄」也改他的號稱爲「范蔚宗」。甚至一般人用《千字文》編號時，也須缺「玄」字，而只作「天、地、⋯、黃、宇、宙、洪、荒」⋯⋯等等的，避用「玄」字。

康熙死後，雍正繼統，這位強調「天無二日」的專制獨裁君主，竟在他們兄弟人名上做起文章來了。他可能暗示了宗人府的官員先呈上了一個奏章，說「親王阿哥等名上一字，與御諱同，應請更定」。就是建議將雍正諸兄弟名字的上一字即排行用字「胤」字加以「更定」，因爲皇帝名字中用了「胤」的緣故。雍正對宗人府的報告沒有做決定，只假惺惺的說：「名諱由聖祖（指康熙皇帝）欽定，不忍更改。」他命令「禮部宜奏請皇太后裁定」。也就是讓禮部請他母親去做決定。後來禮部官員又向他報告說：皇太后同意改字，雍正便下達一道聖旨說：「朕曾奏聞皇太后，諸王阿哥名上一字，著改爲『允』字。」雍正的名字叫「胤禛」，其他兄弟原是以胤禔、胤礽、胤祺、胤祥等等爲名的，除他自己仍用「胤」字排行外，其餘兄弟都改稱：允禔、允礽、允祺、允祥等了，敬避御名的漢化到雍正時可謂實踐到了極點。而當時康熙皇帝才崩駕一個多月，百日未滿，尸骨未寒，雍正竟令兄弟更名，實在也過分了一些，若以淸朝皇家一向重視「敬天法祖」的訓示來看，雍正也算是一個不肖的子孫。

雍正死後，他的兒子乾隆繼位，趁著又有大臣建議更改宗室人名的機會，他爲父親雍正做了一點彌補的工作，乾隆曾降了如下一道的諭旨：

朕之兄弟等，以名字上一字與朕名相同，奏請更改。朕思朕與諸兄弟之名，皆皇祖聖祖仁皇帝所賜，載在玉牒。若因朕一人而令衆人改易，於心實有未安。昔年諸叔懇請改名，以避皇考御諱，皇考不許。繼因懇求再四，且有皇太后祖母之旨，是以不得已而允從，厥後常以爲悔，屢向朕等言之，即左右大臣，亦無不共知之也。古人之禮，二名不偏諱，若過於拘泥，則帝王之家，祖父命名之典，皆不足憑矣。……所奏更名之處不必行。

乾隆知道更名之典是不足法的，不同意再讓自己的兄弟改名。他雖爲他父親做了些解釋，事實上反有了愈描愈粗的壞效果，益發彰顯了雍正唯我獨尊的心態。由於清代官書上都改「胤」字爲「允」了，本書也概用「允」字，以符史實。

21 儲位密建法

在中國歷史上活躍過的兄弟民族，他們政治領袖的繼承方法，主要的有「世襲」與「世選」兩種制度。「世襲」是由子孫依嫡長順序，按輩承襲大位。這種方法是農耕民族的傳統，漢民族就是其中之一。由於約定俗成，「世襲」制度可以使政權和平轉移，一般說來比較安定。「世選」制則不以嫡長為限，而是量才授與，是在大汗或君主死後舉行會議等方式，公選出新的繼承人，所以這種制度既可兄終弟及，也能夠叔侄相承，沒有一定的準則。表面上似乎合於現代民主觀念，但民智未開的部落之中，常常發生見利而趨、惟力是聽的現象，在公推當時可能有爭執，而選後也常有後遺症，引起鬥爭的機會多，這是游牧民族的一項傳統，像蒙古族以往開「庫里爾台」（宗親大會）決定政治領袖就是顯例。

清代的祖先是女眞族，他們雖然與漢民族有多年的接觸，生活方式已經「沾染漢俗」；但是直到明朝末年，滿洲族人興起之時，他們部族領袖的大位繼承似乎仍保留草原游牧文化的舊俗，他們沒有實行預立儲君的嫡長繼承「世襲」制度。

從清初的史料中可以看出清太祖努爾哈齊的祖父出生次序爲第四子，但他「素多才智」，所以居住於祖居，並領導族人。努爾哈齊自己是家中的長子，但在十九歲時就被父親「薄予產業」，「使之分居」出外了。後來因爲他確有「才德」，他父親才「復厚予之」，當然這只是指厚予財產而言。努爾哈齊日後之所以能繼承他父親的「都指揮」等職銜，則是明朝方面認爲他父祖二人被殺，他們的職位「授其嗣人……誠不爲過」的關係，可見清太祖努爾哈齊的政治地位還是明朝地方官按嫡長世襲制標準授予他的。努爾哈齊建立後金汗國之後，雖然一度讓他的長子褚英理政，但不爲部落元老重臣及其兄弟們所接受，八旗首領間因而發生過鬥爭。努爾哈齊晚年在世選的基礎上，爲大位繼承問題定下了方法，他對子侄們說：

爾八和碩貝勒內，擇其能受諫而有德者，嗣朕登大位。若不能受諫，所行非善，更擇善者立焉。

不過努爾哈齊的理想也沒有實現，因爲他的兒子皇太極繼承大位是有「奪立」可能的，而皇太極死後又發生了兩黃旗火併的場面，儘管順治帝得以繼承，但他的叔父多爾袞仍以攝政王地位主持朝政，幾乎「謀篡」了大位。順治臨終時原想以他的一位從兄弟爲國君的，但皇太后與親王大臣們終究選擇了康熙皇帝。由此可知：滿洲族人在入關前後仍然是以世選的方式決定國家的領導人，而在寶位授受之間顯然不斷的發生著皇權與旗權的鬥爭。

康熙皇帝爲了解決多年來大位繼承不安的問題，爲了穩定三藩事變引起的紊亂，他決定改變傳統，採用漢人嫡長繼承制度，在康熙十四年底預立了皇儲，這是淸朝歷史上第一次也是僅有的一次以漢人古禮建立的皇位繼承人選，但是這方面的漢化後來還是遇到了阻力，八旗親貴的力量仍然在向皇權抗衡，終於使康熙兩度廢儲，造成康熙末年儲位虛懸、邦本不立的局面。康熙帝確曾研究過一套安全妥善的政權轉移辦法，甚至從歷史中尋求教訓，希望能找出十全十美的方案。他經過幾年思考，得到一些新的結論：儲君不能不立，但也不必限於嫡長，而應當「擇賢而立」。至於預立繼承人的大權，他認爲應操在皇帝一人之手，不容其他人干預。預立的過程應保密，免生枝節。「天下大權，當統於一」，一旦儲君決定，就不能有「立儲分理」的紊亂情況。可惜康熙最後幾年忙於對準噶爾的用兵，加上自己的身體多病，在死亡前竟未公開正式宣布他的繼承人，因而令雍正繼統成爲是否合法的懸案。

雍正皇帝是從康熙末年皇位繼承大鬥爭中走過來的，不論他的繼統是否合法，但他是絕對了解這個「邦本」問題的重要性的，加上即位之後敵對兄弟還在伺機反撲，他爲了加強皇權，杜絕宗室覬覦，在雍正元年（一七二三）八月十七日，他召見朝中王公親貴與文武大臣，在乾清宮西暖閣裡向大家宣布了一個重要決定，那就是他打算實行一種新立儲方案。他當天的談話內容有以下幾個重點：

一、鑒於康熙末年的紛爭，建儲一事不能不預做安排。

二、他的新方法是將繼承人的名字「親寫密封，藏於匣內，置之乾清宮正中」，世祖順治皇帝親筆寫的「正大光明」匾額之後，並且「又另書密封一匣，常以隨身」，以備不虞。

三、他做這件事是公開的，使「諸王大臣，咸宜知之」。

雍正皇帝說到做到，在宣布這項消息之後，「乃命諸臣退，仍留總理事務王大臣，將密封錦匣，收藏於乾清宮正大光明匾額後」，新的繼承人就這樣預立了，這就是他的「儲位密建法」。

這個皇位繼承新法顯然是吸取了康熙當年的想法而制定成的，例如不以嫡長爲限，擇賢而立，皇帝是全權決定人，別人不能干預以及一切都是祕密進行等等。不過雍正在向大臣王公們宣布這一事件時，並沒有說從今以後就立法成爲制度，更沒有嚴令他的子孫要遵行，所以在當時還不能視爲清朝繼統的「家法」。雍正只是起了承先啓後的作用，變爲「家法」的工作是在他兒子乾隆手中完成的。

乾隆皇帝有皇子十七人，年紀最大的是永璜，但是皇后爲他所生的嫡子則是永璉與永琮。乾隆元年，皇帝也召見大臣王公，照雍正的辦法自己親書了繼承人名，收藏在錦匣之內，並對大臣說「國本攸繫，自以豫定爲宜」。可是他指定的繼承人到乾隆三年就過世了，皇帝不得不公開對大臣說：「元年密藏匾內之諭旨，著取出。」取出後當然知道是皇帝的嫡長子永璉了，乾隆也一再的對大家說了「永璉係朕嫡子」、「皇后所生」一類的話。

永璉死時是九歲，被密書名字指爲繼承人時才七歲，七歲大的孩子如何看出他賢與不賢實在是有問題，乾隆又一再聲稱他是「嫡子」，可見多少還有「立嫡立長不以賢」的漢人世襲傳統味道，康熙與雍正的「立賢」爲要的眞精神沒有顯著的發揮出來。永璉死後，乾隆將近十年沒有再立新繼承人，直到他的另一個嫡子永琮去世時，他才透露出一些消息，原來他是有意立永琮的，因爲「聖母皇太后因其（永琮）出自正嫡，……朕亦深養成立，可屬承祧」，可見乾隆心中仍是以嫡長爲限的。只是事與願違，他的嫡子二人先後死亡了，他的心願也落空了，後來不得已立了魏佳氏所生的兒子永琰爲繼承人，是爲嘉慶君。乾隆遵照雍正所定的密建法預立了非嫡出的繼承人，也從此樹立了日後清朝傳位的家法。

雍正皇帝實行儲位密建法，至少有兩項具有意義的事值得我們注意：

第一，八旗制度是清朝的國體，全國盡隸於八旗，因此早年的旗分首長們的權力都很高，旗權與皇權衝突與鬥爭的事常見。雍正的儲位密建法表面上是解決了皇位繼承問題，實際打壓了旗權，從此八旗王公權貴們都不能操縱或干預儲君的指定了，無異是皇權的一大勝利。

第二，雍正的儲位密建法，既非世襲制，也不是世選制。因為繼承人不一定是嫡長子，而是「擇賢而立」的；但卻是預立的，而不是事後安排的，所以與傳統的世選制也不同，只是這種方式確有預立以安邦本以及選擇最佳人選的長處，所以這種方法可以看著是融合滿漢文化與繼承制度優點的一項產物，也是康熙與雍正從痛苦教訓中研製出來的成果。

22 創設軍機處

清朝初年，中央政府的最高權力機構是議政王大臣會議。會議由滿洲宗親權貴主持，處理軍國要務。不過，經過幾代皇帝的削落旗權，議政制度也逐漸趨於衰落了。

順治年間，皇帝一度以內閣「贊理機務，表率百僚」，相當程度的提高了君權。但是康熙即位之初，四大勳臣輔臣，廢掉內閣，恢復內三院，旗權又見高漲。康熙親政後，消除了輔政權臣，又改內三院為內閣，重振皇權。內閣的時設時廢，也正反映滿漢兩種文化的衝突與旗權對皇權的鬥爭。

康熙十六年（一六七七），皇帝又調選翰林院少數親信官員到乾清宮南書房值班，這些官員除了與皇帝講論經史學問、作詩寫字之外，也秉承皇帝意志擬寫諭旨，發布政令，實際上變成了皇帝處理政務的機要人員，這批「非崇拜貴僚，上所親信者不得入」南書房的新貴，儼然取代了部分內閣大學士的職權。不過在南書房行走的官員滿漢都有，又都不是旗分裡的貴胄，他們只是皇帝的助理，因此皇權就更加強加大了。

雍正登基之後，雖有內閣與總理事務大臣綜理國家事務；但是皇帝仍緊握政權，絲毫不肯下放。其後又因西北各地用兵關係，他認爲內閣中堂人多雜亂，又離內宮較遠，不便聯絡，爲防止軍機外洩，乃有內閣內、外中堂之分，而「軍機房即內中堂辦事處也」。皇帝挑選了少數幾位寵信大臣，和他一起議事，新的皇權生力軍就這樣組成了。這就是軍機處創設的背景。

軍機處是由軍需房與軍機房擴大演變來的，從名稱上我們就可以略知它的創立有一段漸進的過程。原來在雍正四年（一七二六），清朝開始計劃征討準噶爾蒙古，皇帝命令怡親王允祥辦理北路軍需，大將軍岳鍾琪辦理西路軍需，爲此也在戶部裡特別設立了一個軍需房的單位，由允祥與大學士張廷玉、蔣廷錫主管。籌備了約三年的時間，到雍正七年春天，在君臣共同議定後，發動了對準噶爾的戰爭，與此同時，軍需房也由戶部遷移到隆宗門內辦公，單位名稱改作軍機房。隆宗門在乾清宮外西側，「地近宮廷，便於宣召」，這個單位在當時也正式脫離了戶部，皇帝也從內閣裡挑選一些謹愼可靠的中書來協助王公與大學士們辦理機密事務，內閣「內中堂」一稱也是由此而來的。第二年軍機房又改名辦理軍機處，或簡稱軍機處，雍正十年才正式鑄造關防，完成初步建制。雍正死後，乾隆上台不久，一度改軍機處名爲總理處，甚至有裁撤的計畫，後來又恢復其原名，並擴大其職掌，終於吸收了內閣大權成爲清代中央最高權力機關，直到清朝覆亡前夕。

軍機處是如此重要的機關，但竟然是「無公署，大小無專官」的單位，在雍正時代隆宗門附近的房舍還是木板蓋成的，簡陋之極，根本只有值房，不是正式衙門。在裡面工作的軍機大臣與軍機章京都不是專職的官員，是從別的部院派充的兼職人員，他們的本職事務仍需照常辦理，這些官員的薪金也在原衙門支領，他們的升轉調任都在個別的單位裡進行。

軍機大臣與軍機章京也知道自己的兼職是臨時性的差使，當時擔任軍機大臣的張廷玉等人在他的履歷表上都從不塡寫這一官銜的。當大臣的只有每天與皇帝在一起議事以爲榮幸，當章京與筆帖式的可以掛上朝珠，以示寵異，這是雍正皇帝特准的，他們是六、七品的小官也可以比照四、五品官員的地位掛上朝珠顯示得到皇帝的恩眷。

軍機大臣由皇帝在親王、大學士、尙書、侍郎中特簡，人數視工作需要而定，完全憑皇帝的認定。軍機章京則分滿漢兩班，人數也無定額，由內閣與六部等衙門中選任。軍機大臣每天與皇帝見面，一次或數次，面聆皇帝旨意，草擬皇帝的諭旨並繕發送給中央與外省各官。軍機章京則主要負責繕寫詔旨，記載檔案，查核奏議，抄檔保存等工作。

當過軍機大臣並很得雍正賞識的張廷玉，他後來留下一些文字記述，談到他在軍機處工作的情形，現在僅抄錄部分，以說明實狀：

凡有詔旨，則命廷玉入內，口授大意，或於御前伏地以書，或隔簾授几，稿就即成御覽，每日不下十數次。

西北兩路用兵，內直自朝至暮，間有一、二鼓者。

尤其是雍正八年，皇帝自己病得不輕，他最信任的十三弟允祥又不幸逝世，朝政幾乎停頓，全靠張廷玉、馬爾賽、蔣廷錫等在軍機房裡撐持大局，他們當時也由「詳議軍行事宜」，變成「辦理一切事務」了。雍正後來病好以後說他們「襄贊機務，公正無私，愼重周詳，事事妥協」，皇帝還用帶有感謝的語氣說：「朕躬得以靜養調攝者，實賴伊等翊贊之力也。」從以上的字裡行間，我們不難看出當時君臣工作辛苦的情形。

雍正年間軍機處的職掌範圍，似乎沒有日後那樣的廣泛，像似「軍國大計，罔不總攬」。從乾隆皇帝剛上台想撤銷軍機處的一份諭旨裡可以看出，當時的軍機處主要工作在辦理征討準噶爾以及部分苗疆的事務，而且多在軍需方面，並非處理一切軍務，更非辦理一切國家事務，最多只是在雍正八年皇帝病重的幾個月間，軍機處的職權加大了一些，那是特殊情況。

乾隆以後，軍機處因有其存在的價値，因而裁撤不成，其後職權反變得更廣泛，更重要了，除了入値禁廷，每日被皇帝召見，爲皇帝提供建議，爲皇帝書擬詔旨之外，也開始處理其他的軍國大政，例如升革文武官員、審理重大案件、查考兵馬錢糧、制定大典禮節等等，內閣很多權力被吸收了過來，內閣也形同虛設了。

軍機處辦理政務既迅速又機密，行政效率高，成爲皇帝的統治得力工具，不過軍機大臣雖表面上位高權重；但他們只能稟承皇帝意旨辦事，沒有議決權，沒有獨立與絕對的建議權，反而皇帝借著他們吸收了內閣的大權，加強了皇權，削弱了滿洲貴族的旗權以及滿漢大臣的相權。加以雍正又施行密奏制度，自己批答大臣的奏摺，與大臣直接聯絡，天下庶政全歸雍正皇帝一人處決了，專制獨裁可說到了極點。

23 空前絶後的密奏制度

中國古代臣下向君主言事的報告，稱爲「奏」、「疏」、「章」、「奏章」、「封事」等等。後來逐漸形成制度，凡地方官員向皇帝報告公事的，像民、刑、兵、馬一類，用「題本」，官員必須在報告書上蓋印。報告個人私事的則用「奏本」，可以不蓋官印。這些官文書有一定的書寫格式與傳遞程序，不容紊亂。清朝入關之後，在這方面沿襲了明朝的制度，官員向皇帝所做的報告，「公事用題，私事用奏」。不過在康熙年間，因爲事實需要，皇帝對這一文書制度做了一些改變。

我們知道：康熙是一位關心人民事務並獨攬大權的皇帝，他想多了解民情以及官員們操守工作情形，但在當時資訊不發達的時代，無法得到這些資料。加上題本與奏本的傳遞方式最初都是經過中央通政使司衙門及內閣等單位再轉呈皇上的，報告可以說是公開的，至少很多經手的承辦官員都知道內容，沒有隱密性。所以康熙皇帝就開始提倡密奏的報告了。他先命令一些內務府派出去任官的人，如李煦、曹寅、孫文成等人，向他偷偷的報告江南各地的吏治民情，甚至雨水、糧價等的事務，他命令這些上三旗屬下的「家人」「萬不可與人知道」。後來皇太子被廢了，引起了諸皇子的爭繼鬥爭，康熙更想了解朝廷與民間的一切活動與反應，於是他又特令很多官員向他寫祕密奏報，或是專摺，或是附在請安摺中，以便他取得更多消息的來源，了解外間事態的實況。這些密奏或密摺都是不經由中央收發公文機關而是直接從太監主管的管道送達皇上的。

雍正即位以後，由於宮廷爭繼的餘波未平，政爭仍然存在。加上皇帝又要整飭吏治，改革弊端，於是加強了密奏制度。他先下令增加可以向皇帝遞行上密奏的人數，即將原先可以上奏官員的官階降低，除高官之外，當時中央京堂以上與翰詹科道官也都可以向皇帝寫「小報告」。地方上則除總督、巡撫、布政使、按察使、提督、總兵官外，一向被視「乃係小官，品級卑微，無奏對之分」的糧道、鹽道、兵備道等道台也都可以以密奏言事。此外知府、同知、副將，臨時派出官員以及皇家在外服務的家臣，甚至少數特准的知縣，個個都有密奏權，一時祕密報告滿天飛，形成雍正年間官文書的一大特色。

雍正又爲了廣集中外情報，了解各方實情，他命令寫密奏的人可以不按規格，文字長短不拘、字體好壞不管的讓大家輕鬆自由的上奏，惟一嚴格的要求就是守密，報告必得自己繕寫，不能假手他人。專制時代的官員當然都想得到皇帝恩寵，因而能有權上奏的人都相競的將各人所知盡量呈報，無論大事小事，公事私事，全盤的寫給雍正，因此皇帝雖在宮中，天下大事他都瞭若指掌了。據專家們估計，雍正十三年間，參加過寫密奏的官員可能高達千人以上，所寫成的滿漢文字的密奏總數約有三、四萬件之多。

密奏制度在雍正朝可謂發展到了「密」的高峰。不僅密奏是不經由通政使司這類衙門送達，而是官員們派自己的專差逕赴京城，交內奏事處的太監呈送皇帝，也可說除了繕寫密奏的當事官員與皇帝外沒有其他人知曉報告的內容。同時雍正又命令內廷工匠特製皮匣或木匣，配上小鎖，發給密奏各官，以防在傳送途中被人偷看。皇帝在接到大臣們的密奏之後，自己開鎖，親自閱覽，並在密奏的字裡行間或奏摺末尾，寫上批語。他從不假手別人處理這些文件，爲的是保密。雍正又惟恐這些經由親批過的官文書在發還給題奏官員之後被遺失，或是洩漏機密，他又規定各官員在收集了一定數量的寫有御批的密奏時，或是在每年年底，一定要把這些文書送還宮中，做永久性保管，這就是所謂「恭繳硃批」。皇帝的批語叫「御批」，又因爲批寫的字是用硃砂寫的紅字，所以又稱爲「硃批」。大臣在繳回密奏時不能私抄內容，自己存留。連皇帝的硃批文字也不能抄下在任何場合引用，否則就被治以重罪。繳回宮中的這批報告，因而又被稱爲「宮中檔」。

根據雍正皇帝自己的敍述，他每天至少會收到二、三十件密奏，有時會多達五、六十件，他勤勞的一一閱覽，並仔細的加以硃批，所以他常常工作到深夜或凌晨，而硃批的字多寡視密奏內容與他個人看密奏時的感受而定，有時一、二十字，有時批上百字，甚至有多達千字的，他的硃批有時比大臣的報告文字還多，所以雍正在這方面雖然獲得了很多情報訊息，但他付出的辛勞也是可觀的。在他的硃批中經常看到他在「燈下所批」、「燈下逐條省覽」等等的字樣，他確實是位勤政的皇帝。

祕密奏摺對雍正皇帝處理政務、治理國家是絕對有助益的，他可以從大臣們的密奏中知道京中與外省的實際情形，大小官員的能力與操守，舊制新規在實行上的利弊，甚至官員的家庭與健康情況，地方紳衿的活動情形，各省各地的雨水糧價，一般人民的生活，邪教盜匪對地方的爲害等等，在資訊閉塞的當時，他都可以快速的獲得第一手資料。這是雍正能大刀闊斧改革內政的憑藉，也是他能「振數百年頹風」的本錢。不過他的體力在密奏上耗損過很多，他的清譽也因爲從事這項祕密活動而蒙受汚羞，甚至他給人以大特務頭子的印象。他死以後，他的兒子乾隆繼承大位，爲了公開透明化作業，將這種官文書的制度「改題爲奏」，但不是提倡密奏，而是先由軍機大臣們共同處理大臣所上的報告，然後向皇帝請示，由皇帝做成最後決定。他給上書言事的方式、過程與處理流程稍稍做了一些改變。雍正朝密奏裡的精采內容與硃批，雍正朝臣下熱衷密奏的盛況，從此不再重見，而成爲歷史的陳跡了。

雍正十年（一七三二）皇帝宣布要將歷年與大臣往來的密奏刊行出來，希望臣民能了解他的「圖治之念，誨人之誠」；不過在他謝世之前這部書並未能出版。直到乾隆三年（一七三八）才編印成書，定名爲《硃批諭旨》。《硃批諭旨》中只收錄二百二十三人約七千多件附有硃批的大臣密奏，只是所有這類檔案的「十之二三」。原件超過三萬件，目前保存在臺灣故宮博物院與北京第一歷史檔案館中，影印本在幾年前都已問世了，很容易取得做參考。

24 密奏的妙用

雍正皇帝對於密奏制度有過如下的說明：

（朕）臨御寰區，惟日孜孜，勤求治理，以爲敷政寧人之本；然耳目不廣，見聞未周，何以宣達下情，洞悉庶務，而訓導未切，誥誡未詳，又何以使臣工共知朕心，相率而遵道遵路，以繼治平之政績，是以內外臣工皆令其具摺奏事，以廣諮諏，其中確有可採者，即見諸施行，而介在兩可者，則或敕交部議，或密諭督撫酌奪奏聞。……

由此可見雍正是想溝通上下之情，增廣皇帝見聞，以利政務推行才加強密奏制度的，這是雍正向大家說明的密奏功用。確實他是從各方大臣的報告中收集到了多方面的消息，讓他了解有關人與事的實情，這對他的推動政令與改革政務都有幫助。儘管當時的題奏制度可以傳達一些訊息，表達若干下情；但是在公開的作業過程中，礙於人事，臣下的隱衷有時不能向皇帝盡述。若以密奏方式，大臣與皇帝直接單線溝通，必能收到互相先行討論，然後決策再施行的效果。我們在現存的雍正朝密奏中，可以很清楚的看出黃河工程的改進、雲貴等地流官的設置、西北用兵的計畫研擬等等，都是經過雍正與有關大臣長期溝通研議後而決定的。有些政策最初雍正根本不贊同，後來從密奏中了解地方眞相才令他改變初衷的。有的決定則是地方官員被皇帝說服後產生的。總之，密奏與御批確實發揮了上下之情得以溝通以及政策政令由君臣共商定的作用。

除此之外，密奏也在皇帝用人的政策上發生過大作用。雍正雖然是位傑出的君主，但他總不能盡知中外所有臣工的工作與私生活的各種情形，而密奏卻能彌補這方面的部分缺陷。

雍正喜歡在大臣密奏中批寫一些某某人居官如何、生活情況如何，甚至還詢問一些官員的流年八字的文字，因此他收集到了很多人事的資料；這些人事資料對於他用人有很大的參考價值。舉例來說，在雍正八年，廣西提督張溥向皇帝密報他麾下副將、參將、遊擊等官的賢能與否時，雍正就在張溥奏報的字裡行間加批不少他個人的意見。張溥說：

桂林城守副將董芳，才情幹練，操守俱好。（雍正硃批：好將才，但冒險不必用。）慶遠協副將潘紹周，人明白，可以受教，辦事勤謹。（硃批：料伊不肯玷辱前人也；但中年人，訓導之。）平樂協副將胡灝，才具頗優，操守中平，現在教導改過。（硃批：此人大可望成人之材，當將朕恩重他緣由說與知之，著令勉操守。）思恩協副將尚清，才技可觀，辦事虛浮，正在著實教導。（硃批：亦係上等資格之人，若虛浮則可惜矣！訓誡之。）梧州協副將張榮，人欠明白，辦事平常。（硃批：非欠明白人也。莫非有病？）永寧營參將施善元，人去得，營伍練達，辦事勤愼。（硃批：好的！好的！好漢子！實誠効力人也；但恐福基差些。）……左江鎭標左營遊擊羅玉秀，辦事謹愼，可以上進。（硃批：人甚秀健，有出息人，只恐聰明太過也。）

以上這些批語，據雍正說：只「就朕一時所見之計（記）載批來」，可見他手邊必有更多的人事資料。雍正非常重視用人，他一再強調「治天下惟以用人爲本」，而用了合適的人後還要「明試以功，臨事經驗，方可信任」。在他的心目中，能秉公辦事、實誠辦事的才是好官，才符合他任用的標準。

密奏的另外功用是他能藉以聯絡官員，駕馭官員。我們確實看到不少密奏裡寫著皇帝對大臣的關懷溫情詞句，如對臣下生病時的慰問、工作有成就時的鼓勵等等，往往令大臣們感動得五體投地，甚至願意「肝腦塗地」的來報達皇恩。雍正也常用密奏文書紐合大臣之間的關係，像隆科多與年羹堯最初感情不甚好時，皇帝就以硃批讓他們結成了親家。田文鏡密參李衛諸端惡行劣跡時，雍正則為他們化解衝突。巡台御史禪濟布與丁士一意見不一時，皇帝則告訴他們「和衷二字最為官箴之要」。希望他們辦事秉公，不必鬧意見。

皇帝既能以密奏與硃批讓大臣不和的得到冰釋的機會，甚至被紐合成為親家。當然皇帝也能以這種官文書來挑撥大臣之間的感情，令大家猜忌，進而發生惡鬥。河道總督齊蘇勒就是一例。雍正曾經命令河南巡撫田文鏡密報過齊蘇勒的官箴工作情形，但不久後皇帝又向齊蘇勒批寫隆科多與年羹堯曾對他做過不利的報告了，說「舅舅止說（你）操守不好，而年羹堯前歲數奏你不能料理河務，言不學無術」。試問齊蘇勒看到皇帝這樣的批語後，能不對舅舅隆科多與年羹堯痛恨嗎？雍正以類似的手法製造大臣間糾紛的還有多起，這是他達到駕馭臣工的另一種手段。雍正利用密奏監督大臣辦事，甚至威脅官員遠離罪惡也是常見的。他常對大臣說：「莫謂朕之耳目，遠而弗屆也。勉之。」這是警告大臣不要有「天高皇帝遠」的想法，他是無處無時不在的。他又喜歡批寫些：「汝自到撫任以來，一切奏對，甚不協妥，似甚不勝任，……大負朕之至望。」這是表示嚴重到快丟官了。有時皇帝乾脆的寫些「只以錢一字，命都不顧」、「若再負恩，恐非汝福」等等的，讓大臣怵目驚心，必須實心辦事，不敢貪瀆。

由於密奏是外間一般官員所不能見到的，雍正有時也利用這一管道處理機密緊急的公務。像他準備整肅年羹堯時，就在很多大臣的密奏中明說或暗示的要他們列數年的罪狀，進行彈劾，最後皇帝共收集到九十二條，定下了年羹堯的死罪。對於查嗣庭的案子也是差不多，雍正通過密奏命令李衛等浙江大吏「星速馳往」抄查嗣庭的家，搜集證據給他定罪。

在政治鬥爭的緊張歲月中，在忙碌處理公務的日子裡，雍正確實也以密奏來調劑他的生活與情緒的。他在不少親信大臣的密奏上批過超過家人父子所能談的親密「情話」，有詼諧的，有戲謔的，相信這些是有助於安定他的身心的。他也有痛罵大臣的一些不得體的批語，對他感情的宣洩應該也有些幫助。總之，雍正朝的密奏眞是妙用多多。

25 精采的硃批

雍正朝的密奏確是空前絕後的官方文書，密奏的功用也是又多又妙的，然而這些特色都是與密奏上的皇帝批語有關，不能不做一番深入的觀察。

皇帝自己說過：「雍正六年以前，晝則延接廷臣，引見官弁。傍晚觀覽本章，燈下批閱奏摺，每至二鼓三鼓，不覺稍倦，實六載如一日。」至於奏摺上他批寫的情形，也做了如下的敍述：「每摺或手批數十言，或數百言，且有多至千言者。」而批語的內容則是「教人為善，戒人為非，示以安民察吏之方，訓以正德厚生之要，曉以福善禍淫之理，勉以存誠去偽之功」等等的。這是實話，雍正在萬千個大臣的奏摺中眞是苦口婆心的教育大臣好好做人，負責任官。這類事例太多，不能贅舉。不過雍正還有很多精采的硃批，那是出乎一般人想像的，我覺得應該擇要的公布一些出來，讓大家一同來欣賞欣賞。

雍正以密奏做爲駕馭臣工的一種工具，因此他常常或眞或假的批寫一些感人的話，使大臣感動，進而矢志忠誠的爲他服務。比方直隸首長李維鈞辦事令他滿意，他就讚美說：「目下卿乃朕之第一個巡撫。」李衛向他推薦官員時他批說：「此等之奏可謂進獻眞寶也，朕之所貪者，惟此一件耳！」他的老師嵇曾筠出任河道總督時向他報告事務時，他感性的批寫了：「回憶書房課讀，倏忽十有三年。每聞續著河防，聲譽卓卓，宸衷優眷，深所倚任。……書法至今未進，慚愧！」又有一次他在嵇老師的密摺上寫道：「此朕案邊親用之（眼）鏡，本日批覽畢，隨便拈來賜卿者。若對眼，則卿之目力尙好，朕深爲欣悅。」皇帝如此謙虛多情的對待老師，能不令人感動？

雍正的甜言蜜語還不止這些呢！他對生病的大臣更是關懷備至，雍正五年春天岳鍾琪患病，皇帝聞訊後，除了贈送食物令他保養外，並向他批示：「愛惜量力而爲之，少不節養，即是負朕！如精神當得起，便分外料理何妨乎！如少勉強，微小之事，可托屬員爲之也。」又在岳鍾琪的奏謝賞賜物品的奏摺上批說：「些須食物亦皆各省大臣進獻者，當與內外諸卿共之。況卿更爲諸大臣中朕不忍忘者，隨便寄念，何必過謝？」溫情至此，眞是少見。

尤有進者，雍正還給年羹堯寫下如下的一段話：

從來君臣之遇合，私意相得者有之，但未必得如我二人之人耳。爾之慶幸，固不必言矣。朕之欣喜，亦莫可比倫。總之我二人做個千古君臣知遇榜樣，令天下後世欽慕流涎就是矣！朕實實心暢神怡，感天地神明賜佑之至。

皇帝又給田文鏡留下這樣的一個硃批：

有人新進朕此一方，朕覯之甚和平通順，服之似大有裨益，與卿高年人必有相宜處。可與醫家相酌，若相宜方可服之，不可因朕賜之方強用也。卿雖年近七旬，朕尚望卿得子。此進藥人言，此方可以廣嗣，屢經應驗云云。

雍正是有名的嚴厲君主，竟對大臣批寫這樣滿口胡柴的話，實在有失人君之體，也令很多人感到十分意外。

「喜怒不定」的雍正皇帝在他的硃批文字中似乎也可以看出他這方面的個性來。大臣得到他寵愛時能被他的「情話」大「灌米湯」，使得若干定力不夠的官員迷失方向。但是他厭惡的大臣也被他的硃批罵得非常難堪，甚至無地自容。例如皇帝對漕運總督張大有辦事不滿，在他奏摺上寫道：「書奏此摺，能不發哂乎？」湖廣總督邁柱更得到難堪的一批：「一切吏治湖廣不及他省，自然事，邁柱、王國棟不及他人也！朕實爲汝愧之。」甘肅巡撫石文焯爲帑項久懸未補事上了一件密奏，皇帝則毫不顧他顏面的罵了他一頓：「無恥之極，難爲你如何下筆書此一摺。」雍正在硃批裡常用的罵人話很多，即「胡說」、「厚顏」、「無恥」、「愚頑」、「糊塗」、「惡種」、「孽障」、「瘋顚」、「混帳」、「輕薄小人」、「不是東西」、「瑣屑卑鄙」、「庸愚下流」、「朽木糞土」、「禽獸木石」等等不雅激烈的文字，可以說俯拾皆是，隨處可見，也是當時官方文書上的一大特色。

雍正是一位很自負的皇帝，尤其他常以「天下第一人」自居，因此在他的硃批裡不斷的出現他高傲自負的批語。他向雲南按察使常安說：「你知道什麼！」對甘肅巡撫石文焯說：「你非長才之人！」對福建巡撫毛文銓說：「你的見識朕實信不及！」對四川巡撫法敏說：「看你的伎倆實屬特平常！」對定海總兵官張溥說：「什麼文章，自己不能也不尋人問問！」另外像「你是窮書生！」「所見甚淺矣！」「汝等習氣，文章二字從來可觀，但未知力行二字如何也！」等等，都是雍正的傑作。雍正硃批的嘉言很多，有些實在可以做爲現代人座右銘的，現在且鈔錄幾則如下：

凡人修身行事，是即是矣，好即好矣。若好上再求好，是上更覓是，不免過猶不及。治己求治、安己求安之論，到底是未治未安也。朕生平不爲過頭事，不存不足心，毋必毋執，從天由命，從來行之，似覺有效。（年羹堯密奏上的硃批）

涓涓不塞，流爲江河；所以聖人謹於防微杜漸，若不除之於早，其害必致蔓延，此事慎毋泛泛視之。（石文焯密奏上硃批）

夫人之處世如行路，斷然不能自始至終遇坦途順境，既然風雨困頓，又無山川險阻，所以古人多咏行路難，蓋大有寓意存焉。凡舉一事，他人之擾亂阻撓已不可當，何堪自復猶豫疑難，百端交集，如蠶吐絲，以縛其身耶！世間事，要當審擇一是處力行之，其餘利害是非，概弗左顧右盼，一切擾亂阻撓、不爲纖毫搖動，操此堅耐不拔之志以往，庶幾有成。（高其倬密奏上硃批）

類似的文句何止百千，不能盡述。即使是科學民主時代的今天，誰能說這些話對爲人處事沒有幫助？沒有時代價值？

雍正的硃批，不但文詞絕妙，內容有時深富哲理，這批智慧的語言，既能讓我們看出雍正的個人個性學養，也是研究雍正歷史的難得史料，價值是極高的。

26 出奇的尊孔

自從中國儒家成爲思想主流之後，歷代君主莫不尊崇。尤其滿洲族人以少數民族入關爲中原的新統治者，深知若不以漢治漢，必不能成功，因此自皇太極以來，主政者都強調儒學的重要性，都對孔子敬謹尊崇，特別是康熙皇帝，他以崇儒重道爲國策，並積極、虔誠又持之以恆的宣揚三綱五常學理，敬拜孔子，因而在政治上收到良好的效果。

雍正皇帝自幼飽讀儒家經典，又從他父親的實踐中了解了儒學在政治上與思想上神化後的好處與效果，他自己更是玩權術的高手，尊孔這個題材他絕對會重視並善加利用的。從文獻中我們看到他對孔子發出尊敬的言論很多，例如他說過：

孔子以天縱之至德，集群聖之大成……使萬世之倫紀以明，萬世之名份以辨，萬世之人心以正、風俗以端。若無孔子之教，則人將忽於天秩天敍之經，昧於民彝物則之理，勢必以大加小，以少凌長，以賤妨貴，尊卑倒置，上下無等，干名犯分，越禮悖義，所謂君不君、臣不臣、父不父、子不子，雖有粟，吾得而食諸？其爲人心之害，尚可勝言哉？……故朕表而出之，以見孔子之道之大，而孔子之功之隆也。

雍正爲了表揚孔子的道大功隆，他做出了一系列的尊孔活動，他的表現恐怕是空前的，也可能是絕後的。

在他剛上台約四個月，即雍正元年四月十八日，他對禮部降諭說：

歷代帝王各有尊崇之典，唐明皇封孔子爲文宣王，宋眞宗加封至聖文宣王，封聖父叔梁紇爲齊國公。元加封孔子爲大成至聖文宣王，加齊國公爲啓聖王。至明嘉靖間，猶以王係臣爵，改稱至聖先師孔子，改啓聖王爲啓聖公。王公雖同屬尊稱，朕意以爲王爵較尊，孔子五世應否封王之處，著問諸大臣具奏。

大臣們怎麼能不遵辦，於是孔子的五世先人就這樣由前朝所封的公爵，改封爲王爵了，這是尊孔的第一步。

同年十一月，雍正又降諭禮部說：

國學爲辟雍造士之地，聖教所被，莫先於此。恐歷歲既久，有應加修葺之處，爾部會同工部詳加閱視，凡文廟殿宇廊廡及講堂學舍，務須整理周備，俾廟貌聿新，以申景慕，朕將親詣焉。

這是爲了尊孔，皇帝又下令修整孔廟的紀錄。

第二年二月十八日，皇帝爲要去太學（國子監）行禮，特別事先向禮部官員下令說：

帝王臨雍大典，所以尊師重道，爲教化之本。朕覽史冊，所載多稱幸學，而近日奏章儀注相沿未改，此臣下尊君之辭，朕心有所未安，今釋奠伊邇，朕將親詣行禮，以後一應奏章記注，稱幸非宜，應改爲詣字。

把「幸」字改爲「詣」字，也是對孔子的另一種尊敬的表示。

三月初一日，雍正親自到了國子監，虔敬的拜謁了孔子聖像，行釋奠大禮，並在彝倫堂內聽太學校長講「聖經大學之道」。皇帝後來又賜大家飲茶，並勉勵太學師生說：「聖人之道，如日中天，講究服膺，用資治理。」三月初四日，雍正爲慶賀詣學禮成，在太和殿賜茶招待王公大臣與衍聖公、祭酒等人，並又在景運門外擺桌賜食品給孔、孟、曾等五氏後裔六十六人，事後又賜墨寶、貂皮等物給衍聖公等人，以示皇帝崇儒重道之意。

雍正三年六月二十三日，衍聖公孔傳鐸奏報山東曲阜孔廟火災，雍正聞訊，心中「警惕不安」，認爲是他「尊師重道之誠，未有至歟」，所以他「減膳撤樂」，並且要去國子監與文廟「虔申祭奠」，「以展跼蹐不安之意」，當然他立即下令工部官員會同山東巡撫等官「作速計材料工，擇日興修」，希望盡快恢復舊觀。他並說「廟貌重新之日，朕將親詣行禮」。

同年八月初五日，雍正皇帝又應孔孟後裔之請，爲孔子等聖廟以及孔孟等後人各賜御書匾額一件，據史書記錄他當時寫的文字是：

孔廟的爲「生民未有」

顏子廟的爲「德冠四科」

曾子廟的爲「道傳一貫」

子思子廟的爲「性天述祖」

孟子廟的爲「守先待後」

閔子廟的爲「躬行至孝」

仲子廟的爲「聖道干城」

至於賜給諸聖後人的則有「欽承聖緒」、「四箴常凜」等等。皇帝此舉，眞是「既表昔賢之芳烈，復垂後嗣之儀型」，很收崇儒的效果。

同月初八日，雍正同意大學士與九卿等官的奏請，將御書的「生民未有」四字「雙鉤摹勒」頒發給各省文廟，讓各地「一體摹勒榜懸，俾薄海膠庠，共瞻羲畫，以昭同文之治」。同時他又覺得全國臣民都敬避他的名字「胤禛」二字，而對於「德高千古，道冠百王」孔子的名諱，則歷來「相沿未改」，這又是令他深感不安的，所以他命令大臣們說：

爾等會議，凡各省地名有同聖諱者，或改讀某音；或另易他字。至於常用之際，於此字作何迴避，一併詳議具奏。

經過大臣們集會商討，到年底做出了結論，在雍正三年十二月二十七日的皇帝諭旨裡說得很明白：

……經九卿議覆：凡姓氏俱加阝爲邱字，凡係地名皆更易他名。至於書寫常用之際，則作古體𠀉字。朕細思今文出於古文，若改用𠀉字是仍未嘗迴避也。此字本有期音，查毛詩及古文作期音者甚多，嗣後除四書五經外，凡遇此字，並加阝爲邱字，亦不必改易，但加阝傍，讀作期音，庶乎允協，是副朕尊重先師之至意。

因爲孔子名丘，因爲皇帝尊孔，從此「丘」字都寫作「邱」字了。

第二年皇帝又爲曲阜孔廟寫了「德冠生民、道隆群聖」的對聯以及大成殿的榜額，另應衍聖公孔傳鐸的請求，爲《聖跡圖像》作序文，親自書寫。同年八月初，雍正更做出了驚人之舉，他簡直把孔子看做是他尊敬的老師了，清朝官書《起居注》裡記錄了那幾天的事：

初六日，上自圓明園……回宮。自是日起，上以祭先師孔子，齋戒二日。

初七日，上於中和殿視祭先師孔子祝版，禮畢回宮。

初八日，早，上躬詣先師孔子廟致祭，禮畢。上諭：禮部侍郎三泰、太常寺卿孫柱曰……儀注內獻帛進酒，皆不跪。朕今日跪獻，非悞也。若立獻於先師之前，朕心有所不安。將此諭衆知之，爾衙門可記檔案，以後照此遵行。諭畢回宮。

可見雍正打破傳統，在祭孔奠帛獻酒時逕向孔子行跪拜禮了。自古以來，帝王沒有如此謙虛與恭敬的對待過孔子，特別是極爲自負的雍正，竟然虔誠到這種地步，眞是出人意外。

雍正五年，皇帝又下令規定每年的八月二十七日爲孔子聖誕，各地禁止屠殺，天下人要「虔誠齋肅」的禮拜，典禮的規格要與紀念他父親康熙誕辰一樣隆重莊嚴。以往孔子聖誕的祀典只是中祀的等級，現在改升爲大祀，這也是雍正尊孔的另一項表現。

雍正八年，曲阜孔廟大成殿復修完工，皇帝在了解聖廟執事人員沒有爵秩，不夠光寵後，所以他下令特設執事官，並賜三品及四品的官爵。這些人員由衍聖公在孔家子孫內挑選，報送禮部備案。這一年皇帝自己因生病在京，無法親自到曲阜參加落成大典，乃特派他的皇五子弘晝等人代表他去舉行告祭大典。爲了配合「黃瓦畫棟，悉仿宮殿制」的大成殿，雍正又命令殿內所有器皿，概由宮中頒發，不能顯得寒酸，據說爲此又花了一百多萬兩白銀。

雍正皇帝對於孔子以及聖裔，可以說是無微不至的表揚尊敬，也做到了殊恩曠典時頒，不過當他發現孔家子孫有驕橫違法的行爲時，他也在重法律的前提下加以限制了。例如曲阜知縣一職向例是由孔子後人擔任的，結果經常發生弊端，皇帝乃下令以後曲阜知縣要由衍聖公與山東巡撫在孔氏全族中挑選「才品優良」的合適人選，不限聖裔嫡系的子孫了。同時要選出正陪二人的名單，送到京城由皇帝引見之後再決定。另外選上的這位知縣，也要依政府法令進行考核，不適任的也要免職的，從而加強了對孔府特權的限制，也加強了皇權。

雍正爲什麼如此特別的尊孔呢？他自己講過的一段話也許可以做爲解釋：

人第知孔子之教在明倫紀，辨名分，正人心，端風俗，亦知倫紀既明，名分既辨，人心既正，風俗既端，而受益者之尤在君上也哉！朕故表而出之。……

可見他極力尊孔是有政治功利目的的，三綱五常能遵行，人人就不會犯上作亂，天下就會太平，皇帝當然就是「受益者之尤」了。

另外康熙朝大肆吹捧朱熹，使宋朝理學達到了全盛頂點；但是當時不少理學家只唱高調，並不篤行，成了心口不一的陋儒或名利之徒，引起學界反感，甚至有人已經大掊宋儒了。雍正是位好勝的君主，他乾脆超越朱熹，直接尊崇孔子，如此的推行崇儒重道的國策，效果必定勝於崇尚理學的。

27 雍正朝的文網筆禍

雍正皇帝一邊尊孔，以各種行動，出人意表的宣揚或崇敬孔子；一邊卻又踐踏孔子的門徒，對儒家官員與知識分子，羅織文字罪狀，進行無情的摧殘打擊。他的行爲眞教人難以理解。

其實雍正朝的文字獄也沒有什麼稀奇，說穿了他是以文字問題做手段，爲確保大清江山與他個人皇權而服務的。如果我們仔細深入的探究一下，會發現當時的筆禍多是在皇權森嚴與種族對立的特定歷史條件下產生的，不是政爭朋黨的餘波，就是異己思想的箝制、或是反清反滿理念的打壓等等，也就是對詩史文章中的文字做泛政治化的處理罷了。現在就舉些實例，以爲說明。

在年羹堯的九十二條大罪狀中，有一條是他給皇帝所寫的奏摺中，把「朝乾夕惕」四字寫成了「夕陽朝乾」，這一筆誤就被雍正認定是年羹堯「不欲以朝乾夕惕四字歸之於朕耳」，正因爲如此，皇帝就說「年羹堯青海之功，朕亦在許與不許之間而未定也」。接著雍正更推論說：「年羹堯自恃己功，顯露其不敬之意，且謬誤之處斷非無心。」既是有心犯下了如此大不敬之錯，死罪當然是難逃了。

年羹堯的這一筆禍實在是「欲加之罪，何患無詞」，而另外兩位崇拜年羹堯的汪景祺與錢名世也因文字獲罪，則更教人相信著文寫詩如玩火了。

雍正三年九月二十八日，欽差大臣阿拉錫奉命到了杭州，當晚就把年羹堯「鎖拿看守」，並派人在年家抄查。由於年羹堯早有準備，把「一應書札，盡行燒燬」了，可是在亂紙堆中還是找到了兩本《讀書堂西征隨筆》，當即帶回，後來帶回到京城向皇帝覆命。

《讀書堂西征隨筆》是汪景祺寫的。汪景祺是浙江人，因爲崇拜年羹堯，從家鄉「西征」去川陝。他認爲如果不見這位年大將軍，就是虛度此生。他稱讚年羹堯是「宇宙之第一偉人」，在文章中又說古代名將郭子儀、裴度等的功績，「較之閣下威名，不啻螢光之於日月，勺水之於滄溟。蓋自有天地以來，制敵之奇，奏功之速，寧有盛於今日之大將軍哉！」更嚴重的是《西征隨筆》裡還有一篇〈功臣不可爲〉論，汪景祺就歷史上功臣多不得善終而歸納出君主對功臣終不免有疑懼怨恨之心，而功臣又常常不能妥善的自處，結果變得「進不得盡其忠節，退不得保其身家，撫馭乖方，君臣兩負。嗚呼！千古之豪傑英雄所有槌心而泣血者也」。汪景祺是要勸臣子不要做功臣，因爲功臣唯有死而後已的。他也警告了君主不能濫殺功臣。年羹堯在被雍正整肅之後，漸漸的悟出汪景祺文章中的道理了，說不定就是因爲這樣他盡燬「一應書札」時還留下了這本書，但他萬萬沒有想到卻害死了汪景祺與他的一家人。後來雍正看到汪景祺的《西征隨筆》，大爲氣惱，親自寫了「悖謬狂亂，至於此極」的批語，汪景祺的文字獄案也就因此發生了，並以大逆不道罪結案，處分很嚴重，「汪景祺立斬梟示，其妻發黑龍江給予窮披甲之人爲奴，其期服之親兄弟、親侄，著革職發遣寧古塔。其五服以內之族人見任及候補者，俱著查出，一一革職，令伊本籍地方官約束，不許出境」。牽連實在太大了。

另外在年羹堯死後約三個月，又有一位侍講官員錢名世因爲被目爲年黨也受到處罰，罪狀也是因文字而起的。錢名世，字亮工，江南人，他與年羹堯同一年（康熙三十八年）分別在南北鄉試中舉，算是同年。雍正二年，正是年羹堯大受皇帝特寵的時代，年大將軍進京之日，大家都對他迎逢諂媚，錢名世也作詩贈送給他，詩中有「分陝旌旗周召伯，從天鼓角漢將軍」以及「鐘鼎名勒山河誓，番藏宜刊第二碑」等句，錢名世認爲年羹堯平青海、西藏之功勞至偉，應該爲他豎立第二塊石碑。雍正在處決年羹堯之後，說錢名世的詩文是鑽營年羹堯的明證，是讀書人違背聖教的無恥行爲，下令將他革職發回原籍看管，並親自書寫了「名教罪人」四字責斥他，由地方官將這四個字刻成匾額，掛在錢家門前，以爲「誅心之責」。雍正以爲這樣的處分還不夠，又命舉人、進士出身的京官每人作一首譏諷錢名世的詩，收集後由錢名世刊刻進呈，並分發直省各學校，讓年輕的學子們誦讀，做「無恥人臣之炯戒」。處分方法也算是相當特別的了。

雍正四年，禮部侍郎查嗣庭又因文字獲罪，也是政治性的文字獄。查嗣庭，浙江人，康熙四十七年進士，因隆科多推薦，任內閣學士。後又由蔡珽保舉，兼掌禮部侍郎。這一年他因各省鄉試出任江西的正考官，被人告發出題荒謬而被捕下獄，不久病死獄中，查家也因此被查抄。當時隆科多與蔡珽二人也都因失寵而正被法辦，查嗣庭又是靠著這兩人起家的，所以可以看出查嗣庭案不是一件單純的文字案子了。一般人都說查嗣庭在江西考試時出了一個「維民所止」的題目，文中「維」字與「止」字正好是「雍」「正」二字缺了上面部分，因而被認爲是詛咒「雍正無頭」。不過，清朝官方記載裡有不同的說法，認爲是查嗣庭在《易經》第二題出了「正大而天地之情可見矣」，第三題是「其旨遠其辭文」，《詩經》第四題則是「百室盈止婦子寧止」，很不妥當，雍正甚至對查嗣庭如此出題，表示「不知其何所指何所爲也」？皇帝更聯想到「正」字、「止」字的一些不好與不快的事，他說：

去年正法之汪景祺，其文稿中有〈歷代年號論〉一篇，輒爲大逆不道之語，指正字有一止之象，引前代如正隆、正大、至正、正德、正統年號，凡有正字者，皆非吉兆。

> 夫人君建年，必揀選二字以爲紀元，若以字劃分析，則如漢之元鼎、元封，唐之開元、貞元，其他元字爲號者，不可勝數，亦將以元字有一兀之象乎？如漢世祖以建武紀元，明太祖以洪武紀元，武字內即有止字，可云二止乎？此二帝皆稱賢君，歷世久遠，尚得不謂之吉祥乎？……今查嗣庭所出經題，前用正字，後用止字，而易經第三題則用其旨遠其詞文是寓意欲將前後聯絡，顯然與汪景祺悖逆之語相同。……查嗣庭所出二場表題，尤覺非體。

除了這一條大逆不道罪之外，皇帝又從查家搜查出來的日記等文件中，發現他很多心懷怨望、諷刺時事的言論；甚至還有對康熙皇帝「用人行政、大肆訕謗」的文字以及一些「以翰林改授科道爲可恥」、「以裁汰冗員爲當厄」、「熱河偶然發水，則書淹死官員八百餘人」、「飛蝗蔽天」等等造謠生事的記事。查嗣庭實在「居心澆薄乖張」、「悖亂荒唐」之極，應該加以嚴懲。雍正雖從文字方面著眼定查嗣庭的罪，但他也明確的指出查案的政治性原因。他說「查嗣庭向來趨附隆科多。……及禮部侍郎員缺需人，蔡珽又復將伊薦舉」，可見查嗣庭案又牽上隆科多與蔡珽了。更有趣的是，雍正先將查嗣庭定了死罪，然後又說隆科多曾經「保奏大逆之查嗣庭」，而蔡珽也「結交大逆不道之查嗣庭」，隆科多與蔡珽的罪必然會因而加重了。他們三人互爲因果，都得負責，這是雍正打擊異己的手法之一。查嗣庭在入獄後不久死了，皇帝在第二年仍下令給他「戮尸梟首」的處分，兒子斬監候，親兄弟、侄子及十五歲以下家屬流放三千里外，家產全部充公，做爲浙江海塘工程之用。

由於汪景祺與查嗣庭都是浙江人，皇帝以爲這樣風俗澆漓的省分，竟產生出喪心悖義、謗訕君上的讀書人如此多，爲了不使該省士子相繼效尤，他下令「應將浙江人鄉試停止，俟風俗漸趨淳樸」後舉行，以加強對浙江的思想統治。

汪景祺、錢名世、查嗣庭三人都是政治鬥爭的犧牲品，也是雍正用來鞏固清朝與他自己地位的工具。

雍正朝的文字獄有些是與皇位繼承或是功臣驕奢無關的，而純粹是打擊朋黨的，例如：

謝濟世的註經案：雍正年間，河南巡撫田文鏡在地方的工作表現極好，曾被皇帝稱爲「巡撫中第一」；不過他的手段過激，引起不少官場人士與鄉紳們的不滿。廣西人謝濟世當時任職浙江道監察御史，他上書參奏田文鏡營私負國、貪虐不法十條。皇帝認爲田文鏡是位好巡撫，一向秉公持公，實心辦事，絕不可能有貪贓壞法的行爲，謝濟世突然參奏他，不知是什麼用心。謝濟世列出田文鏡的各條只是「風聞無據」的，而在他所列舉曾被田文鏡迫害的河南地方官黃振國、張球、邵言綸、汪誠等人的事迹，又與以前直隸總督李紱所參的各款相同，所以皇帝懷疑謝濟世的幕後指使人必定是李紱與蔡珽等人。這些由科甲出身的官員，爲了排斥非科甲出身的田文鏡，他們從中央到地方的連成一串，「暗結黨援」，打擊想改革的田文鏡。謝濟世等想「邀眾人之虛譽，保一己之身家，而不爲國家實心効力，以快其黨錮之私心」。謝濟世就因此被革了職。不久之後，皇帝又爲不讓明末黨爭的情形重現，下令徹查，於是李紱又革職入獄，蔡珽監候處決，黃振國斬立決，謝濟世則被發往西疆阿爾泰軍前効力。雍正七年，在軍前看管謝濟世的順承郡王錫保向皇帝報告，說謝濟世借批註《大學》，對時政「肆行譏訕，怨望毀謗，怙惡不悛」，雍正看了錫保的報告，相當生氣，下令將謝濟世押赴刑場陪斬，不過後來還是免了他一死。

謝濟世批註《大學》究竟出了什麼問題呢？一說是他不從朱熹《四書集注》本，不用程子所補的《格致傳》，當然就有毀謗程朱之嫌了。一說是雍正認爲謝濟世引《大學》「見賢而不能舉」兩節，「言人君用人之道，借以抒寫其怨望誹謗之私也。其注有拒諫飾非，必至拂人之性，驕泰甚矣等語，觀此則謝濟世之存心，昭然可見」。不過這些都不是官方的正式記錄。謝濟世在乾隆即位後赦免了罪，並又讓他去做官，直到乾隆二十一年（一七五六）才去世。在他乾隆初年出版的著作中，我們看到他批評朱熹註《論語》、《中庸》「錯誤支離」，他主張「發揮孔、曾、思、孟，何必拘泥周、程、張、朱」，「遵古本而不遵程朱」，他如此攻擊程朱，不信宋儒，而追尊孔孟，雖是大膽，但倒與雍正的特意尊孔有異曲同工之妙，這也許是他能保全老命的一因。

皇帝對他處分，主要的在打擊朋黨。

謝濟世確是幸運的，在刑場打了一轉又活著回來了；可是他陪斬的陸生柟，卻是悲慘的死在刀下了。陸生柟也是廣西人，舉人出身，部選江南吳縣知縣，後得雍正好感，改授工部主事，當了京官。自從李紱、謝濟世等人結黨事被皇帝「認定」後，陸生柟也是廣西人，雍正相信他「平日必有與李紱、謝濟世結爲黨援之處」，於是也革了他的職，並與謝濟世一同發往錫保軍前效力。雍正七年，錫保在告發謝濟世的同時，也參奏陸生柟寫成《通鑑論》十七篇，多是「抗憤不平之語」，言詞狂悖，「顯係誹議時政」。陸生柟是個書生，革職充軍當然滿心怨恨，因此在軍前讀《資治通鑑》時就忍不住的寫下很多牢騷話了，對政治問題發出了個人主觀的評論。十七篇文章的要點可以下列文字作簡要說明：

論封建勝過郡縣。他認爲封建是「古聖人萬世無弊之良規」。

論建儲。他以爲「儲貳不宜干預外事，且必更使通曉此等危機」。

論兵制。他認爲「府兵之制，國無養兵之費，臣無專兵之患」。

論隋煬帝。他說：「後之君臣，倘非天幸，其不爲隋之君臣者幾希？」

論人主。他以爲「人愈尊，權愈重，則身愈危，禍愈烈」。由於生殺賞罰皆可隨心所欲，因而人畏之必愈甚，「故其蓄必深，其發必毒」。

論無爲之治。他認爲不必事事過問，察察爲明，「至若籩豆之事，則有司存」。

以上是犖犖大者，相信已經可以看出部分內容了。陸生柟也許是有感而發，但在雍正看來，好像句句字字都是爲他而發的。皇帝是位愛辯論的君主，他竟寫了四萬多字的諭旨，逐條反駁陸生柟的觀點。例如雍正說封建或是郡縣，是「時勢」決定的。從秦朝、元朝與淸朝的統一，證明郡縣優於封建，陸生柟的主張「分封」是別有用心的。人主「身愈危」之說像似咒人，而「蓄必深、發必毒」是指對允禩、允禟的處理，陸生柟有此想法，其觀點顯與允禩等有關。至於皇帝是不是該無爲而治，雍正認爲聖明君主「未有不以勤勞爲勵」，一定要親理政務，才能革新政治。總之雍正堅信：陸生柟「素懷逆心，毫無悔悟」，決定將他在軍前正法，「以爲人臣懷怨誣訕者戒」。陸生柟就這樣因論史而伏法喪命了。

有人以爲陸生柟獲譴是必然的，但處以極刑似乎太嚴酷了一些。但是陸生柟的《通鑑論》也太明目張膽的對著雍正挑戰。講人主、封建，不是指著皇帝骨肉相殘、皇帝專制而言嗎？論建儲更是與雍正的儲位密建法相悖。論兵制與淸代八旗駐防兵制牴觸。論隋煬帝簡直影射雍正得位不正的問題。至於無爲而治根本與皇帝的喜用權術的個性不同。陸生柟的每一評論，幾乎都是「肆無忌憚」、「擾亂政紀」的，比謝濟世的註《大學》全然不同，因此他也得到與謝濟世全然不同收場命運。

汪景祺、查嗣庭等文字獄是年、隆功臣黨羽的整肅結果。謝濟世、陸生柟則是皇帝消滅科甲朋黨而受到的牽連。雍正朝最大的、也是最與種族思想有關的文字獄則是曾靜、張熙以及被他們所牽累的呂留良案。

呂留良也是浙江人，在康熙時就是有名的道學先生了。他曾寫過「清風雖細難歡我，明月何嘗不照人？」的詩句，明白的表示了他的排清念明的思想。順治時他參加過考試，後來歸隱山林，地方官幾次以「山林隱逸」推薦他出來做官，他都辭謝。康熙時又有人推薦他做「博學宏詞」的考選，他也不參加。他從事著作，特別強調夷夏之防和井田制度，對滿清與時政表示不滿。康熙二十二年（一六八三）病逝。

雍正初年，湖南人曾靜在省城見到呂留良的評選時文，佩服到五體投地，後來就派了學生張熙去浙江拜謁呂留良，當時呂留良已去世四十多年，呂的兒子呂毅中便將父親的詩文集送給張熙，並介紹張熙去訪問留良的弟子嚴鴻逵等人，以便對呂留良的學問有深一層了解，這是雍正七年前後的事。正在此時，曾靜、張熙師徒二人聽說川陝總督岳鍾琪兩次要求進京覲見，皇帝都予拒絕，像似君臣間有了不快，而岳鍾琪又是岳飛的後人，岳飛因女眞犯宋而被冤殺的，所以岳家與滿族有世仇。曾靜因此又派了張熙去向岳鍾琪投書，勸他反清。岳鍾琪布置了盟誓場所，假裝與張熙指天發誓，騙取到了曾靜主謀以及呂留良思想等的消息。隨後立即出賣張熙，向雍正報告。

皇帝爲窮治主使，一邊令湖南官員逮捕曾靜等人，一邊在浙江大興獄案。爲對呂留良的子孫與學生們無情毒害，於是殺了呂毅中與嚴鴻逵的學生沈在寬。嚴鴻逵與呂留良另一子呂葆中雖已逝世，但也遭到掘墓戮尸的處分。所有刊刻、私藏呂留良書籍的人統統連坐，而呂、嚴兩家直系親族男十六歲以上的全部處斬，十五以下及母妻妾姊妹，不是被殺，就是發給功臣家爲奴，眞是慘絕人寰。

對於曾靜、張熙等人的處置，卻是出人意外。皇帝命大臣將他們二人在獄中受審的供詞，分類收集，加上皇帝自己所作的上諭，合印成名爲《大義覺迷錄》的書，讓曾靜、張熙到東南各省學府去宣講、當眾認錯，並爲雍正闢謠，以消弭東南各地文人的反清情緒。然後雍正下令釋放了他們回鄉，並令地方官對他們加以保護，認爲曾靜等人只是誤信了呂留良的邪說，而且又誠心的覺悟改過了，應該給他們自新的機會，皇帝甚至還說：「朕之子孫將來亦不得以其詆毀朕躬而追究誅戮。」不過雍正一死，新君乾隆在登基不到一個半月，就將曾靜、張熙處死了，《大義覺迷錄》也下令銷燬。

呂留良的子孫與學生們被文網羅織，遭到悲慘處分後，使雍正朝後期的文字獄改變了性質，重點放在強化思想統治上了。例如曾靜案結束不久，湖南瀏陽朱姓人家，在《家規》書中印有「侏㒧左衽，可變華夏」等字樣，巡撫趙弘恩立即呈報，因爲事主姓朱，是明朝皇家姓氏，而又有

「華夏」「左衽」文字，故特別緊張。皇帝令對朱家「嚴加管教，以警其餘」。雍正八年，廣東學者屈大鈞，因爲號「翁山」與《大義覺迷錄》中提到的「屈溫山」名音相近，地方官便清查屈大均的所有作品，結果發現其中「多有悖逆之詞，隱藏抑郁不平之氣」，而且文中有遇到明朝稱呼就抬寫的事實，因而又興起了一場文字獄。當時屈大均已過世三十多年，他的兒子自首投監，最後將屈大均「戮尸梟首」、詩文毀禁，他兒子流放福建而結案。同年福建有位童生范世杰因讀了《大義覺迷錄》而作文斥曾靜、頌雍正，這原本是拍皇帝馬屁的事，但他在文中拍過了頭，說雍正謙虛「再三讓位才坐上龍廷」，又說到「三爺」「有才」，因而犯了大忌。范世杰押交原籍地方官嚴管。總之，雍正朝的文字獄，隨著時代不同，有著不同的性質。

28 青海問題的解決

清朝初年，厄魯特蒙古中的和碩特部與準噶爾部都很強大，前者以青海爲根據地，後者則以新疆爲其發展地盤，雙方關係時好時壞，不像兄弟民族那樣友好。

和碩特部首領顧實汗曾經幫助西藏黃教領袖五世達賴喇嘛進兵入藏，打敗並殺死了統治西藏的藏巴汗，取得了政權，從此達賴與班禪成爲西藏最高宗教領袖，而西藏政務實權則操在顧實汗手中，當時清朝支持黃教，又與顧實汗的關係良好，所以在顧實汗的引薦下，五世達賴才能到北京朝見順治皇帝，奠定清朝統治青藏的始基。

在康熙朝征討準噶爾的戰役中，和碩特部是站在清朝這一邊的。康熙三十六年皇帝三次親征準噶爾勝利並消滅噶爾丹之後，爲了獎賞和碩特部，皇帝命青海的貴胄多人到北京入覲，當時顧實汗早死，其子達賴汗在位主政，就讓兄弟達什巴圖爾等台吉等人一起去拜謁康熙帝。這一行人在北京接受很好的招待，皇帝又賜以「御用冠服朝珠」。第二年，達什巴圖爾又被封爲和碩親王，成爲和碩特部中位高權重的人物。康熙五十三年（一七一四）因達什巴圖爾逝世而讓他的兒子羅卜藏丹津承襲親王爵位，這也隱伏下了日後雍正用兵青海的肇因。

準噶爾蒙古的首領噶爾丹雖然在康熙三十六年被清朝消滅了，但是被康熙皇帝扶植起來的另一個首領策妄阿拉布坦卻也頗具野心，他表面上與清朝及和碩特部表示恭順友好，但暗中窺視西藏與和碩特部關係的演變，準備俟機行動。策妄阿拉布坦一邊與和碩特部拉藏汗締結姻親，以鬆懈拉藏汗的警覺；一邊又大肆聯絡西藏有權勢的喇嘛，以集成力量。康熙五十五年，策妄阿拉布坦發動侵藏戰爭，不但攻進了西藏的拉薩，也殺死了和碩特部的拉藏汗。清朝政府聞訊，乃調兵往西藏平亂，康熙認爲「西藏屏藩青海、滇、蜀」，倘爲準部所占據，「將邊無寧日」。因此在經過失利之後，仍堅持用兵，並以皇十四子允禵爲撫遠大將軍，統帥大軍，入藏平亂。康熙五十九年，清軍大敗準噶爾軍，並護送六世達賴喇嘛至拉薩坐床，恢復了西藏的社會秩序。

在清軍護送六世達賴入藏的隊伍中，青海和碩特部親王羅卜藏丹津也參加了護送行列。清軍入藏後，大封西藏本地的官員，協助他們組織政府，實際上就是幫他們結束了和碩特蒙古對西藏的統治。同時清朝對青海也採取了一些措施，以分化其勢力，按部分貴族在準噶爾侵藏事件中他們所表現的態度，論功行賞。結果給予羅卜藏丹津的只是「加俸銀二百兩，緞五匹」，卻給不少其他和碩特部首領加封親王、郡王，這是令羅卜藏丹津非常不滿的。

羅卜藏丹津原是親王，在和碩特部中是爵高位崇的。他的伯父拉藏汗被準噶爾侵藏軍殺害，他本想在平定藏亂後一定可以接替拉藏汗而統治西藏，他確是「希冀藏王，已非一日」了；但是戰後清朝不但沒有給他重賞，而且又爲西藏官員組成了自治的政府，讓他統治西藏的希望全部落空。所以他就在康熙崩逝後不久，撫遠大將軍允禵被召返京時，發動了武裝反清的動亂。

羅卜藏丹津事實上早就與準噶爾部首領策妄阿拉布坦有了勾結，以解除後顧之憂。其後又在雍正元年夏天，召集和碩特部眾首領，要大家放棄清朝的封爵，恢復蒙古的舊號，他自己先改稱爲達賴渾台吉，也強令大家「一律不許呼王、貝勒、貝子、公封號」。和碩特部的另一親王察罕丹津與一位郡王不從，羅卜藏丹津便出兵攻打他們，察罕丹津等逃到甘肅河州地區，請求清朝援救。

清朝當時正值新舊政權交替後不久，雍正面臨政爭與很多朝廷政務問題，所以對羅卜藏丹津的叛亂採取了兩面的處理辦法，一是派大臣常壽到羅卜藏丹津處勸說，令其罷兵。一面則命令川陝總督年羹堯爲撫遠大將軍，積極準備軍事布置，做打仗的安排。

侍郎常壽到青海見到了羅卜藏丹津後，不但勸說無功，自己也被扣留了。羅卜藏丹津更進一步的得到了西寧附近的塔爾寺大喇嘛支援。塔爾寺是喇嘛教的聖地，深得青海僧眾與人民的信仰。不久塔爾寺大喇嘛公開表示了支持的態度，因而一時響應的人多達二十多萬。羅卜藏丹津乃擴大動亂，率兵進攻西寧，而在甘肅與四川的藏人也有參加反清的，情勢變得更嚴重了。

雍正在北京得到消息之後，立即命令年羹堯徵調川陜大軍進駐西寧，又命四川提督岳鍾琪爲奮威將軍，參贊軍務，邊防各大臣都在年羹堯指揮下，統一行動。當時西寧一帶，情勢已相當危急，蒙古軍已燒殺到西寧城外十餘里的四周，而喇嘛寺僧又有郭隆寺與郭莽寺等大廟的參入，清軍頗受牽制。

年羹堯受命之後，即對戰爭作了多方的布置，他自己先從甘州軍營移駐西寧，深入戰爭的第一線。另外爲防止敵軍進入甘肅，他派兵駐守永昌與布隆吉河。爲切斷蒙古入藏之路，清軍奉命固守里塘、巴塘等地。同時年羹堯又奏請皇帝令靖逆將軍富寧安屯兵吐魯番等地，以隔絕羅卜藏丹津與準噶爾的聯繫。清軍部署完成後，便分別攻打西寧附近的叛軍，不久「潰其餘黨」，取得初步勝利。羅卜藏丹津見情勢不妙，送還被押的常壽，並向清廷請求罷兵。清軍則乘戰勝餘威，陸續收復了鎮南、申中、南川、西川、北川等地，並剿平了塔爾寺與郭隆寺等處喇嘛的力量，專心征伐羅卜藏丹津了。

年羹堯後來得到皇帝的指示：「與大軍敵對之叛賊，國法斷不可宥。」他知道了雍正以武力平亂的決心，乃發動攻擊，到雍正元年底，叛軍先後投降有十萬人，羅卜藏丹津也懼畏不堪，逃到了柴達木。年羹堯原想分四路大軍分討羅卜藏丹津及其餘部，岳鍾琪則認爲青海地方遼闊，敵軍也還有十萬人或更多，一旦深入，容易被包圍攻擊。他主張「乘春草未生」時，率精兵直搗巢穴。雍正覺得岳鍾琪的想法不錯，於是就定下了逕攻羅卜藏丹津根據地的戰爭方略了。雍正二年二月初八日，岳鍾琪率兵進攻，猛烈追殺，節節勝利，結果俘獲了羅卜藏丹津的母親與妹妹以及幾個參與叛亂的首領，羅卜藏丹津則在慌亂中「衣番婦衣，攜其妻妾」逃到準噶爾部去了。這場戰爭只花了十五天就結束，淸官書裡記：「成功之速，爲史册所未有。」雍正剛上台就遇到如此順利的勝仗，他欣喜的認爲這是康熙末年以來十年所未立的「奇功」，所以他命令要行獻俘、祭告太廟、社稷以及祭告康熙景陵等大典，同時也晉封年羹堯爲一等公、岳鍾琪爲三等公。

羅卜藏丹津亂事平定後，雍正又採用了年羹堯等人的建議，實行了對青海的一系列措施。例如：一、仿照內蒙古札薩克制，給青海蒙古也編旗設佐領，並規定其朝貢制度，如此大減了他們反抗中央的實力。二、大力整頓青海喇嘛廟，規定西寧各廟限制僧侶不能超過三百人，並不得收稅，由政府按人供給衣糧，防止其多聚財富，私藏器械，藏汚納垢的弊端，喇嘛廟也在政府的控制之下了。三、在經濟上採取發展農業生產，安定人民生活的措施。對青海與內地的貿易也做了規定，每年按季各舉行一次，以滿足蒙古族人的生活需要。四、在西寧等處增添駐軍，以便彈壓，並在西寧之北川口外，擇地修築土牆，建設城堡，禁止蒙古人入內放牧。五、對和碩特蒙古諸部首領給予適當的獎賞與懲罰等等。除了推行以上的善後措施外，雍正三年改西寧衛爲西寧府，下設兩縣，命副都統達鼐爲「辦理青海蒙古番子事務大臣」，管理青海政務，從此青海地區直隸於中央直接統治之下了，也有利於對西藏的進一步經營。雍正皇帝在青海問題的處理上用人得當，態度堅定，應該是有功勞、有貢獻的。

29 準噶爾的再平定

準噶爾蒙古對清朝來說，確實是個麻煩的製造者。康熙皇帝曾經三次帶兵親征過他們，晚年又因西藏問題兩度興兵；但是準噶爾仍未降服，更不能消滅其勢力。而在雍正即位之初，他們又接納了叛清的青海首領羅卜藏丹津，拒絕清廷的索討，態度強硬的與清朝敵對。

雍正因爲皇室兄弟與功臣以及國內事務繁多，而且國家的財力也不充裕，不想用兵，所以在雍正元年至二年之間，遂善待準噶爾的來使，並派大臣與他們談和，希望能和平解決雙方的紛爭與不快。不過，並未談出結果。

隨著爭繼餘波的平息，皇帝皇權的加強以及財政稅務改革的成功，雍正的統治地位也穩定了，征伐準噶爾的計畫也排上了議程。在皇帝的心目中準噶爾是「國家隱憂，社稷生民憂戚係焉」

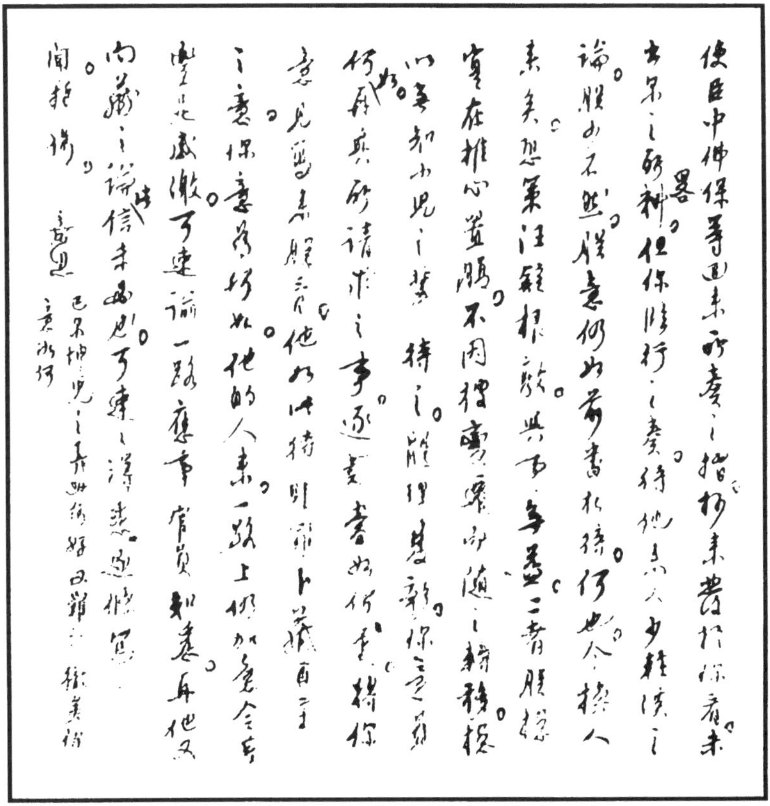

雍正手書諭年羹堯論與準噶爾談判事

，他覺得這問題始終得要解決，預計在雍正七年前後「整大軍勒取，相機聲罪致討，必滅此而後朝食」。正好雍正七年時準噶爾的首領策妄阿拉布坦死了，他的兒子噶爾丹策零繼承爲領袖，這位新領袖在內外政策上仍遵循他父親的老路線，對內發展農業生產，對清朝與喀爾喀蒙古也不放棄擴張的意圖。

雍正皇帝認爲策妄阿拉布坦之死是一個良機，乘新首領上台政局不穩時發動攻擊是上策。再說在過去兩年間，清廷已做了不少準備的工作，例如已經在河南、山東、山西等地暗中訓練了一批軍隊，購買養育了一批駱駝騾馬，準備了一切軍裝器械，還特別訂製了數以千萬計的戰車，又培訓了夠用的駕車手與作戰兵，雍正認爲一切就緒，又加上策妄阿拉布坦死亡的難逢機緣，決心動武了。同年三月，皇帝下令發兵征討，以領侍衛內大臣傅爾丹爲靖邊大將軍屯兵阿爾泰山，爲北路軍。以川陝總督岳鍾琪爲寧遠大將軍，屯巴里坤，出師西路，爲西路軍。六月，皇帝告祭太廟，說明征討噶爾丹策零的原因，認爲「不迅行撲滅，將來必爲蒙古之巨害，貽中國之隱憂」。清廷如此大張旗鼓的出兵，消息傳到準噶爾，噶爾丹策零相當驚恐，立即派專使特磊見岳鍾琪，聲稱本欲將羅卜藏丹津解送清廷，但清兵既已踏上征途，怕路上有變故，乃暫行中止。如果清朝能寬赦他們以前的過錯，他們仍願意解押羅卜藏丹津到北京，也願意聽從皇帝的命令，臣服清廷。岳鍾琪認爲有詐，但也向雍正做了報告。皇帝隨即下令將特磊送到北京，暫緩進兵，並召傅爾丹與岳鍾琪也來京師，共商軍情戰略。後來皇帝降諭命準噶爾「受封、定界、遣回逃人，當寬宥其罪，進兵之期，暫緩一年」。可是噶爾丹策零使用的是緩兵之計，結果就在岳鍾琪赴京期間，出兵兩萬突襲西路大軍，清軍損失慘重，牲畜被劫掠的約十幾萬頭，而岳鍾琪的部下竟謊報軍情，以大捷上奏，雍正還給予嘉獎，眞是上下亂了章法，也是嚴厲君主雍正統治時期少見的笑話。岳鍾琪後來回到軍前，設法彌補，而事實也逐漸被皇帝探知，爲了不影響戰爭大局，皇帝乃偷偷派人監視岳鍾琪，並削弱岳鍾琪統兵大權，甚至對他予以挾制，從此岳鍾琪已不再是雍正的寵臣了。

雍正九年四月，傅爾丹所統領的北路大軍進駐在科布多時，準噶爾的噶爾丹策零又故技重施，派人到傅爾丹軍前謊稱：準噶爾大軍現正兩面受敵，一是哈薩克人的攻擊，一是羅卜藏丹津族人的來攻，因而不能發動大軍來對抗清軍。目前只有在離傅爾丹軍營「止三日程」的察罕哈達駐兵一千人等等。傅爾丹是滿族的武夫，「勇而寡謀」，對敵人的假情報不加核實，貿然下令派兵四千輕裝前進，雖然有副將提出諫言，但傅爾丹一意孤行，想爭得戰功，進行襲擊。當清軍進入準噶爾軍的包圍圈內，在山谷中的二萬多蒙古軍，立即向清軍發動猛攻，頓時「笳聲遠作，毯裘四合，如黑雲蔽日」，清軍就在這塊名爲和通泊的地方，成了甕中之鼈，緊緊被包夾其中。傅爾丹又派出六千軍隊往援，但清軍前鋒已被擊潰，準噶爾軍乘勝「直犯大營」，結果只有部分滿洲兵護衛輜重，且戰且走，逃回了科布多。這次和通泊之戰，清軍損失慘重，「副將軍巴賽、查納弼以下皆戰死」，死傷兵員兩萬多人。戰事失敗的主因應是傅爾丹的驕狂輕敵與剛愎自用。有趣的是，雍正後來知道兵敗，但並未追究責任，嚴辦失職將領，反而賜給傅爾丹一條他自己御用過的腰帶，像似獎勵他的「戰功」。其後雍正又任命郡王錫保與大學士馬爾賽參與西疆軍務，事實上錫保是以「逢迎爲能」的親貴，馬爾賽則是「庸劣怯戰」的文臣，皇帝讓他們出馬，可算是所用非人了。

準噶爾蒙古嘗得勝利成果後，進一步擴大發展的野心。他知道清軍不能強攻，所以派出部分軍隊「環峙烏魯木齊」，以防清軍的西路，又「屯田於鄂爾齊斯河，以窺清軍北路」。他們定下了這兩路牽制清軍的策略之後，卻發動大軍兩萬六千人進犯北鄰的喀爾喀。喀爾喀親王丹津多爾濟與額駙策凌誓死保衛，特別是策凌是喀爾喀的和碩親王，子女被掠，乃割髮及所乘馬尾誓天，決與準噶爾作一死戰，他率領部軍深入敵後，突襲準噶爾軍，大敗準部於鄂爾渾河畔的「額爾德尼昭」（光顯寺）。據說光顯寺一帶「左阻山，右限大水」，準軍無路可逃，喀爾喀乘勝殲敵，擊殺一萬多人，「尸滿山谷，河水數十里皆赤」。

另外在光顯寺大戰發生前不久，準部軍隊也自烏魯木齊進擾哈密，岳鍾琪派曹勷迎戰，雖然打敗了敵軍，但未能阻截。朝廷中大臣如鄂爾泰等出面參奏岳鍾琪擁兵數萬，縱敵逃去，有失職之處，雍正遂下令將岳鍾琪召回京城，指責他「賞罰不公，號令不一，不恤士卒，不納善言，傲慢不恭，剛愎自用」，於是削掉他的公爵，改令查郎阿署理寧遠大將軍印信，並令鄂爾泰督巡陝甘，經略軍務，從此兩路軍權由漢人又轉移到滿人手中。

雍正十年的西疆戰爭，光顯寺大捷，皇帝以爲應該獎賞，於是晉封額駙策凌爲超勇親王，賜黃帶，並且讓他「佩定邊左副將軍印，進屯科布多，授盟長便宜行事」。但是岳鍾琪一軍則因無功而受到懲處，參贊軍務的紀成斌與將軍曹勷都在軍前正法，岳鍾琪則被囚禁大獄。雍正十二年大學士等會議請皇帝將他處死，但未執行。第二年雍正駕崩，岳鍾琪在乾隆登基後第二年被釋放出獄，還在征金川之役復起爲四川提督，算是命大的人了。

準噶爾部經過幾年作戰，特別是光顯寺一役大敗之後，元氣大傷，無法繼續支持戰爭，乃轉向與清廷議和。清朝方面也因連年於西、北兩面用兵，人力物力消耗嚴重，國庫有空虛之感，大臣中也有請求迅速撤兵，「舒天下之力」、「養天下之命」的，皇帝於是在雍正十一年五月宣布暫停進兵。後來又召集前線將領與京中大臣開聯席會議，研商對準部的和戰問題，會中有人主張繼續征討，如額駙策凌、莊親王允祿等，認爲準部應予徹底征服。但是也有希望停止戰爭，盡快談和的，如張廷玉、傅鼐等人，覺得師老無功，不宜久戰。準部既有心歸順，即宜招撫。皇帝最後採用了主和派的意見，於雍正十二年七月決意議和。不過雙方後來爲牧地界線問題仍爭執不下，到雍正十三年皇帝歸天時都未能解決。乾隆四年（一七三九）才議定以阿爾泰山爲準噶爾與喀爾喀的放牧界地，雙方才簽定和議，清朝與準部維持了此後將近二十年的和平。

雍正對準部的用兵，相當失敗，雖然皇帝說：「朕之籌劃於事先者雖未有爽，而臣工之失機於臨事者不一而足，亦皆朕無能不明之咎。」顯然他把戰爭失敗責任歸咎於將帥，也反省到了他自己的用人不當。但是他把自己即位時的政局紊亂情形也聯想準部首領死亡後也必有同樣爭權鬥爭等情勢，認爲是良機，而決意興兵，是不是太主觀了一些，眞是「籌劃於事先者未有爽」嗎？

30 西藏的經營

早在清朝入關之前，西藏即與滿洲人成立的後金政權發生了聯繫，當時的五世達賴喇嘛曾派專使去瀋陽看過清太宗皇太極、滿洲大汗也回書達賴喇嘛、宣稱清政府崇敬黃教的政策，雙方建立了良好的關係。後來清軍入關，多爾袞攝政時，雖有南明的抗清，可謂國事如麻；但清廷仍不斷與西藏保持聯絡。順治九年（一六五二），五世達賴羅桑嘉措到北京朝見順治皇帝，受到清廷極為隆重的待遇，在達賴返藏時，清廷又册封達賴為「西天大善自在佛所領天下釋教普通瓦赤喇怛喇達賴喇嘛」，並賜贈金册金印，簡直是尊為國師了。

達賴喇嘛五世與在青海的蒙古和碩特部首領顧實汗很友善，事實上是因為顧實汗支持信仰黃教，幫達賴打敗了西藏紅教領袖而讓達賴登上宗教領袖大位的，所以顧實汗是西藏當時的實際統治政權的人。達賴訪問北京與順治會面，也是顧實汗引薦下成行的。

由於達賴喇嘛與清廷取得了直接的聯繫，並受封爲國師，黃教勢力因而更爲強盛，達賴屬下的理事行政官「第巴」也想擺脫和碩特蒙古的控制，因而青海與西藏上層人物暗中有了衝突。康熙二十一年（一六八二），五世達賴逝世，第巴桑結嘉措竟祕不發喪，說達賴坐禪，「居高閣不見人」，桑結可以「凡事轉達賴命行之」。清朝當時正值與準噶爾蒙古對峙期間也無暇顧及此事，直到康熙皇帝第三次親征噶爾丹時，才在被俘的蒙古人口中知道達賴已死多年的消息。噶爾丹敗死之後，康熙責問第巴桑結爲什麼對「久故之達賴喇嘛詐稱尙存」，桑結見事已敗露，乃派專使到北京，向皇帝請罪，並解釋「恐唐古特（西藏）民人生變，故未發喪」，康熙雖未深責，但極不愉快。

桑結宣布五世達賴去世後，同時又宣布擇定倉洋嘉措爲轉世靈童，正式坐床，爲達賴六世。此事激起和碩特蒙古高層眾怒，認爲第巴桑結扶植傀儡，排擠青海蒙古在藏的勢力，和碩特的新領袖拉藏汗稱倉洋爲「假達賴」，不認承其地位，雙方衝突加大。康熙四十三年，拉藏汗率兵入藏，幸賴西藏宗教領導們出面協調，迫逼桑結下台，兵災雖一時免掉了，但根本問題未能解決。康熙四十四年，雙方戰爭終於爆發，西藏戰敗，桑結被殺。在這次戰爭中康熙皇帝因不滿桑結諸端行爲，一直袒護青海的拉藏汗。「假達賴」倉洋在戰敗後解送北京，此事引起藏人的不滿，後來再將他送回青海，但在歸途上不幸死去。

拉藏汗因倉洋已死，乃在西藏另立伊喜嘉措為六世達賴，但不為當時權貴們承認，他們又選立裡塘地方的靈童噶桑嘉措為「眞達賴」。清廷為了緩和青藏雙方的爭執，命令「眞達賴」噶桑暫住西寧塔爾寺主持教務，並在康熙四十八年派侍郎赫壽去西藏，協同拉藏汗辦理事務，使西藏局勢一時表面上穩定下來。

青藏之間的衝突鬥爭，在準噶爾蒙古看來是難得的良機，終於在康熙五十六年七月，準部大軍進入了西藏，攻陷拉薩，並殺害了拉藏汗。清政府聞訊，甚為驚震，皇帝為保護青海四川等地的屏藩，兩度出兵援救西藏，直到康熙五十九年才擊敗準部蒙古軍，恢復西藏秩序。同時也將位在西寧塔爾寺的「眞達賴」噶桑正式封為「宏法覺眾第六世達賴喇嘛」，派出滿漢官兵護送他去西藏，在清朝大將軍延信主持下，舉行坐床典禮，解決了達賴喇嘛眞假之爭。

康熙末年兩度用兵來保衛西藏，雖然死傷了不少人員，耗費了很多的國帑；但是從國家長遠利益上看還是值得的。尤其是康熙在戰後的善後措施以及雍正繼承大位後的繼續推行，都應該給予肯定的評價。清廷自驅逐了入藏準部軍隊之後，就以二千蒙古軍駐守西藏，並封賞參戰有功的西藏人員，封康濟鼐、阿爾布巴二人為貝子，隆布奈為輔國公，並以康濟鼐總理前藏事務。又授頗羅鼐為扎薩克一等台吉，管理後藏事務。

雍正繼統後，做了一個不正確的決定，他同意了四川巡撫蔡珽的奏請，把駐藏軍隊撤回內地，只在四川的察木多（今昌都）留守了部分駐軍。由於駐軍的撤離，清廷的影響力大減，因而引起西藏高層野心人士覬覦西藏的統治權。雍正五年（一七二七），貝子阿爾布巴與輔國公隆布奈等人忌妒康濟鼐掌權，發動兵變，殺害了康濟鼐，並投靠準噶爾蒙古，準備與清朝對抗。雍正這時發現自己撤兵的大錯，於是想立即臨以兵威，以保「西藏永遠無事」，並想把達賴喇嘛移居西寧，以便控制。後來得到阿爾布巴等人將挾持達賴逃亡準噶爾的消息，所以決定暫緩出兵，以俟藏中情勢的發展。

阿爾布巴等殺害康濟鼐，取得前藏大權後，他們進一步的發兵去後藏攻打頗羅鼐，頗羅鼐的力量雖不大，但他奮力抵抗，一面截斷阿爾布巴逃向準噶爾蒙古的通道，一面反擊拉薩，經過激戰，頗羅鼐軍大獲全勝，並擒獲了阿爾布巴等首逆，平定了西藏亂事。雍正得悉西藏叛亂已平，達賴喇嘛已無落入準部手中之虞，乃命左都御史查郎阿率川陝等地軍一萬五千人進藏，繼續平亂。第二年，雍正封頗羅鼐爲貝子，總管前後藏事務。

在雍正派兵入藏之前，曾命令內閣學士僧格與副都統馬喇前往西藏，較長期的「差往達賴喇嘛處」，直接監督西藏地方政府，調解西藏權貴間的糾紛。不過在他們入藏之前，動亂即已發生，康濟鼐也已被殺，因此僧格等一行無法達成任務。頗羅鼐平定亂事之後，清軍大舉入藏，整個局面已能控制，雍正爲鞏固清廷在西藏的統治，設駐藏大臣正副二人，留兵兩千，分駐前後藏，歸駐藏大臣統轄。駐藏大臣三年一任，當時的任務是管理清朝駐軍，穩定西藏政局。駐藏大臣與達賴喇嘛共管西藏事務是後來在雍正建立的基礎上發展開來的。

由於喇嘛教的原因，西藏與蒙古各族間的關係都很密切，尤其是與強大勢力的準噶爾部一直緊密的聯繫著發展。清朝的帝王康熙與雍正都看清這一點，因此特重黃教與西藏事務的「妥協料理」。雍正在清除異己的政敵勢力後，急功式的用兵邊疆確有可議之處；不過他在處理與經營西藏時能兼顧到準噶爾蒙古的問題，這種全盤考慮的思維，是值得讚賞的。

31 改土歸流

雍正皇帝爲了鞏固清朝的地位，加強他自己的統治權力，他除了消滅敵對勢力，削弱八旗軍頭的旗權，安撫社會弱勢成員，改善人民經濟環境等等之外，他又重視邊疆地區的治理與經營，改土歸流就是其中的一項。

「改土歸流」是清朝政府廢除西南各少數民族的土司制度，改由中央政府委派流官去管理地方的措施，也就是廢掉以前所行的世襲土司統治而改成派府、州、縣官去統治地方。土司制度可分土司與土官兩種統治，前者有宣慰司、宣撫司、安撫司等，他們經由中央皇帝賜封，但實際上因鞭長莫及而使他們成爲割據一方的地方政權。後者包括土知府、土知縣等地方管理官，是由漢地制度仿行的；但是任官的都還是少數民族的首領，所以中央很難直接控制。

明朝初年，中央政府就想進一步統治這些少數民族聚居的地方，試行改土歸流的制度，但成效不佳。清朝到康熙統一中國之後，發現西南川、桂、滇、黔一帶，處於土流雜混、行政體制紊亂的局面。有些大土司，轄地數百里，擁兵成千累萬，終日横行不法；有些土司對於土民，竟能予取予求，任意生殺。土司向清朝交納的「錢糧不過三百餘兩，取於下者百倍。一年四小派，三年一大派，小派計錢，大派計兩。土司取子婦，土民三載不敢婚。土民被殺，親族尚出墊刀錢數十兩，終身不見天日」。即使在土官治理的地方，甚至已經實行改土歸流的地方，土司的惡勢力仍然很大，使得土民有民不聊生之感。雍正是一位關心地方事務的君主，進一步推行改土歸流的工作便開動了起來。

雍正四年（一七二六），雲貴總督鄂爾泰上疏請求將原屬四川的東川、烏蒙、鎭雄三大土府，就近劃歸雲南，實行改土歸流，接著在雲南、四川、貴州、廣西、湖廣等地推行更土司為流官的工作。由於當地土司世襲地位被取消，特權被限制，利益被剝奪，當然引起不少土司的強烈反對。鄂爾泰在奏疏裡向皇帝報告他「改流之法，計擒為上，兵剿次之；令其自首為上，勒獻次之」。不過，從後來他實行的過程來看，似乎有以下的一些較為實際的想法：

一、原則上以接近內地的地區先行改土歸流，邊遠的地方列為第二批改革的對象。

二、先改違抗中央政令的土司，進一步再對守法的與能安撫的進行改制，最好使其自動向化，不必勞動精神，甚至兵力。

三、在雲南一省，鄂爾泰以瀾滄江爲界，江東必須改制，江西則因條件不夠可予暫時不改。

至於鄂爾泰實行改土歸流的策略，顯然也不止剿撫兩途，以下事實，可做說明：

對於勢力強大的土司，要他們「去封號，繳兵械，納土稱臣，解甲歸田，帖然受命改流」，當然是很難的，鄂爾泰知道只有臨以兵威，而且先對強大的土司下手。因此他在雍正四年二月先出兵攻打貴州廣順州長寨。長寨是雲貴二省苗彝及雜處之地中勢力最強大的土司，前後用兵三年才平定，設流官統治地區計有一千二百九十八寨。同時又對原屬四川省東川、烏蒙、鎮雄等地鎮壓反抗者，軍事勝利後在各地分設流官知府。後來又對雲南鎮源、威遠、恩樂、車里、茶山、孟養等地進行征討，也將這些地區改設了流官。雍正五年閏三月，出兵謬沖，這是黔楚交界處花苗中最強的土司。鄂爾泰攻克謬沖地區之後，將該地一部分劃入貴州黎平府，另一部分則歸廣西懷遠縣。此外，自雍正六年至八年，又對貴州八寨、丹江、九股、清水江等地用兵。九年再攻廣西鄧橫寨。這些地區都改設了流官。鄂爾泰自從受命之日，以兵威改制，始於長寨，終於古州，「首尾用兵凡五六載」，這是以武力強制改流的。

湖北與湖南兩省的土司中，不少因地連內地，而且又與內地的各種接觸頻繁，受漢人影響很多。雲貴地區以武力改流的事實給兩湖土司的震動不小，在形勢所迫之下，大部分土司都主動要求改流，以獲得較好的實利。雍正五年南渭州土知州彭宗和、上溪州土知州張漢儒、施溶州土知州田永豐以及若干小單位的土峒長官都納土稱臣，淸廷也先後規劃爲州縣。這是土司主動請改的實例。

也有一些土司本身有了問題，鄂爾泰就利用他們之間的矛盾或弊端，較爲輕易的達到改土歸流的目的。例如廣西上林長官司長官等互相仇殺以及湖南桑植土司向國棟與容美、永順等土司有仇，互相敵對，民不堪命，鄂爾泰乘機給他們改設流官。還有一些不法與貪劣的土司，像廣西泗城土知府岑映宸、思城州土知州趙康祚、小鎭安土巡檢岑繩武等人，都因貪虐不得民心而被廢革，改置了流官。

雍正九年，鄂爾泰被內召回京，出任軍機大臣，這象徵著「改土歸流」的階段性工作完成。這次地方上的改革大工程並不是單純的行政制度變革，事實上包括了取消土司世襲制、設置府廳州縣、派遣流官、增添營汎、建築城池、興辦學校、實行科舉、改革賦稅等等，可以說是行政、財經、軍事、教育、文化各方面的大變革。發生如此大變革的地區又包括雲、貴、川、湘、桂、鄂六省，這對當時中國來說不能不算是大事。在這樣重大的事件中，雍正皇帝始終是主導人，他在早先就不聽李紱等人的反對，堅定不移的要讓被土司魚肉的赤子，共享天下樂利，所以決心改制到底。他對鄂爾泰、哈元生、張廣泗等文武要員重用不疑，並且在日後重賞他們，如分別賜爵、任軍機與逾格升任巡撫等激勵措施，對改制成功發揮積極有效的作用。不過雍正朝的改土歸流只是成功的初步，而且後遺症也多。就以改派流官一事來說，當地土司舊勢力未必全被消除，而新派的流官也不一定能勝任，甚至還有欺虐土民的，所以動亂仍有再起的。雍正十二年貴州古州、台拱地方雖然設有流官，但土官傳言「出有苗王」，陰謀恢復舊制。雍正先派人去宣諭化導，希望能變得無事，但毫無效果，第二年就發生了反淸的叛亂。苗民攻陷了凱里、黃平州，苗疆大震，使貴陽都爲之戒嚴。皇帝令哈元生爲揚威將軍，董芳爲副將軍，率兵前往征討，要求他們須「痛加剿除，務盡根株，不遺後患」。又命刑部尙書張照爲撫定苗疆大臣，認眞的解決問題。然而董芳與哈元生在軍前不合作，而張照又支持董芳，反對征剿，甚至認爲從前不該改制，因此征伐之事幾乎不見成果，而同年八月，皇帝暴斃，這件事到第二年在新君乾隆的堅持下才繼續用兵，取得成功。事實上，西南少數民族地區直到淸末還在進行改土歸流的工作。

改土歸流從政治改革上看，是中央政府由通過土司統治的間接統治而變爲由流官政權來直接統治，廢除土司的割據政權，從而加強了中央集權的統治，使西南邊疆各民族地區與漢族地區政治上的統一，向前發展了一大步。若從經濟變革上看，改流之後，一些地區的人民逐漸取得了主導的地位，經濟逐漸的發展起來。這種打擊和限制土司的割據勢力與特權，消除土司對人民經濟的嚴重剝削，都是具有積極作用的。而改土歸流使得中央與地方關係的加強、國家統一的鞏固、各民族間經濟與文化的聯繫發展，則更是應該被肯定的。不過在專制的雍正時代，改土歸流的西南邊區，各族人民仍脫離不了流官統治的剝削與迫害、中央皇朝統治的剝削與迫害，甚至還造成有些地區深受土流雙重剝削與迫害的，民族歧視並沒有因改土歸流而消失，使改土歸流的進步性受到很大的局限。這也許是我們現代人的觀點，但畢竟是美中不足的事。

雍正皇帝雖有萬民平等的心懷，他不忍見到土民被土司「生殺任情」；但是改制眞能使土民改變生活與地位嗎？實在很有問題。當然，雍正「民無二王」的一尊心意也許在歸流後是可以滿足獲得的。

32

加強臺灣管理

臺灣內附清朝之後，康熙皇帝在臺灣劃設了一府三縣的行政區，初期因「蠻煙未開」，地方官只忙著安定社會秩序的工作，不久即發現北部的諸羅縣治區遼闊，很多地方不易管理，非常容易藏汚納垢，影響治安，所以到康熙五十年後，就有福建巡撫密奏請求「招工開墾」了。但是皇帝怕招募人來臺灣，會成爲日後的「無窮之患」，沒有允准。臺灣北路的開發就因此被延擱了下來。

雍正對臺灣的了解如何呢？我想他在早年就已經知道臺灣是個「藏汚納垢」的所在，因爲在康熙五十六年，正是他與其他兄弟從事爭繼鬥爭時，他的一個門下屬人叫戴鐸的，曾向他建議過，請當時的雍親王幫忙謀得臺灣道員的職位，好讓他來臺灣管理兵馬錢糧，在繼承鬥爭中進可攻退可守的爲雍正服務。這件事情後來並沒有進行，相信雍正對臺灣必有深刻印象的。康熙末年，臺灣又發生朱一貴的反淸事件，連康熙都覺得臺灣的問題應加倍提防，並應加改革，但因不久後康熙去世，所做的工作非常有限。雍正又是一個關心地方事務的人，尤其關心他的統治地位穩固，因此他即位之後，便極爲關注臺灣的事務，無論是行政、軍事，或是財經、文教等等方面，他都做了一些改進與改革，對臺灣當年的開發事業可以說都有相當影響的。

先來看看他在臺灣行政區方面所做的調整與變革。康熙年間初設一府三縣，隸福建省，末年因朱一貴亂事，全臺秩序大亂，動亂平息後，駐臺南澳總兵藍廷珍幕僚藍鼎元，鑒於當時臺灣北路轄地太過遼闊，很難治理，他建議將諸羅縣北部地方另立一縣，以便有效管理，後因康熙謝世，未能實行。雍正元年，巡臺御史吳達禮、黃叔璥再度向皇帝請求增設一縣，雍正降旨允准，同年就將諸羅縣北部半線（今彰化縣）地方，立爲一縣，並另設淡水廳，以加強臺灣北部的管轄，從此臺灣進入一府四縣一廳時期，南北呼應，「臺灣之局勢漸展矣」。

雍正五年，又鑒於朱一貴亂事中，澎湖一地的地位顯得突出，東向爲臺灣的要衝，西向爲福建的屛障，當時臺灣全島盡失，而澎湖尙在淸軍的掌握中，並爲日後恢復臺島的基地，因此中央覺得澎湖地極重要，乃以澎湖諸島，改設爲澎湖廳，設通判一員，稽查船隻，管理錢穀，自此臺灣行政區計爲一府四縣二廳。

雍正五至六年間，爲使臺灣事務有一專司長官，皇帝又下令將原有的分巡臺廈兵備道改爲分巡臺灣道。分巡臺灣兵備道是兼管臺灣與廈門的軍政長官，初設於康熙二十三年，有管理文武職官之大權，並兼理學政，是一位總攝行政、軍事與教育大權的長官，但權力過分廣泛。朱一貴事變時，擔任此一職位的分巡道梁文煊不戰先逃，乃革其鎮撫武職之權，去兵備銜，改爲分巡臺廈道。雍正認爲還不夠專職，於是更進一步增加興泉巡海道駐廈門，臺灣則專設分巡臺灣道，並將提督學政事移交給巡臺御史兼管，以專責成。由於改制的長官又兼統澎湖事務，又有分巡臺灣澎湖道的名稱。

臺灣在朱一貴亂事後，又設巡臺御史專官，來臺督察文武，原先是「滿漢各一人，歲一更替」。雍正即位後，不但給這一職官制度化了起來，而且擴大其職權，規定他們可以「釐覈案牘，查盤倉庫，閱視軍伍，周巡南北疆圉」，並可以上達朝廷，下商督撫。雍正又把他們的任期做調整，可留任一、二年，使其成爲皇帝的耳目，以便有效管理臺灣。

雍正九年至十二年之間，皇帝又根據大臣的奏報，再度調整了臺灣、鳳山、諸羅三縣的管轄區，如九年以新港溪北面的諸羅縣新港社（今臺南縣新市鄉）與卓猴社（今臺南縣左鎮鄉境）兩處原住民居地，劃歸臺灣縣管轄。十二年又以原屬鳳山縣二層行溪以北之土墼埕、喜樹仔、新昌、永寧四堡（以上四地都在現在臺南市內）及安平鎮等地區，劃歸臺灣縣管轄，而將原臺灣縣二層行溪以南的文賢里部分地區（約在今高雄縣茄萣鄉境）則歸鳳山縣管轄。同時在雍正九年至十年間又在鳳山、諸羅二縣增設縣丞各一員，移臺灣縣丞於羅漢門，協助知縣稽查地方。此外還諭令在彰化縣的鹿仔港、貓霧拺（今臺中市）及淡水的竹塹（今新竹市）、八里坌（今臺北縣八里鄉）四地，分別設立巡檢衙門，各委巡檢一員，加強對一般居民與原住民的服務與管理。雍正在位期間雖然不長，但他積極的對臺灣行政區以及行政機構做了不少的添設、升格、調改，可見他是關心臺灣事務的，並且有心要加強對臺灣行政做進一步的管理。

地方行政區與地方機構的改革與調整固然對地方的治理重要；但是更重要的還是要得到理想的行政主管，否則就不能得到有效而成功的管理成效。雍正皇帝非常重視用人，所以他對臺灣當時文武官員的選用非常嚴格，因為雍正很清楚臺灣遠在海洋之中，情形特殊，他說：

> 臺灣地方險要，人衆冗雜，又隔兩重大洋，緊要之事，地方文武不能待上司之批行斟酌，即須先行辦理，萬一不妥，即累地方，即令更改，已在數月半年之後，故得人尤為吃緊。

雍正對臺灣官員的選用，基本上是「俱就內地出色之員選補」，也就是從內地官員中挑出一些成績好的到臺灣去任官。有時候他不按章法的把一些位階高的內地官調到臺灣去擔任較低職位的官，不是降他們的級，而是重用他們的才幹。比方有內地的提督調到臺灣任總兵的，也有臬司調去當道員的，而當時的君臣都認爲這樣的任官是值得的。皇帝又爲了整頓臺灣的吏治，他做出了以下的幾項措施：

第一，官員任期的調整：在臺灣內附清廷後不久，即康熙三十年時，皇帝曾降諭規定：

臺灣各官自道官以下，教職以上，將品級相當現任官員內揀選調補，三年俸滿即升。如無品級相當堪調之員，仍歸部選，著爲令。

雍正繼承大位後，覺得臺灣文官三年一任，又常加銜留任三年，加上調任渡海、升任候缺等等，往往需時八、九年或更長時間。雍正六年福建總督高其倬奏請縮短臺灣文官的任期，以「激勵各官勤奮盡職」，雍正認爲很是合理，所以第二年便頒降諭旨說：

臺灣道府、同知、通判、知縣到任一年，令該督、撫於閩省內地揀選賢能之員，乘北風之時，令其到臺，與舊員協辦；半年之後，令舊員乘夏月南風之便，回至內地補用。政績優者，准其加二級；稱職者，准其加一級，以示鼓勵。

文員一年一任的措施只實行一年多，巡臺御史赫碩色、夏之芳又上奏，向皇帝說明臺灣不比內地，文官一年一換有實際上的問題，例如官員剛剛熟悉當地情形，進入情況，就要離開，實在是資源的浪費。同時也可能令一些不肖官員心存任期反正不長，以草率塞責了事，於吏治有負面影響，因此他們建議「應仍然舊例，定限三年」。雍正八年一度曾更改前例，准「調臺各員，到任二年，該督、撫另選賢能，赴臺協辦，半年之後，將舊員調回」。到雍正十一年，又復改變制度，恢復「三年報滿」的任期。雍正反覆更定在臺文官的任期，不是他處事的猶豫反覆，而是他考慮到在臺任官的人辦事成效，希望提高在臺官員的工作積極性。

第二，對臺灣官員賞罰嚴明：凡是到臺灣任官的，雍正皇帝下令一律要在俸祿上給予比較特別的待遇，給臺澎各官離開舊任後至就職新任前也附支薪俸，與一般到職任事與離任卸事起支與截支薪俸的慣例不同。同時皇帝對在臺灣任過官職的官員都常會加以提拔與重用，如總兵藍廷珍升任福建水師提督；知府高鐸升用道員；分巡道吳昌祚轉升山東按察使等等，都是明證。不過，皇帝對於一些任官成績不好的人也隨時予以調任處分，如「年老體邁」的游擊游全興、「恃才而缺斟酌」的臺灣知縣徐琨、「年輕不諳練」的彰化知縣張鎬等人都予以撤換。他認為「此等劣員萬不可姑容，況在臺官弁尤為切要」。他又用類似「連坐」法來互相約束官員。

除了對官制與吏治做興革外，雍正對臺灣的軍事也很重視與關心。他在位期間，先後幾次允准增加駐臺兵丁人數，最後增為總數超過一萬名，使南北中三路官兵互通聲氣，「汛防星羅棋布」。駐留臺灣的兵丁，原先使用的武器都是壞舊軍器，皇帝經官員奏報後，下令要福建總督在「存公銀內動支製造，務必堅利精良」，結果臺兵有了新的鳥槍、弓箭、盔甲等武器，戰力大爲增強。另外戰船「應修應造」的，他也認爲應及時處理，臺澎戰船最好在當地修造。至於臺灣的武官，在康熙時代因爲福建等沿海武職熟習風土水性，可以不迴避在籍委用的問題。雍正覺得在臺任武職的與服役的兵丁都是來自福建，大家因同鄉戚誼與舊日袍澤關係，難免瞻徇違依，營私作弊，所以皇帝在雍正八年擬做改進，官員中也有奏請依照文官迴避本省之例，應用在臺灣武員身上。雍正覺得「此論似近理」，但主張「徐徐行之」。

此外，雍正皇帝又在臺灣鄉試時專立臺字號，從福建省正額中撥出舉人二名做爲臺灣考生的保障名額，鼓舞了當時臺灣學子的讀書之心。在地方上又增設儒學、書院，以推廣教育，並且還獎勵原住民在義塾中讀書，據說原住民子弟已經有人能「背誦毛詩者，口齒頗眞」。對於原住民的籠絡還不止於此，皇帝又下令地方設法「招徠」，因此「前來歸化」的很多，爲了不使他們再「復生離意」，雍正下令多多贈送他們鹽糖煙布等日用品，作爲「加意教養」之資。當然更實惠的是減輕原住民的賦稅及其他雜派，使他們免除擾累與減少負擔。還有依山勢劃清疆界，勒立石碑，作爲漢民與原住民活動範圍，也是解決當時糾紛的良策。總之，雍正皇帝的治臺措施，不論是制度的或安撫的，都對治理臺灣與臺灣發展有正面功效。

33 臺灣的經濟開發

雍正一朝對臺灣行政與軍事上的興革措施，一般說來，除了加強清廷對臺灣的有效管理外，也對臺灣的開發有著很大的促進作用。

我們知道：清朝取得臺灣之後，對鄭氏遺民，終存戒心，加上施琅向皇帝報告海上「貿易船隻，叢雜無統」，怕這些行船人「誘結黨類，蓄毒釀禍」，所以他建議不能「展禁開海」，尤其要「嚴禁惠潮之民渡臺」，康熙同意他的看法，乃頒布了渡臺禁令，其中規定偷渡者嚴辦，民人來臺必須經過官員的嚴格審驗批准，而來臺的人都不准攜帶家眷同來，已經到了臺灣的也「不得招致」。這項禁渡命令後來雖因施琅的去世與臺灣循吏的設法招徠而放寬，但當時能渡海來寶島的人畢竟不多。

任何地區的開發事業，最重要的是靠人力，沒有人是難竟其功的，臺灣在康熙時代的情形也不例外。特別在朱一貴事件之後，有識之士又發現在臺灣的一批無家室之累的人實在是造成亂事的一項原因。藍鼎元等人就提出呼籲，「凡民人欲赴臺耕種者，必帶眷口，方許給照載渡，編甲安插」，他認爲「數年之內，皆立家室，可消亂萌」。雍正即位之初，仍然實行禁渡，沒有考慮到藍鼎元等的建議。雍正五年，福建總督高其倬在皇帝指示下研究開禁的問題，高其倬想出一個折衷的辦法，奏請准許部分民人攜眷入臺，他的主張是「其貿易、傭工及無業之人全無田地，一概不准搬眷往臺；若實在耕食之人，令呈明地方官，查有墾種之田，並有房廬者，即行給照，令其搬住安插」。皇帝對他的想法不太贊同，所以未予准行。雍正九年正月，福建汀州知府王仕任調到臺灣做官，他向皇帝奏報他隨身只有一妾，妾生一子尙在襁褓，無人寄託，希望皇帝特別開恩，准他攜帶入臺，雍正顧及人道，改變了政令，特別在他長官的奏摺上批了：「隨他本人之意。」但也說明這次是特例，別人不能通用。雍正十年，廣東巡撫鄂彌達深感藍鼎元當年的說法很有道理，乃向皇帝上書，書文中有：

民人之立業臺灣者數十萬，彼既願爲臺民，凡有妻子在內地者，許呈明給照，搬眷入臺，編甲爲良，則數十年之內，赤棍漸消，人人有家室之累，謀生念切，自然不暇爲非，更有司善撫教之，則人人感激奮興，安生樂業。

雍正把他的報告交給大臣研議，大家認爲可行，皇帝終於批准了，這是清廷有臺以來，第一次放寬人民攜眷來臺的禁令。不久後皇帝又准許文武官員年過四十尚無子嗣者，准其搬眷。臺灣早年的禁渡政策，可見在雍正年間做了很大的改變。渡臺既已政令放寬，人民與眷屬入臺的就多了起來，「至者日多，皆有闢田廬長子孫之志」，臺灣的開發當然也就隨之做出成績來了。在雍正時期，臺灣因人口漸增，勞動力較前豐厚，開墾的土地大爲擴大，而且形式也不同於以前了。在土地開墾的形式上至少有由官吏出資開墾的官莊，由人民集資組成開墾集團墾種的漢莊，以及本地原住民開墾的社田三大類。大家辛勤耕作，一般都能有豐稔的收穫，這對全島局勢安定與經濟發展都是有助益的。

由於墾地面積的擴大，農產品的類別與產量也隨之增多，先以稻米與雜糧來說，據雍正時代的人留下的文字可知，當時稻米生產，確有增加，不但足夠本地民食，而且有剩餘可做內地急需之用，或輸出外國售賣，所謂「千倉萬箱，不但本郡足食，並可資贍內地」，就是指此而言。不過臺米外運還經過了一番周折，雍正元年巡臺御史因朱一貴亂事曾上奏怕運米出島會「接濟洋盜」，所以請皇帝下令禁止過。到雍正四年，發現米禁「既不便於臺灣，又不便於漳、泉」，閩浙總督高其倬又「請開臺灣遏米之禁」。皇帝經過九卿會議之後，認爲可行而允准開放了。臺米的准許外運，不但解決閩浙等省的缺糧問題，也穩定了臺米價格，更給臺灣農民增產提供了保障。臺灣的雜糧種植多在山陬海澨，水稻不易生長之地，產物以番薯、花生、高粱爲主，而澎湖一地，因土壤氣候關係，不宜植稻，幾乎全部爲雜糧產區。另有地瓜一種，也是多產易種的作物，當時僅需種地瓜二三畝，即可供一家終年食用了。

除了稻米與雜糧之外，臺灣的糖業生產在雍正時期也更爲興盛了。當時產品有烏糖、白糖、冰糖幾種，製糖的地方叫「糖廍」，雍正年間的黃叔璥曾在《赤嵌筆談》裡記述製糖的情形說：

> 十月內，築廍屋，置蔗車，僱募人工，動廍硤糖。上園每甲可煎烏糖六、七十擔，白糖六、七十碥（按爲砂土製成的陶器）。中園、下園只四、五十擔。……

產糖的地區在臺灣、鳳山、諸羅三縣皆有，每年產量約有六十多萬簍，每簍約一百七、八十觔。烏糖每百觔約銀八、九錢，白糖每百觔則價值一兩三、四錢，也是全臺很不錯的收入。雍正年間，臺灣已有名爲「郊」的商會，有所謂「北郊」的就是以經營臺糖外運華北一帶爲主的商業團體，又被稱爲「糖郊」。康熙時有人說：「臺人植蔗爲糖，歲二、三十萬石，商船購之，以資日本、呂宋。」由此可見：臺灣糖產在康熙時就已外銷日本與南洋。雍正時產量增多，外銷量必然也隨之增大。

大陸沿海移民人口來臺日多，茶葉生產也有增長與進步。康熙末年地方志書記：

> 水沙連內山（今南投），茶甚夥，味別，色綠如松蘿，山谷深峻，性嚴冷，能卻暑消脹；然路險，又畏生番，故漢人不敢入採。

不過到了雍正時代，黃叔璥則說：

> 水沙連茶在深山中，療熱病最有效，每年通事與各番議明，入山焙製。

可見新移民帶來了新焙製方法入山製茶，產量必然多了，質量也應該好了。

樟腦也是臺灣的特產，在鄭芝龍時代即有製樟腦運售日本的事；不過在康熙末年曾發生過因採伐樟樹引起原住民的動亂，有一百多人被逮捕治罪的事件，一時由地方官府頒發禁令，樟腦業幾乎停頓。雍正三年，因為皇帝允准臺澎水師所用的戰船，令在臺灣本地設廠修造，在南北二地各設軍工料廠，採伐大木，以為造船之用，匠首獲准入山，樟樹的採伐也不禁止了。煎熬樟腦的工業再度興起。

製鹽業在臺灣出現的很早，元代人就談到臺灣「煮海為鹽」的事。不過，早期的鹽苦澀，不適於用。到鄭成功來臺後，陳永華才教人民用曬鹽法，《臺灣外紀》裡就記述了當時的情形：「以煎鹽苦澀難堪，就漱口地方，修築坵埕，潑海水爲滷，暴曬作鹽。上可裕國，下資民食。」明鄭時期准許人民自賣，而收其稅。臺灣歸清之後，起初也沿襲舊制，製鹽與販銷都由民辦，但是後來鹽場與販戶之間，發生爭曬爭賣的糾紛，常使鹽價失平，貧窮人民很受牽累。雍正四年，皇帝下令臺灣鹽產也依國內通制，改歸官辦，違者以私鹽論處。政府收到的鹽課，每月支發鹽戶及經費外，多餘的全存臺灣府庫，造册申報，以充兵餉。

以上臺灣的這些物產，在雍正時多有外銷，特別是雍正五年重開海禁之後，除白糖、鹿獐皮一直銷售日本外，其他農物產品也有銷往呂宋及南洋地方的，當時臺灣的外國番銀，主要就是由南洋通商得來。

總之，清朝取得臺灣之後，早年是「爲防臺而治臺」，康熙年間不重島內開發的原因即在於此。雍正以後，人口禁渡由嚴而寬，臺灣生產人力由此增強，土地因之開闢了很多，物產也質量提升。加上皇帝的開海政策，稻米等物不但可以運往內地，更能外銷東亞各國，如此一來，政府與民間的收入都增多了，經濟生產的持續增長也得到了保障。由此看來，雍正時期的臺灣開發是向前進步的，雍正皇帝的對臺政策也是正確的。

34 雍正與臺灣官員

臺灣是海疆重地，官員的選用不能馬虎，尤其隔海交通不便，遇事不像內地隨時可以向上級請示，在臺官員們必須能獨當一面，先自決斷，及時處理，方能妥協辦理。因此雍正對臺灣官員的任用、審核、獎懲都有一套特別的方式，有時根本不按政府規章行事。首先我們發現皇帝對臺灣各官的情況有相當的了解，例如他在雍正五年七月間與閩浙總督高其倬以密摺交換意見時，就可以看出皇帝確實掌握了很多臺灣官員們的資訊。高其倬的報告上說：

> 臺灣總兵蒙聖恩簡放陳倫炯，爲人謹慎，雖尚未見其料理之效；但比林亮操守謹嚴，約束操練兵丁，頗爲上心。

（雍正的批語是：「亦未必勝此任！不得人，奈何！」）

安平協副將康陵，自到任以來，甚能尅勵，著實嚴查偷渡，勉力辦理營務。

（雍正的批語是：「武夫耳！」）

澎湖協副將呂瑞麟甫經到任，尚未見其行事。前在臺灣操守甚好，極能管兵。

（雍正的批語是：「此人似好，亦不敢保。」）

臺灣知府俞遵仁（按范咸《臺灣府志》作「兪存仁」），過省時臣留之十餘日，日日詳細與說臺灣之事，覺人甚謹慎，且老成歷練。

（雍正的批語是：「這是一上好之員。」）

張廷琰、湯啓聲俱仰荷聖恩，准放臺灣、彰化知縣，此二人向在福建居官俱好。

（雍正的批語：指張廷琰「平常」；說湯啓聲「中等好，亦不見長」。）

諸羅知縣劉良璧新經調臺，人頗勤慎。

（雍正的批語是：「朕不知其人。」）

高其倬在他的報告上總評臺灣官員說：

現在臺灣之官似皆可以責成料理。

（雍正的看法則是：「此數人循分供職則有之，……若責成料理恐才力見識不能。」）

據此可知：雍正對當時在臺文武官員的情況顯然是都有了解的。高其倬在上述報告中幾次提到操守的事，這確是雍正最關心的。我們看到皇帝在覺羅滿保的一件奏摺上批寫了如下的文字：「據悉該藍廷珍品行貪婪，爾好生勸告他，以可惜朕之恩等語相告。」藍廷珍在平定朱一貴事件中有功，後升福建水師提督，雍正不忍揭發他的劣跡，才如此命令覺羅滿保規勸他，希望他能悔悟改進，這是雍正二年間的事。雍正六年夏天，臺灣道吳昌祚任滿升補山東按察使，原先已經決定由安徽鳳陽知府朱鴻緒來接任，可是突然發生了問題，因爲皇帝發現朱鴻緒奏報他的積欠銀有差距。朱說他只欠數千兩，而後來有人向皇帝報告他積欠十萬餘兩，相差如此之多，雍正認爲他的操守有問題，臨時改變初衷，命令其他人去臺灣補吳昌祚之缺，代替朱鴻緒的是「官聲才具俱好」的孫國璽。另外在雍正九年，臺灣總兵王郡任滿，總督劉世明推薦海壇總兵呂瑞麟來補任，皇帝爲慎重起見，特別問問前任總督高其倬的意見，高其倬老實的向皇帝回說呂的「操守平常」，於是引起了兩位總督的一場爭論，最後皇帝看在劉世明「敢保其克勝臺灣之任」的書面保證，才同意這項任命；但是還有一個附帶條件「倘有不妥協處，惟汝是問」，劉世明顯然成爲呂瑞麟的法定保證人了，由此可見雍正對臺灣官員操守的重視。

由於皇帝對臺灣官員的選用謹愼，對他們的獎懲也是特別的。雍正五年正月間，高其倬向皇帝奏稱臺灣縣知縣徐琨「頗任己見，辦事恃才，而欠斟酌」。彰化縣知縣張縞則「年輕不甚諳練……於臺地均人地不甚相宜」，所以他建議撤換這兩位知縣。同時高其倬還推薦了另兩位候補人給皇帝，一位是「官聲頗好，性情和平」的張廷琰，一位是「居官謹飭，辦事細心」的湯啓聲。皇帝看了他的報告，毫不猶豫就批了「該部明察，奏明請旨」，讓吏部調查寫報告來做決定。不久之後，江南桐城人張廷琰代替了漢軍正黃旗的徐琨爲臺灣縣知縣；江南江都人湯啓聲也繼漢軍正黃旗的張縞爲彰化知縣了。可見雍正對臺灣官員的任免不重旗人或漢人，而重官員本身的官聲與能力。臺灣知府孫魯在高其倬眼中也不是稱職的官員，因爲他在「買米補穀一節，辦理竟無次第，亦無斟酌。又經營臺鹽，頗爲鬆緩，鹽斤甚減」。還有在雍正五年春天處理臺灣縣民口角打架事，「含混了事，民情大爲不悅」。因此高其倬請皇帝「簡用一才守兼優之員」接替孫魯，雍正也感嘆的說：「人材之難，不料如此，奈何！奈何！臺灣府缺，甚屬重要，卿可與浙閩二省檢選具題，朕再斟酌。」不久之後，孫魯便下了台，由兪存仁繼任臺灣知府了。

對於稱職與優秀的臺灣官員，雍正都給予相當好的待遇。除照大陸例發給養廉銀以及考慮到他們在外任期過久做出縮短任期外，他又打破康熙時代的禁例，放寬了文武官員攜眷入臺的規定，並對臺灣官員離任後的出路多是照顧有加，給他們更高的官位在官場發展。更特別的是不按常規對待有功與業績好的官員，例如雍正元年春間，臺灣千總何勉率兵深入鳳山密林山區，擒獲了朱一貴案件中逃犯王忠等人，皇帝得到覺羅滿保的報告之後，隨即批示：

何勉如此可愛可嘉，朕閱暢然。……著將何勉即照爾奏補任，再有宜用之參將缺出，即指名補任。

同年七月覺羅滿保又上書奏報：何勉「以効力擒獲要犯，皇上殊恩繼補任守備後，又擢任參將」。在半年之內，何勉由千總升守備，再升參將，眞是越級升官，皇帝還說：「此等卓異効力人員，理應施以殊恩。」何勉後來又賜予「拖沙喇哈番」（tūwašara hafan，滿洲語，漢名雲騎尉，五品世職），准襲二世，眞可謂是殊恩曠典了。另外還有一些實例也是可以一述的，如雍正元年澎湖水師協鎭羅光乾任滿要離職，兵部決定調派福州將軍屬下的副將戴憲宗來補任，滿保認爲戴憲宗「現年七十有餘，適又染病在身」，似不勝任，建議改由廈門水師出身的聶國翰來接任。不過聶國翰已被調任桂林副將，只是還沒有赴任。滿保的建議事實上與部例不合，而且將一位副將「降級」調來澎湖，於情也不合，因此他在奏報中特別請皇帝恩准。雍正給他的答覆是：「爾此奏甚是，俱依所請。若有於例不合之事，爾唯具本陳明，部雖援例議擬，朕准依所請，豈不一樣。」聶國翰後來因其他事故未能來臺，但雍正重視好官來臺的態度是透現無遺了。又如在雍正二年，臺灣道員陳大輦於正月間中風，滿保以臺灣地位重要，而陳大輦已右側手腳癱瘓，難以効力，所以他奏請皇帝選派賢員來補任。皇帝知道陳大輦在臺灣「安輯流亡，撫綏部落」、平定亂事等方面很有功勞，並且重修海東書院，在文教工作上也有貢獻，所以命令滿保：「也許無甚妨礙，俟好轉後朕將另行超擢任用，將此旨轉告後，令伊好生調養。」雍正深知好官難得，一時不想另覓人選，而且將要「超擢任用」陳大輦，並囑咐他「好生調養」，這些更表現雍正的憐才愛才之情，溢於言表。陳大輦在同年三月間病逝之後，皇帝才同意以吳昌祚來補任臺灣道。

雍正一直把用人看做是行政的第一大事，他常說：「天下惟以用人一政爲本，其餘皆枝葉事耳！」這是他了解要統治好一個地方，必先得優秀的幹練人才不可。他對全國各地官員的態度與期許都是如此，對臺灣一地可能更爲講求一些。

35 雍正朝的巡臺御史

康熙六十年（一七二一）臺灣發生朱一貴之役，反清人士幾乎取得全部臺灣的統治權。事變平息後，清朝政府檢討缺失，認爲在臺文武官員沒有直接受到中央督察是一大原因，乃有「每年自京派出御史一員，前往臺灣巡查」的決議。第二年正月初八日，清廷「始命滿漢監察御史巡察臺灣」，人數由原先一人的構想增爲滿漢各一人，一年一更替，這就是臺灣地方官員中又增設巡臺御史的由來。

巡臺御史因係中央派來「巡查」臺地文武官員的，所以他們的權力很大，管理巡查的事務也多。有人說他們可以「釐覈案牘，查盤倉庫，閱視軍伍，周巡南北疆圉」。也有人說他們的地位極高，與各省最高長官總督、巡撫差不多。雍正即位之後，認爲這一新措施應予加強，除了命令他們不時祕密上奏報告地方情形外，更視個別官員的實際情形延長他們的任期；因爲臺灣在海外，交通不便，而且官員到任後不久就更替，對治理地方來說是浪費人才，浪費經驗，因此在雍正年間，稱職的或是皇帝欣賞的巡臺御史任期常是兩年，現在就先以下表來介紹當時的巡臺御史：

吳達禮（滿洲正紅旗人，康熙六十一年任，雍正繼位後留任一年）
黃叔璥（順天大興人，康熙六十一年任，雍正元年命留任一年）
禪濟布（滿洲鑲藍旗人，雍正二年任，留任一年）
丁士一（山東日照人，雍正二年任，後轉福建按察使）
景考祥（河南汲縣人，雍正三年任，後轉補福建鹽運使）
汪繼熼（浙江秀水人，雍正四年任，未滿任丁憂回大陸）
索琳（滿洲鑲紅旗人，雍正四年任，留任一年）
尹泰（雲南蒙自人，雍正五年任）
赫碩色（滿洲正紅旗人，雍正六年任，留任一年）
夏之芳（江南高郵人，雍正六年任，留任一年）
希德愼（滿洲正紅旗人，雍正八年任，留任一年）
李元直（山東高密人，雍正八年任，未滿解任）

高山（山東歷城人，雍正八年任，留任一年）

覺羅栢修（滿洲鑲紅旗人，雍正十年任，留任一年）

林天木（廣東潮陽人，雍正十一年任）

圖爾泰（滿洲正黃旗人，雍正十二年任，留任一年）

嚴瑞龍（四川閬中人，雍正十三年任）

從以上簡表中可以看出，所有滿洲巡臺御史都獲得留任一年，而漢族籍的只有夏之芳、高山得到留任，這可能與他們任職期間的表現有關。由於雍正是位講實效的君主，他所派出的巡臺御史都會在來臺前安排親自接見，當面叮嚀，賞賜他們物品，並訓誡他們不要辜負他的所託，抵臺後要實心任事，因此巡臺御史都努力表現，以求得皇帝的歡心。皇帝對出任巡臺御史的官員確實也很照顧，我們從他們任滿後都升任高官一事上便可證實。由於朱一貴事件與臺灣吏治不清有關，雍正特別要求巡臺御史不得隱瞞，要務實，不尚虛名。現在我們從他對巡臺御史的批示中還可以看得出來。例如他向禪濟布與丁士一說：「應奏事宜絲毫無隱奏聞。」「凡百如此秉公無隱，甚屬可嘉。」他也對索琳、尹泰批過：「事事不可隱瞞。」或是「凡事但務治本之道。爾等既身在臺，遇事應詳悉推求，博採廣問，必得治臺之妙策，將永久可行之處，時時籌畫，得一主見方好。」字裡行間充滿務實思想。雍正對覺羅栢修與高山二人也有過如下的硃批文字：「汝二人今番巡臺，可謂實心任事，朕甚嘉是焉。」「凡百只務據實莫隱爲要。」嘉勉之餘還是要他們務實。對於巡臺御史的不切實際做法，皇帝也隨時給予訓示。例如雍正五年八月索琳等人奏報臺灣北部田糧利弊時，由於他們報告中談到了一些尚未開發的土地問題，皇帝就立即指出：「此事非理臺急務，何必奏及此！」另外有一次赫碩色、夏之芳密奏臺地嘉瑞事項，雍正也糾正他們說：「此皆題奏之事，多此一番煩瀆爲何？」由此可見皇帝十年如一日的要巡臺御史辦事務實，秉公、無隱，做個稱職的耳目官，就連該題該奏這樣制度上的問題，他也不輕易放過，其認眞不言可喻。皇帝既是如此負責、不尙虛文，在臺的巡臺御史當然不敢不竭力從公了。以下數事，可以做爲說明：

一、對臺灣行政區的增設事：臺灣原設一府三縣，屬福建省，朱一貴事變後，餘黨竄逃臺灣北部，無法擒獲，實因諸羅縣轄地遼闊，多未開闢之故。巡臺御史依據官員的檢討，乃在雍正元年，以吳達禮與黃叔璥二人聯名奏請，說明諸羅縣北半線地方，民番雜處，易生事端，「請分設知縣一員、典史一員。其淡水係海岸要口，形勢遼闊，並請增設捕盜同知一員」。皇帝允准了他們的請求，不久諸羅縣乃分設了彰化縣，並增淡水廳。臺灣北部從此得以進一步的開發，地方治安也有了專責的官兵來維持。

二、對臺灣官制整頓事：在臺灣服務的官員原定三年俸滿即升，但是臺灣環境與內地不同，加上海上交通困難，所以中央同意文官三年任滿後再加銜留任三年。這項傳統實施到雍正初年，大家感到在臺任職六年，加上升任候缺，往返渡海，前後常需九年或十年的時間，委實過長。雍正六年，皇帝同意福建疆吏的請求改為來臺服務一年，就可以命新的繼任官員來臺協辦，半年後新官上任，舊員回內地，如此臺灣文官的任職時間共一年半，加上海上來回，約為兩年。巡臺御史們認為這樣一來官員在臺的任期過短，容易引起官員不實心任事，敷衍了事，因此在第二年赫碩色與夏之芳就上書雍正，強調「似此海疆重地，難容一日無官」，建議由督撫高官先選些賢能的人，「預發一、二人駐臺，無事則熟悉地方人情風土，有事即聽道、府委派辦事，遇有缺出，可即著署理任用」。皇帝沒有立即置以可否，只下令福建主事高官們照此試辦。雍正八年，赫碩色與夏之芳再次上奏，以為臺灣文官若一年一換，則官員剛剛進入情況，了解當地情形，即屆滿到限，對政令推行，並非有利，所以他們建議，應仍照舊例，定限三年。後來雖經大臣們多次會商，改成兩年，但實際上若包括協助新員辦理半年，調回候缺加級等等，為時亦需三年之數，正如赫碩色等建議的一樣。

另外，康熙時期為防臺而治臺，不許大量移民來臺灣，連在臺灣工作的官員，也「不許攜帶家眷」。這一規定實在不合人道，也影響臺灣的治理。雍正十二年，巡臺御史覺羅栢修向雍正奏請准許臺灣各官「搬取家眷」，以安其心。皇帝最後決定：「臺灣文武年過四十尚無子嗣者，准其搬眷。」這也是巡臺御史所做的一大功德。

三、對臺灣防衛力量加強事：康熙有臺後，認爲臺灣是重要的巖疆，仿照內地九邊重鎭例置以戍兵一萬人，分爲十營、水陸師各半。朱一貴事件後，福建官員請增添戍兵，康熙皇帝認爲「添兵無用也」，沒有同意。雍正二年巡臺御史禪濟布建議「撥調馬兵三百名來臺」，第二年清廷批准了，是臺地有馬兵之始。禪濟布又奏請在府城臺南建造木城，「安設砲位」，「以固屛障」。建城事在康熙時代就有人提過，但沒有被皇帝允准，原因是康熙怕若建立了城池，一旦被亂民據有，收復會更難的。雍正上台之後，他的態度變了，對於禪濟布的請求，他批了：「建築木柵一事，籌劃甚爲妥當，深爲可嘉！」府城從此有了木柵的城牆，防衛能力也大增了。

臺灣兵員的武器，據巡臺御史赫碩色說：「參差不齊……軍器多有不堅利者。」因此他請皇帝下令嚴查來臺兵丁器械，不堪使用的，「即於內地發回」，不必帶來臺灣。雍正知道此事之後，諭令閩浙總督高其倬「嗣後換臺兵丁軍器，著該撫於存公銀內動支製造，務必堅利精良」。高其倬等遵旨動用了公費四千兩，製造鳥槍一千六百桿，弓箭五百副，大大增強了臺灣的軍備力量。另外在雍正十一年覺羅栢修又向皇帝報告臺灣戰船年久失修，不堪操駕，建議在內地建造與維修，後來因若干技術問題仍決定在臺灣修造爲宜，但強化戰船水師力量還是巡臺御史促成的。

四、對臺灣社會秩序安定事：雍正六年巡臺御史赫碩色來臺後，發現臺灣各地「門牌雖設，而奸匪終無可稽」，他認爲這是因爲「在城者少，散處者多；成家者少，單丁獨漢者多」的緣故，因此他向皇帝奏請「臺灣各莊的保甲應責成有地的業主負責」，「小事連坐，大事並坐」，如此業主就會盤查他們莊內遊民，地方治安必定大獲改善。雍正認爲他的構想「甚屬可嘉」，下令有關官員實行。也有巡臺御史著眼於地方文教工作可以安定社會的，如夏之芳奏請實行福建鄉試專立字號，以保證每科鄉試都有臺灣生員中式。又在臺灣推廣儒學教育，建立書院，傳布儒家倫理，以安定士子求學之心，並對社會也起了安定的作用。

此外，巡臺御史在雍正年間對原住民撫綏政策的制訂也有不少貢獻，此事將在另一章節中敍述。總之，巡臺御史雖在乾隆朝被裁撤了，但設置初期無論在臺灣官員政風的整飭上、臺灣官制調整上、行政區增劃上、軍力增強上或地方秩序安定上，他們都參與過工作，做出過貢獻。就保障臺灣穩定、維護海疆領土而言，他們都是確有成就的。

36

雍正對臺灣原住民的政策

雍正繼承皇位，適逢朱一貴事變之後，他對臺地的一切事務都顯得關心，尤其對於原住民的治理政策，更感到應妥善制訂。

當時臺灣的原住民約有十多萬人，清朝統治者也承襲了漢人帶有民族成見的傳統，稱原住民爲「番」，又因爲原住民與漢人官民接觸與漢化程度的不同，所謂的「番」又分爲「熟番」與「生番」。「熟番」是服從政策教化、從事徭役並向政府納稅的原住民，「生番」則是居住深山，保持原有生活方式不受管束的原住民，地方官對他們也不得而治。

「熟番」由政府認可的土官來管束，土官與政府之間則由通事擔任傳達政令等工作。納稅貿易則由另一種身分的人「社商」代爲包辦。康熙時代，由於吏治廢弛，臺灣又遠在海外，因此臺灣原住民常受通事與社裔的侵削，生活與經濟兩方面都備感痛苦，動亂就時有所聞了。「生番」儘管地方官員對他們採取消極的政策，讓他們與新移居臺灣的漢人盡量隔離，免生衝突；但是來臺的漢人日多，不論是「熟番」或是「生番」的既得權益常有被侵害的，因此在康熙末年，原住民中有參加起事的，足見他們對當時統治者的不滿。

雍正即位之後，閩臺兩地的官員不斷的向皇帝報告加走山、蘭郎、歷歷、卑南等等社「番」來「歸誠」，認為是「千古未有之盛事」；可是當時原住民的「鏢殺」、「割頭」、「燬屋」等事件頻傳，使漢人移民也不得安居。雍正是一位關心地方事務的君主，他在疆吏喜報向化歸誠消息時，他就不樂觀的示警說：「今日之接踵輸誠固屬可稱，他日之掉臂逃叛亦屬可慮，全在地方上文武官弁安輯得法，始不至遺笑將來也。」同時他認為：「剿捕必致戕害生命，有傷天和，不可輕舉妄動。」可見他採取的溫和態度。直到雍正四年（一七二六）水沙連（南投縣境）原住民不斷殺害漢人，而且又對稅金「分厘未納」，皇帝才在地方官員的建議下，說出「亟當先以兵威懲創一番，使彼震懾」的話。

水沙連之役先由臺廈道吳昌祚、臺灣北路參將何勉、原任淡水同知王汧與巡臺御史索琳等人共議剿撫事宜，後來兵分兩路，在雍正四年十二月初入山曉諭，因部分原住民仍負隅反抗，吳昌祚一路的官兵乃「攀藤附葛」，進攻首領骨宗的居寨。十二月十二日夜，骨宗應土官之命而出山投降，亂事才告結束。雍正得到福建官員的捷報時，卻語帶保留的說：「朕看此光景，不似能一勞永逸之景，務令料理妥協，永久平靜方好。」果然不出所料，不久之後臺灣南路又起變亂了。那是因爲雍正六年底有鳳山縣民越界侵入傀儡山開山灌田，損害原住民權益，以致發生衝突，漢民有十四人被殺。第二年二月，傀儡山的原住民又下山焚燒莊屋，濫殺耕牛，並殺傷漢人與若干「熟番」，官兵於是有入山進勦之舉。雍正七年二月官兵大獲全勝，據說在數月戰鬥中，原住民「被鎗傷滾下深坑者甚多」。由於這次變亂是「內地頑民越界生事」而起，雍正皇帝也認爲「如斯施逞兵威，勦殺無知，朕心實爲憫惻」。

從巡臺御史與福建疆吏的報告中，皇帝知道臺灣原住民的起事生變，多是因爲漢民通水道、伐山木、佔鹿場以及其他侵害到原住民權益的事件而起，所以水沙連之役以後，雍正更注視大臣們提出的「嚴私墾番界之禁」的建議了。特別是閩浙總督高其倬談到的防止漢民與原住民衝突問題的辦法：

最先宜查清民界、「番」界，樹立石碑。如有焚殺之事，即往勘查，若民人侵入「番」界耕種及抽藤吊鹿致被殺死，則懲處田主並縱令擾入「番」界之保甲鄉長、莊主。如漢民並未過界，而「番」人肆殺，則應嚴懲「番」人。

雍正相當同意他的說法，甚至還補充的說：

尤宜將百姓並生、熟「番」民分別清楚，令其各務各業，不容混雜，斯爲上策。……

傀儡山動亂之後，雍正七年皇帝命令在臺灣南北路山口生熟「番」分界處勒石建碑，界外聽生「番」採捕，不准民人入界墾地搭寮，抽藤吊鹿，私挾貨物，擅出界外。

自從分界勒石之後，臺灣漢民與原住民的糾紛顯然減少了，而且也改變了性質。例如雍正九年十二月發生的大甲社（臺中縣境）原住民突集鬧事，焚燒房屋，射殺兵丁，這一動亂的眞正肇因雖不能詳；但是當時的閩浙總督劉世明說道：「所燒者係同知衙署，所殺者係同知幕賓、家人，則致釁情由，必自同知而起。」可見這一定是同知處置事件失當或同知其他事務有關。雍正十年鳳山縣吳福生暨「大明」旗幟反淸，不少原住民也參與事件，地方官說是「姦民乘間煽惑」所致，顯然是受反淸漢民「煽惑」而起來反抗地方政府的，跟一般的爭水道、侵鹿場等經濟利益無關了。

雍正皇帝一面以分界立碑來限制大家的活動，防止漢民與原住民的衝突。同時他又從經濟、文教等方面著手，改善原住民的生活，促進原住民的漢化。雍正四年頒布新鹽制，對熟「番」曬鹽，不予課稅，以增加原住民的收入。同年又豁免原住民婦女的口餉，並把課米改爲課穀，更以一石折價銀三錢六分爲準，給予原住民優惠。這些措施對原住民的生活安定有裨助，也能增強他們對政府的向心力。另外雍正也很注意原住民的子弟教育，當時熟「番」社學似乎已經北達彰化、南及屏東，「社中間有讀四子書，習一經者」、「肄業『番』童，拱立背誦，句讀鏗鏘」。可見儒家教育已在原住民社會傳布開來。雍正十二年，又於臺灣南北兩路普設土「番」社學，進一步推廣漢化教育，以期化解族群的紛爭。

還有，雍正五年，淡水同知王汧上書，談到原住民田地被新移民侵佔日多，常生衝突。雍正隨即下令爲原住民設立「社田」，大社留給水旱之地五百甲，中社四百甲，小社三百甲，做爲原住民固定耕種之地，以保障他們生活無虞，藉以減少衝突。

總之，雍正時期，臺灣原住民因漢人入墾、官員失職與反清人士的煽動等等原因，先後發動了幾次變亂。雍正皇帝初則臨之以兵威，後來實行封山立碑政策，使族群紛爭大爲減少。另以減輕原住民的經濟負擔，強調儒家倫理教化，來使原住民產生向心力。雍正的治理原住民政策雖然不盡理想，但在當時也算是務實的了。

37 雍正時期臺灣的反清民變

臺灣降清以後，設一府三縣，康熙時代雖然任用了不少賢能的文武官員來臺治理；但是由於康熙晚年標榜盛世，吏治鬆弛，貪風猖獗。尤其臺灣遠在海外，中央鞭長莫及，無法直接控制，乃發生了「官逼民反」的朱一貴反清大事件。這次變亂幾乎摧毀了清朝在臺灣的地方統治地位，民變後來雖被福建沿海派來的大軍平定，然而耗費銀兩高達二十六萬多兩，頗令清廷有所警惕。

朱一貴事件後一年多，雍正繼位爲君，他對全國各地安定本來就十分關心，惟恐發生反清活動，對海外的臺灣當然更加重視，因此在官員選用、戰力增強等方面都著意籌劃。儘管如此，雍正年間，臺灣地區還是有幾次反清的民變，其中較大的有：

雍正四年（一七二六）陳三奇事件：在現今南投縣境，雍正四年發生原住民「恣殺無忌」的水沙連之役，駐臺淸軍分路進攻，到年底才平定亂事。南部漢人移民中有人想乘勢起而反淸，乃有陳三奇事件。

陳三奇據說他識字而「會看日子」，於是被志同道合的一批人推爲首領，另推「鄭塡、徐寧爲副」，並由黃六師、林居、黃允等人分別負責到處招人入夥。原先決定在那一年的十二月二十五日大家齊集鳳山縣的半屏山，攻打統領營；但是屆時出席的人不多，因而不少人「害怕就跑回了」。鳳山縣知縣蕭震後來得到密報，於是抓人，結果捕獲了由黃六師招約的黃萬、楊全、王裕、黃日、阮怨等人。經審訊之後，了解他們確有「謀匪」反淸之事，但沒有「旗號劄付」。第二年初春，諸羅縣內陳日隆家被盜，知縣徐琨捉到鄭國龍、林居等人，經審問後，鄭等「不認行劫，自承曾往南路謀匪」，並供出有陳三奇爲首的招募人員攻打統領營事。不久後，諸羅縣即捕捉了陳三奇以及有關係的一干人等，但仍有黃六師等十四人未能捕獲歸案。雍正五年閏三月十六日，臺灣道、府官員經審明後乃將「爲首之陳三奇當眾曉示正法梟示」，「林居、黃允相助各處招人，黃萬曾經刺字，仍復不悛，又招人爲匪，係爲從情重者，當眾杖斃」。其餘被捕的人有的留臺候審，多數解送到福建省城，相信多無善終，陳三奇案件到此結束。

從陳三奇這件根本沒有爆發的民變中，我們似乎可以看出幾件值得注意的事：

一、閩浙總督高其倬在陳三奇被處死後向皇帝奏報時，特別提到：「臺灣地方不比內地，奸究易於生心，即從前朱一貴之事，一則因文武貪污，再亦因辦理因循柔緩之故。此事雖謀匪未成，而此等風氣宜於初次速辦嚴辦，當時即嚴處示眾，則人人知警，可戒將來，不可照常例料理。」可見地方大員是怕臺灣生事，而且主張速辦嚴辦的，陳三奇等沒有「旗號劄付」，就被視爲「謀匪」，並就地處死多人，實足以反映當時臺地官員對朱一貴事餘悸猶存。

二、雍正皇帝對官員們辦理此案的態度與做法相當肯定，甚至還嫌他們不夠嚴厲。他在高其倬的奏報上親筆寫了一些批語，可以窺知。例如高其倬報告將黃萬杖斃事，皇帝寫了：「亦當正法者。」另在報告中「將黃六師等一十四人務必極力即速拿獲」等字旁邊，雍正又批「務令拿獲，悉皆正法，是此等人有何可惜」等字，可見他是主張「除惡務盡」的。

三、臺灣地方小官一方面望風承旨，另一方面也是聞風喪膽，自陳三奇案發生後，衙役到處抓人，有馮成、林珀二人，因爲在夜間「手持木棍行走」也被視爲要犯，後來才知道「林珀因祖母病，去接其妻回家照管。馮成因聞父病要趕回家去，因黑夜各持木棍同行」。由此可見當時臺灣地方治安必然不太好，而官員更是草木皆兵，懼怕地方生變。

四、陳三奇事件後，官員們檢討說：「此等之事，嚴之於臨事，尤當慎之於平時。嗣後該鎮務飭營員將山僻之處，輪流極力遊巡，鄉鎮地方嚴查防範。該道府務率各縣，細編保甲，嚴查奸匪，勿飾虛文，務有實際。」

儘管臺灣地方官對人民嚴加防範，以免民變發生，但是吳福生的反清活動在五年後還是爆發了，吳福生事件可以說是朱一貴與陳三奇事件的延續。雍正九年冬天，現在臺中縣一帶的「大甲社」原住民起事，「恣橫焚殺」，居民被殺害的很多，當時臺灣北路情勢緊張，總兵官呂瑞麟帶兵往討，臺南以及南臺灣等地兵力頓時空虛，吳福生等見狀，乃有起事之舉。

吳福生「謀匪」事件前後雖僅歷時四個月，但給當時的南臺灣也造成極大的恐慌與不安。吳福生被捕後在供詞中談到起事的部分情形：

小的是臺灣生長，今年三十八歲，老婆死了，生兩個兒子，長名愿，次名咏，因去年陳總要稟小的交結匪類，隨起意和楊秦、林好、許籌說大家來反，與林好約二月十八日到小的家拜盟，……結拜兄弟，小的爲大哥、林好爲二哥、吳愼爲三哥、楊秦爲四哥、許籌爲五哥。林好就請軍師做劄付，黃青白三色，中幅是黃、左協是青、右協是白。小的爲首，大將軍楊秦爲副，將軍許籌、吳愼、林好是國公。許籌、楊秦爲右協，吳愼、林好爲左協。著軍師做了劄付，各去分散。軍師名叫陳倡，三十多歲，長臉下閣尖些，身中鬚微。

這是吳福生起事時組織人事方面的情形，至於他們的反清行動，他也做了扼要的描述：

（雍正十年二月）二十九夜，燒崗山汛。那夜旗五桿，小的一桿是長泰白布三角旗，旗上寫大明二字。燒了崗山汛，三十日早燒舊社汛，是午又去燒猴洞。初一早燒了石井，奪了軍器。初二夜間，林好去會烏眼賽。初三日就有十多桿旗、四五百人要搶布店，走回蕭田房後，箚在鳳彈山頂。初五日再去埤頭打仗，遇王大老爺追捕，輸陣敗走。初八日只剩一桿旗，四十多人，回濁水溪。小的把兩個兒子交吳滿往山逃走。小的即由山邊走去比路加冬張壯家。張壯叫小的改名蔡受，領至楊放家，直至斗六門張裕家鋤草，至本（五）月初三晚被拿。

又據參加戰役的武官報告，吳福生等在四月初二、三日的行動中，還焚燒萬丹巡檢衙門，並有官兵八人「奮勇陣亡」，多人重傷。不過，民變分子也有數十人被殺，生擒的八人蕭田等在同月十六日就被「斬首懸掛示眾」了。官方不久又提到啇大概一名，據審訊後才知道他是「康熙六十年朱一貴叛案內逸犯。又雍正四年陳三奇叛案內懸緝餘孽」。至於烏眼賽這位化名人士，據洪旭供稱：康熙六十年他「還做過將軍」。在「王大老爺」（王郡，當時他已升任福建提督，因吳福生事變又帶兵來臺平亂）征討埤頭一役中，生擒了「奸細」李成，「李成係鳳山縣衙役，手執該縣印票，詐稱引導，欲誘臣（王郡自稱）受陷，未中其計，復潛入營盤放火被獲」。可見吳福生事件中也有臺灣地方政府衙役參與的。吳福生又叫吳佛，後來與商大概被解送福州受審後處死了。

雍正年間，皇帝極重視反清活動，全國地方官員也承旨著意防範，特別在臺灣地區，更是加倍嚴厲；可是在「速辦嚴辦」的高壓手段下，反清復明的民變仍有發生，可見當時明鄭留下來的反清反滿餘火，還沒有完全熄滅。

38 雍正時期的中俄關係

清朝早期的對外關係，大體上可分爲來自海疆的歐美各國與來自陸疆的帝俄。康熙末年因爲西洋傳教士發生「禮儀之爭」的內訌以及中國稻米與船隻的販售南洋，皇帝下令禁止西洋人在華傳教，也限制國人出洋貿易，以確保國家安全，鞏固滿清的統治地位。因此海疆顯得平靜多了。陸疆的情形則很是不同，中俄東部邊界雖因《尼布楚條約》的簽訂表面上維持了和平的通商與文化關係；但帝俄的侵略野心則未見止息，他們派來的傳教士與留學生不斷的在中國從事間諜活動，收集各種情報。而中俄中部邊界的情形更是嚴重，俄國軍隊與商隊歲無寧日的騷擾蒙古喀爾喀等部，擄掠人口，劫奪牛羊，甚至在中國土地上建蓋房屋，設立據點，可以說爲所欲爲。更可怕的是，俄國又與準噶爾蒙古勾結在一起，暗中給予物資與精神的支援，慫恿準噶爾對其他蒙古部族與清朝發動戰爭。康熙皇帝除對準噶爾進行武力征討外，對俄國則一直想以訂立條約來約束他們，使其割斷與準噶爾的聯繫，有時則以對俄國停止貿易與拒絕俄國教士來華做為手段，使俄國就範，但是眞正的問題並未解決。

雍正繼統之後，由於內政上遭遇到困難，在對外關係與交涉上也都是沿襲康熙的路線，只是在禁教政策上因爲他自己的政爭，變得更嚴厲一些而已。雍正元年（一七二三），有一部分被清軍俘獲的準噶爾人逃亡俄國，清廷要求俄國交回逃人，未能如願，雍正便沿用了老辦法，不准第二年原可入境的俄國商隊來華，以示報復。俄國因無法貿易，損失很大，於是改變策略，主動遣送部分逃人，並向清廷表示有意談判。雍正三年，俄國派出外交界能手薩瓦爲團長，率領一批測繪人員、東正教傳教士以及一千五百多人的軍隊，啓程來華。臨行時俄女皇給薩瓦訓令，指明要中國讓出「外貝加爾區、烏丁斯克、色楞格斯克以及尼布楚等地」。薩瓦因使華特別把聖彼得堡的豪華住宅租給當時的法國駐俄大使，目的是希望該法國大使爲他寫信介紹法國在北京的傳教士，以爲日後之用。清朝則派出一等公隆科多、喀爾喀郡王額駙策凌和散秩大臣四格爲領銜代表，赴外蒙地區與俄使會談貿易及邊界等問題。隆科多一行於雍正四年夏天與薩瓦相見於恰克圖附近的布爾河。薩瓦先表示在會談之前，他必須赴北京慶賀雍正皇帝的登基，並宣布俄國彼得大帝的逝世以及新女皇繼位等事，隆科多不疑有他，便隨同薩瓦進京，但是薩瓦在抵達中俄邊界時就派人到北京送密函給法國傳教士巴多明，請他提供情報並予協助。同時另一方面他命令不能進京的屬員、專家們在各地繪製地圖、收集各種情報。薩瓦抵達北京之後，經巴多明的拉線，結識了多年負責辦理俄國事務的大學士馬齊，並以錢財等賄賂手段，從馬齊處得到中國談判代表團的內情以及清廷和談條件的底線等等，使得清方在和議未開始之前就處於被動與不利的地位。薩瓦在北京拖延行期，約半年之後才回到布爾河的談判會場。會議開始時，隆科多因爲發現皇帝要對他整肅，曾對他說過，「若實心任事，思蓋前愆，朕必寬宥其罪」的話，所以他非常小心，而且態度堅定，要求俄國歸還侵略中國的大片蒙古地區。薩瓦從馬齊口中知道「中國皇帝熱望和平」，所以他不理會隆科多的要求，一邊向俄皇建議盡快加強佔領區的據點，「在邊境上增加沙皇陛下的兵力」，「使其爲沙皇陛下最高利益服務」。另一邊則蠻橫的以發動戰爭威脅隆科多。正在此時，北京城裡批鬥隆科多的案件升了級，有人揭發隆科多「私藏玉牒」的罪行。朝廷大臣奏請等中俄談判有結果時再審處隆科多，但皇帝不同意，在同年六月間，雍正認爲議界事別人也可以主持，乃將他逮捕回京，並宣稱：隆科多「不實心効力，則留伊在彼，反致妄行攪擾，毫無裨益」。隆科多離開之後，其他代表不能堅持原則，對俄國作了不少讓步，在七月中，雙方簽訂了《布連斯奇條約》。薩瓦後來認爲他所以能簽約順利成功，取得不少中國利益，完全是因爲「隆科多被召回」的緣故。雍正急於懲治隆科多，不顧中俄交涉時的國家利益，實在是件可以非議的事。薩瓦在簽約之後，不等邊界正式劃定，就在恰克圖修築要塞，又在各處布兵設防，而在條約中又為俄國取得了恰克圖以北的大片原屬於中國的領土，成果眞是斐然可觀。

雍正五年，中俄雙方各派官員勘分中俄中段的整個邊界，設置了界標。同年十月下旬訂立《阿巴哈依圖界約》，確定從恰克圖向東至額爾古納河的邊界；十一月上旬又訂立《色楞額界約》，劃定了恰克圖向西至沙賓達巴哈的邊界。第二年，雙方代表在此前幾種界約的基礎上，於五月間簽訂了《恰克圖條約》。這一條約是確認以前中俄所簽訂過的多項條約，包括《尼布楚條約》、《布連斯奇條約》等等，除中俄疆界外，約中又規定了兩國在政治、經濟、貿易、宗教各方面的相互關係。條約內容共十一款，讓中國喪失了不少土地，又在貿易、文化方面給俄國也佔了很多便宜，例如准許俄商每三年可來北京一次，人數不過兩百人，另外可在尼布楚、恰克圖等地通商。至於俄國東正教教士與留學生也可以來北京居留、學習、傳教，當然他們的主要工作是收集中國情報。

清朝多方讓步與俄國簽訂《恰克圖條約》，在雍正心中是想藉以保衛喀爾喀蒙古，並解決準噶爾的問題，使得俄國不能再插手，就這方面而言，雍正的目的是達到了一些；但是中國在簽訂《恰克圖條約》之後，所付出的代價也是相當可觀的。誠如薩瓦在簽約後給女皇的報告上說的：

不僅使中國在邊境上割讓有利之地帶，且從未屬於俄國者，亦獲而領有之。

還有其他參與簽約的俄國官員說：

現今俄國人在所有縣份深入蒙古境內達數日行程，某些地方甚至達數星期行程之遠，目前已在這些地方豎立界碑，邊界的劃分，使俄羅斯帝國的國土擴大了。

俄國政府爲獎賞薩瓦的談判成功，特任命他爲樞密院大臣，並頒授給他聖亞歷山大勛章級的爵士頭銜，他才是眞正的大贏家。

39

雍正禁西洋宗教

中國是個多元民族的國家，各民族信仰的宗教很多；不過由於儒家思想多年來一直是社會主流，各宗教爲適應傳統的舊社會禮儀風俗，都做過或多或少的調整，以便於傳布他們的宗教，像佛教、伊斯蘭教等都經過此一過程。明朝末年，西方天主教東來，利瑪竇等人以「海外鄙儒」謙稱，以另一種形式闡發孔孟之道，所以他們才能立足當時中國的社會，展開他們的傳教活動。清朝入主以後，對西洋人並無歧視，照樣任命他們爲中央官員，宗教活動也任其進行，主要原因是傳教士們沒有違反法律的行爲。康熙即位之後，更由於他本人愛慕西洋科學，經常和西洋傳教士在一起研究學問，重用傳教士做爲他的外交顧問與幫手，愛屋及烏，因而對他們宣傳的宗教也給予支持，不予禁止。不過西洋教會本身發生了一些問題，第一、隨著西方海上霸權由葡萄牙、西班牙轉爲荷蘭、英國與法國，海外傳教事業也由葡萄牙轉爲法國與羅馬教廷控制，而葡萄牙支持與庇護的耶穌會的勢力也日衰了，利瑪竇當年在中國傳教的方式是否適當的問題，進一步的受到教會人中的檢討，甚至批評。第二、反耶穌會的多明我會與方濟各會士對無法進入中國順利傳教，認爲是耶穌會壟斷把持，於是互相起了內訌，這也使西洋天主教在中國的傳布事業起了很大的波瀾。

康熙四十三年（一七〇四），羅馬教皇制定禁約，規定對天地萬物之主需稱天主，禁用天與天主及敬天字樣，不許祭孔、祭祖。消息傳到中國，康熙大怒，立即傳諭西洋人：「今後如不遵利瑪竇的規矩，斷不准在中國住。」並派傳教士返歐，向教皇傳旨，說明中國供牌與敬天事的重要，要他們遵守利瑪竇的規矩。經過幾年數度交涉，雙方各有堅持，康熙最後覺得「教王條約與中國道理大相悖戾，爾天主教在中國行不得，務必禁止」。中國一向以敬天法祖爲訓，教皇卻反其道而行，這是與中國立國大本相背的。再說康熙皇帝的皇權不容侵犯，如果讓他聽命於教皇，當然也是他不能容忍的事。加上皇帝多年來對西洋人有所提防，認爲「海外西洋等國，千百年後，中國恐受其害」，怕他們顚覆中國政權，因此在康熙末年，禁教的事是勢在必行了。康熙五十六年（一七一六）廣東碣石鎭總兵陳昂上奏：

天主一教，各省開堂聚衆，在廣東城內者尤多。加以洋船所匯，同類招引，恐滋事端，乞循舊例，再行嚴禁，毋使滋蔓。

康熙同意了他的建議，下令禁教。不過在此後的幾年中，禁教政令實行得不徹底。康熙死後、雍正繼位，由於西洋傳教士牽涉到皇位繼爭的政治鬥爭中，嚴厲而多疑的新君便大力整肅洋人傳教士。根據有關的史料，在康熙末年，管理北京南堂天主教的耶穌會教士穆敬遠與康熙的皇九子允禟很接近，宗室中又有蘇努一家與耶穌會士交好，他們又是允禩與允禟一黨的人。雍正元年，皇帝在剷除異己勢力時，下令將允禟、蘇努之子發往西寧，分散允禩實力，當時也命穆敬遠隨行。穆敬遠到西疆後仍未停止活動，並以羅馬拼音寫滿文與人通信，結果被雍正發覺。皇帝既貶蘇努家族，殺允禩、允禟，當然會遷怒到天主教會了，這是加強禁教的一因。另外在雍正元年，閩浙總督覺羅滿保也上疏皇帝，請禁西教，他還具體的提出方法：

西洋人在各省起蓋天主堂，潛住行教，人心漸被煽惑，毫無裨益。請將各省西洋人除送京効力外，餘俱安插澳門。

經大臣會議後認爲可行，雍正也就允准了，皇帝還命令地方官要做好遷居西洋人到澳門的工作，「毋使其勞苦」。不久兩廣總督孔毓珣向皇帝奏稱：西洋人於吏治民生原無大害，只是別有信仰，所以他認爲不必將所有西洋人盡送澳門，可以讓他們在廣州天主堂暫住，候船回國，不許他們出外傳教，也不許中國人入教，各地的天主堂一律改爲公所。雍正對他的奏報，曾做如下的批語：

朕於西洋教法，原無深惡痛絕之處。但念與中國聖道無甚裨益，不過聊從衆議耳。若果無害，則異域遠人，自應從寬。

可見雍正當時對西洋傳教士還是主張從寬對待，不必重究的。他批准了孔毓珣的建議，將西洋人驅逐到澳門，或暫留於廣州，但無論如何，沒有在西洋人身上進行無理的迫害。

雍正三年，由於教王派了特使來華爲皇帝慶賀登基，雍正甚爲高興，曾對來使及西洋人說：只要他們「愼守法度，行止無愆」，他一定「推恩撫恤」西洋人的。爲了對特使的回應，雍正遂下令釋放了康熙時代被囚禁的德里格、畢天祥、計有綱幾位神父。後來又因與俄國訂立了《恰克圖條約》，准許東方正教的教士來華傳教居住，皇帝認爲應一視同仁，所以他在浙江巡撫李衛的奏報上批寫過這樣的話：

姑且以理化導，不宜遽繩以法，何也？現今都中許其行教，一旦嚴懲，人豈誠服？若論沿海省分，尤當禁革，徐徐逐漸爲之，甚是。……

雍正五年，葡萄牙使臣麥德樂造訪北京，雍正特予接見，並賜贈給他很多禮物，像人參、瓷器、漆器、紙墨、字畫、香囊等等，可謂賓主盡歡。麥德樂返國時，皇帝還特令專人陪同由陸路南下，途中備受各地封疆大吏的優渥招待，令麥德樂大爲感動，在澳門返國前，因正值雍正誕辰，他與西洋人還集體在天主堂內舉行祈禱祈壽的彌撒，這事也使雍正大生好感。

雍正是確知西洋科學知識有優長之處的，他也以很功利的口吻說過：「西洋精於曆法，國家用之，其善不可泯。」但是傳教士們參與政爭行列，成爲他的政敵，當然要嚴辦了。尤其西洋文化思想若動搖中國立國根本，則必定遭到徹底摧毀。

儘管雍正嚴行西洋教禁令，但未大力實行。他有節制的驅逐西洋傳教士，甚至還理性的說：

人品類不齊，習尚不一，不能強異，亦不能強同，且各有長短，惟存其長，棄其短，則彼此可以相安。

在雍正時期的京城仍有耶穌教士前來，天主教堂仍然存在，欽天監的西洋官員也供職如故；

但是地方官員有些則欲求表現，雷厲風行禁教的大有人在的，如浙江巡撫李衛就是其中的一位，他把西洋教士強押到澳門，把杭州的天主堂改爲天后宮，都是表現他的成績。

由於雍正對西洋科學的興趣不如康熙那樣的大，又一心一意的要維護國家的安全，對李衛這些地方官的禁教他也就不刻意的阻止了。經過各地官員的推動，天主教在中國受到很大的打擊，《燕京開教略》一書中記述：

> 各地大小聖堂，一時俱拆毀盡淨，其聖堂之房屋院落，或改爲食廒，或改爲書院，一所不留。京師順天府屬之文安縣、古北口、宣化府等處，均有聖堂，至是均改爲官所。京都之北堂，亦改爲病院矣。其堂之聖像、聖龕，盡遭焚燬，從來中國聖教之厄，未有烈於是時者也。

這是清朝末年人講的話，不過也是能反映雍正時一些情況的。

有人說明朝末年，耶穌會士被當時的政府視爲顧問。康熙時代則以學者、客卿相待，地位甚高。雍正不亢不卑，視人而定。乾隆時的西洋教士形同奴僕，僅在宮中服役而已。嘉慶時教士處境更差，有以與白蓮教並論的，幾乎不易存身。道光時代欽天監內已無洋官，西教可謂絕跡，直到鴉片戰爭後才在槍砲支援下再來到中國。綜合觀之，雍正不是禁教的始作俑者，也不是全然不敬重西洋科學知識的人，他的禁教有著部分政爭的原因，他的爲人又比較凶殘，所以大家把禁教與西學中斷等等的帳全都算到他的頭上，似乎也欠公平。

40

和尚轉世的皇帝

雍正登基後不久，正在忙於清除反對黨人與跋扈功臣勢力的時候，竟有一些和尚也令他困擾了，使他不得不又與和尚從事鬥爭來劃清界線，聽來眞教人不可思議。雍正二年八月，總督倉場的戶部右侍郎法敏給皇帝上了一個密奏，文中有：

初八日有僧人正修，自稱王府替僧求見，臣等令筆帖式問伊住址及來此何事。據云：四和尚在百齡寺住持，係阿哥替僧，從五台山歸來，有通州經紀張崑山，素來相識，特來求見，時張崑山放天字號等語。查天字號係總理一年運務之役，從前點放此役，俱係用錢賄買。……今僧人正修輒敢指名囑託，殊駭聽聞，理合密奏請旨批示遵行。

文中的「百齡寺」是雍正當皇子時藩邸附近的「栢林寺」（又作柏林寺）；「四和尚」與雍正稱皇「四」子有關；「阿哥」當然指雍正當皇子時的俗稱；「替僧」是爲雍正作「替身」的和尚。這位當過住持的正修，理直氣壯的找法敏來關說，要替張崑山謀求獲利豐厚的運糧差事，正修如果是一般的和尚，如何有如此大的膽量出面找倉場總督？如果他跟雍正沒有特殊關係，又怎麼敢公然的硬要法敏給張崑山來擔任「運務之役」？雍正看了，立即否認有王府替僧之事，並批示說：

一點影響都無之事，王府豈有此等替僧，拿問夾訊，重處審明，定擬具奏。可惡膽大之極，此密奏與朕此諭，皆不呈述。

除非正修是假冒的騙徒，否則他必然與雍正早年有著特殊的關係。他既當過住持，應該不是等閒之輩。不過，這次他做得太過分，可能才引起雍正的反感，否認王府有替僧的事。雍正三年五月二十五日，清宮官書中又記載了一件有趣的事，內容是：

諭禮部：前博爾多來京陛見，奏稱僧人弘素處，有朕昔年賞賜《金剛經》一部，上有朕所製御文，今欲刊刻流傳，朕細思向來未曾有此事。因命博爾多將此經取來閱看，昨日齎到，朕閱看時，序文及字俱非朕筆，且將朕諱皆書寫錯誤，甚不可解。聞弘素已經身故，其同寺僧人必有知其來由者，即行文問明具奏，著不必嚴拿拘禁。……近日直隸宣化府、江南蘇州府等處，竟有僧人假稱朕旨在彼招搖生事二案，已經發覺，懲治此等小人行為，皆於朕之聲名大有關係，爾部不可不嚴行禁飭。若再有此等，該地方官訪拿恭奏，不得疎縱。……

這件上諭裡雍正談到當時有和尚拿出了他以前賜給弘素法師的一部《金剛經》並有他親製的一篇序文。還有宣化、蘇州等地也發生和尚假稱聖旨到處「招搖生事」，這些僧人使他感到至為不快。由於跟他的「聲名大有關係」，他非得弄清眞相，據說他看了那部《金剛經》之後，發現「序文及字」都不是他的眞蹟，而且把他的人名都寫錯了，當然是和尚假造的了。宣化等地的招搖事件他也否認，可見他企圖與這些和尚撇清一切關係，免得有所糾葛。不過他所說的書中把他的名「諱皆書寫錯誤」一節，卻引起了現代學者的聯想，他的「胤禛」本名是不是眞的？或是後來為了「改十字為于字」時一併改用的，因為將「禛」改成「禛」是極其方便的，這又成了他從十四弟搶到繼承帝位權的另一個證據了，可謂案外之案！

怎麼會有那麼多和尚找雍正的麻煩呢？究竟他與和尚有些什麼淵源關係呢？現在先引用他自

己說過的話做一說明：

雍正二年（一七二四）七月初二日，他在年羹堯的一份密奏上曾批說：

京中有一姓劉的道人，久有名的……他說怡王生前是個道士，朕大笑說，這是你們生前的緣法，應如是也；但只是爲什麼商量與我和尚出力？王未能答。……

這是雍正自認是和尚的確切證詞。另外在他上引三年八月二十五日的上諭中又寫道：

朕在藩邸時，因府第與栢林寺相近，閒暇之時，間與僧人談論內典，並非以僧人爲可信用也。況今臨御天下，豈有密用僧人治天下之理？……

可見他在當皇子時就常與藩邸附近栢林寺的和尚有交往，而在他登上寶位之後，顯然有人說他「密用僧人治天下」了。他眞是與和尚的關係脫離不了的。

事實上他在康熙末年，皇子們爭繼廝殺的緊張時刻，他得到高僧的傳授，裝得像似「天下第一閑人」，寫些「千載勛名身外影，百歲榮辱鏡中花」等等的詩句，編製充滿宣傳恬淡出世思想的智慧語言成《悅心集》，以表示他是個願過淸心寡欲生活的山僧。他甚至爲說明自己的與世無爭，用唐寅的話「請君細點眼前人，一年一度埋荒草」，他以此欺騙當時政壇人士，掩飾他的謀奪儲位的野心。不過這也透現了他是熟諳佛家內典精義的。如果我們讀了他的《圓明語錄》、《圓明百問》以及更具深度內容的《揀魔辨異錄》等書，我們會發現他的佛學修養確是精深，絕非一般僧人的造詣可比。難怪他自號破塵居士、圓明居士，甚至有時說自己是「垂裳宇內一閑客，不衲人間個野僧」，他是不穿僧服的野僧帝王。

雍正五年，他與政敵、功臣的鬥爭落幕時，不少馬屁官員紛紛呈報天下太平的祥瑞事件，連蒙古王公在朝覲時也要求爲「黃河淸」的吉祥事誦經祈福，雍正當然同意，並得意自稱說：「朕亦即是釋主。」他已經不是一般的和尚了，他變成全佛教的領袖教主了。六年後他在宮中還舉行法會，召集全國有學行的高僧多人參加，雍正親自向大家說法，並當場收了門徒十四人，其中俗家八人，和尚五人，道士一人。他們分別是：

愛月居士莊親王允祿
自得居士果親王允禮
長春居士寶親王弘曆（按即四阿哥乾隆）
旭日居士和親王弘晝
如心居士平郡王福彭
坦然居士大學士鄂爾泰

澄懷居士大學士張廷玉

得意居士左都御史張照

文覺禪師元信雪鴻

悟修禪師明楚楚雲

妙正眞人婁近垣

僧超善若水

僧超鼎玉鉉

僧超盛如川

雍正十一年以後，他的門徒被派出到江南，名義上是到各大名寺去朝山，但實際上是調查寺院運作情形與僧侶的思想以及行爲等等。一般外界人不知內情，僅從表面上看到各地官員對雍正門徒的獻殷勤、忙接待。如文覺禪師在南行途中「儀衛尊嚴等王公」，所過之處，地方官員都對他頂禮膜拜，地位高到大學士的雍正老師嵇曾筠也以弟子禮與他相見。我們現在可以從清宮密檔中看到超盛禪師前往江南的部分記事，他說他的俗家在江蘇常州，父母仍健在，他回家住了幾天，但是大部分時間都是視察寺廟，包括淮安湛眞寺、楊州高旻寺、京口竹林寺，蘇州怡賢寺等等名剎，他寫了每個寺廟的進院法語如山門、佛殿、據室、上堂、彌勒、韋馱等，都抄錄呈報給雍

文覺禪師臣僧元信恭

請

皇上萬安

朕躬甚安好老禪師好麼

文覺禪師請聖安

正，皇帝也在一些文句中用硃筆做了修改，並稱讚他說：

覽禪師此篇法語，朕實欣慶，可謂日日新又日新，愈出愈妙，遊嬉華藏矣！

超盛也不隱瞞的向皇帝報告沿途受到優渥待遇，他從淮陰到揚州途中，蘇州織造海保就來迎接他了。到了揚州高旻寺之後，「一切俱係鹽臣高斌委員辦理，是日赴齋僧人共有一千五百餘眾」，高斌並送給他二百兩白銀與「紗葛紬等禮物十餘種」。鹽道尹會一與江常鎭道王之錡又各銀一百兩給他。後來揚州商人則出手很大方，送給他白銀一千兩。他到京口（今鎭江）又有將軍、織造、海關等官員來接待，供齋飯、送銀兩。抵達蘇州時，江蘇巡撫高其倬、布政使郭朝鼎等地方高官出面歡迎，而怡賢寺的齋會竟有兩千僧眾與會，他又從織造海保處得到六百兩銀子與衣鞋紬緞器物等禮物。他個人總的印象是「江南僧俗信心佛法者十有七八」，令他驚異。他認爲「姑蘇第一福地」怡賢寺的「常住監院僧實恆極其妥當」，「一切事務井井有條，殿宇房舍，俱極相稱」。不過揚州的高旻寺則「常住屢經更換，諸事廢弛」，經他「竭力料理，徧訪執事之人，有僧成定，係福緣庵元度之法子，看其爲人不失老誠，可充監院之任」。雍正對他的這篇報告批了：

欣悅覽焉。四阿哥二月初七得踏三關，其見地之奇，筆難書諭。……更奇者，此數月總不費心力，一些不動幾至一片矣！實在不可思議，超過朕之工夫矣。可幸可愧，書寄亦令汝發歡赧焉。前月慧海不料連踏三關，亦大事，然尚不能運轉，甚夯然，甚屬穩當。近日張照亦踏三關矣，一併諭知。再朕意秋間命超善來南，或住高旻，或住磬山，或住竹林，尚未定。……燈下隨筆，禪師莫哂。

從他們在密奏上交談的文字看來，皇帝與和尚的關係是很深的，而且談的都是有關佛教的事。據上可知：皇帝從出生，到成長，到做皇帝，都離不開佛教，甚至還用了和尚過問政治。

誠如當時人說的，「凡名山古寺，皆內遣僧主之」，皇帝知道佛教的善應感報學說對統治人民有裨益，控制大寺院是有必要的。雍正因此贊助大修名寺，如江蘇宜興的崇恩寺、浙江紹興的報恩寺、舟山的普陀山普濟寺、法雨寺、北京護國寺、香山臥佛寺以及衡山、華山上的古剎，或令地方興修，或發帑金董理，而名寺的主持當然由他合意的僧人去擔任，像香山臥佛寺與北京護國寺分別由他的門徒超盛與超善充任，都是防止大寺廟裡被「邪說」僧人佔據的。

說起反對與打擊佛教中的「邪說」，雍正特別尊崇玉林琇一派禪師的正論，他把明末盛行的漢月藏（法藏）的說佛理論視為邪魔外道，並在他的著述中挑出八十多條，一一加以指責，寫成

《揀魔辨異錄》一書，又以專制淫威，下令銷毀漢月藏師徒所傳的文字，不准任何人收藏，甚至令地方查明法藏派下的徒眾，全部從禪宗臨濟宗將之淸除；手段也相當狠毒，不像一個佛弟子以慈悲為懷的人。

雍正做中國的大皇帝，當然不能無限制的崇佛。他在朝廷裡也遇到排佛反佛大臣的抗議，他總是低姿態的應付，從不會懲處那些正統儒家的臣工。因為他了解儒家思想是主流，有著一定不可動搖的地位，他因而一面極度的尊孔崇儒，一面又拉抬佛教，使其成為儒教的助手，幫助他治理國家，鞏固統治地位。

總之，雍正從小就受佛教影響，甚至相信他是和尚轉世來的。青壯年時與不少佛教高僧過從甚密，學習到了高深的佛學理論。他曾利用佛教在康熙末年爭繼鬥爭中，掩飾了自己的活動與野心，成就了他的登基事業。當了皇帝以後，他還以僧人幫他參議國家事務，打擊異己，做為他的御用工具。他眞是一生與和尚為伍；但只是一個專講功利的政治和尚而已。

41 雍正皇帝的一天

現在的人想到中國以前的皇帝，也許心生羨慕，羨慕他們如此的位高權重，富有四海，生活可以極盡奢華之能事，誰不想當當皇帝呢？可是要做爲一位好的、稱職的皇帝，實在不容易，他們的付出也是相當可觀的。

就以清代皇帝一天工作的情形來看，我們就可以略窺其梗概了。我在《康熙寫眞》小書裡談到康熙皇帝一天作業的時間表，他通常從一大早就視朝聽政或讀書，有時早到清晨五、六點鐘就開始工作，下午還有其他的活動，直到晚上休息爲止，可謂整日辛勞，除了極少的特殊情況外，皇帝是沒有假期的，而一年中固定的假日又少，所以清朝的君臣都很辛勞，大家宵旰精勤的爲國家服務。

雍正即位以後，他的表現如何呢？如果我們只從表面的文字紀錄上看，他似乎不如他父親康熙那樣的負責認眞，每天的工作量似乎也不如他父親那樣的大，現在先舉一個例子做爲說明，來看看他在即位初期的聽政辦公情形。我們從現存的《起居注冊》中，可以了解他常有不視朝御門聽政的紀錄，例如：

雍正元年十月十三日至十八日沒有上班。

雍正二年四月十九日至二十五日沒有視朝。

雍正二年七月七日至十五日不曾辦公。

雍正二年九月十二日至十八日也無上朝紀錄。

以上這些官方記載都足以說明皇帝常有六、七天不工作的證明，更令人驚訝的是，雍正在三年新春期間，竟有從元旦至正月二十一日這段期間，除元旦去堂子行禮及小規模的接受大臣與外藩行元旦慶賀禮外，其餘日子都沒有理政的活動，年假也不能放那麼久，這是康熙朝不見的事。

不過，雍正不是一個荒君，他確是一個關心國事的勤政君主。他要集大權於一身，事無巨細都要躬親，他想偷懶也不能了。例如他強化了密奏制度的功能，他當然就得每天仔細閱讀從全國來的奏摺，少則三十件，多則七、八十件，每一件他都仔細閱讀，仔細研究，並且還給予批示，這一項的工作量已經很可觀了，所以他經常要工作到子夜，看報告令他頭暈眼花，脾氣激動，甚至影響到他的健康。另外他又成立了軍機處，這是一個以皇帝爲首的決策國家重大事務的班子，即使在雍正朝偏重軍務，但畢竟要皇帝主持，每天與重臣商討，甚至有一天幾次召見大臣的需要，不聽政、不視朝是不行的。加上雍正性急，一切工作講求效率與效果，因此他反對大臣積壓公事，自己帶頭的做到「今日事今日畢」。像雍正三年四月至六月間，皇帝與河南巡撫田文鏡的一些密奏往來文件，可以看出君臣雙方都是立即報告、立即批示的，因此皇帝才能隨時掌握年羹堯的情形。又如雍正十年七月間，禮部侍郎張照爲他祖父呈請設立義莊並請求旌獎的報告，也是不出三天就批准了，其中還經過了中央某些衙門的程序，效率不能不算高了。有些大臣對皇帝交辦的事未能速辦或如期辦理，雍正發現後都會予以痛斥。五年六月他就向大臣們發過脾氣，問大臣爲什麼不能辦妥交代的事，如有困難又爲什麼不向他說明原因？他甚至氣急敗壞的說出乾脆他一人來辦理的話來，大臣們從此知所警惕，也都辛勤努力工作了。這正像他常對新任地方大吏們說的：

> 朕之不少圖暇逸者如此，爾等督撫身任封疆之責，朕又豈肯任其貪圖逸樂？務宜勉勵爲之，無爲溺職之巡撫！

雍正處理公務，勤勞認眞，自早至晚，從不停息，而且堅持不懈。大體說來，他白天與大臣們會商討論，議決與實施政事，晚上則批閱奏章，給地方大員各種指示，這可能是他有時上班較晚的原因，他不上朝的日子也未必就表示他不在處理公務，因爲像他批覽密奏或召見某些大臣都不是起居注官們所能參與或記錄的。雍正曾經說過：「初御極時，……辦事自朝至夜，刻無停息，惟以天下大計爲重，此身亦不愛惜！」這番話應該是可信的。

雍正整天忙於辦公，當然就不能像他父親康熙或是兒子乾隆那麼常到江南塞北遊山玩水了。甚至連他父親最重視的木蘭行圍他也不積極舉行，他根本極少離開北京，三年父喪期滿後才因怕熱常到京城近郊圓明園去居住。他花了不少心血與經費建設圓明園，使其成爲清朝另一處統治中心，這是他一生中的大享受，因爲他在圓明園時雖是政務一樣繁忙，但是在難成寐的夜晚他聽到寢宮對岸觀音庵裡傳來的鐘聲梵音，會使他心情平靜下來，安穩的入睡。園中又有「春宜花、夏宜風、秋宜月、冬宜雪」的「四宜書屋」建築群，他可以在那裡讀書寫書，賞花休憩。不像在京城勤政殿裡看到天邊一鉤新月，還令他寫下「恰好碧天新吐月，半輪爲啓戒盈心」，讓他緊張勉勵自己，警戒驕盈，同樣的，春夏天雖然花卉盛開，他卻是「聽政每忘花月好，對時惟望雨暘勻」，他一心勤民，當然無心欣賞花木的繁榮開放了。

雍正皇帝白天除了聽政之外，還有一些公務他也是認眞做的，比如引見大臣。他在引見官員時常注意他們的談吐相貌，以爲重用與否的依據，他留下手批文字紀錄很多，我們現在還可以在引見單的資料上看到如金珙在引見時，他寫的是「好漢軍，將來可以任用」。對朱鴻緒的評語則寫作：「出格的全材第一人，上上。」對劉燦是「似老好正氣人。中上」。這些都是好的評級。也有一些官員被他看做不好的，如他說張銷「相貌卑寒些」等等。不過，無論如何，這些都是說明皇帝理政勤勞認眞的。他對殿試的評分取士，也是很關心的，例如雍正元年一科，他就把原先大臣所做的決定作了調整，淸官書裡做了如下的記載：

（十月三十日申時）上御懋勤殿，殿試讀卷官大學士馬齊等奏請欽定策試天下貢士試卷。上曰：爾等昨所呈十卷，朕已詳覽。第一卷楊炳對策，不及伊會試制藝第三卷。于振策字俱佳，爾等以爲如何？舅舅隆科多奏曰：皇上聖鑒甚明，第三卷文極條暢，字亦精工，原爲讀卷諸臣所共稱賞者。上曰：朕意欲將此卷移至第一，戴瀚仍置第二，楊炳可置第三。……上曰：第四卷張廷珩字甚端楷，因非正榜進士，置伊第四，未免稍屈，第九卷李桐亦應移置第七，隨命户部尚書張廷玉塡寫名次。

第二年十月貢士閱卷時也做了改更，他命令將「第三卷移置第二」，「第五卷可移置第九，第七卷可移置第十」等等，可見他是認眞辦事，以內容文字做多面性考慮錄取人才的。

遇到武舉大考時，他也「親試中式武舉步射」，有時候還命令諸王、侍衛等「步射、開弓、舞刀、掇石」以做示範，給新中舉的武生們觀看，也做爲提倡尚武的精神。

雍正即位時已經四十五歲，受教育讀書之事早在他當皇子時早就已經經歷過了；不過他有時仍照皇帝行經筵講學禮的慣例，在宮中與儒學大臣討論學問。雍正四年八月初十日上午他就與講官們常壽、蔡珽、傅敏、勵廷儀等人研究《中庸》裡「君子之中庸也」、「君子而時中」章句，皇帝認爲：「時中中字，凡屬講章，俱講成中（音仲）字，尚未盡時中精義。君子之中也，以敬而統庸於中，君子之庸也，以誠而推中於庸；不然即不能時中矣！」他的這一番解釋倒也「發從前所未發」，對古經書有些補充發明的作用。

除了辦政務、閱奏摺、選考生、行經筵之外，雍正有時還到各處祭祀行禮、會見外藩屬邦使臣、參加賞賜有關人員的茶會等等，整天眞是忙碌萬分，談不上什麼個人的享受。事實上他自己的生活很簡樸，傳說他吃飯時連一粒米也不浪費，他的生活用品絕無奢華。全國各地進獻到宮中的特產禮物，他怕過時壞了，多與大臣分享。他給中外臣工所送的禮物眞是多得無可計算，有些他寵幸的大臣，像田文鏡等，年老要休退時，竟然要買一間專屋，恭存皇帝歷年來賜給他的各項物件。大臣送給他的日用物品，像筆墨紙張等，當然都是出名好的，他總是對大家說：「筆用得好。」「再不必進。」對於四百張紙，他也表示：「也用（不）了如許之多，再少進些。」現在北京一史館中還存藏著不少他留下來的朱諭，所用的紙料都是裁成小條的，絕不浪費。他也曾對一些大臣提出節約的忠告，如對福建巡撫黃國材就批示說：「請安摺用綾絹爲面，表汝等鄭重之意猶可。至奏事摺面概用綾絹，物力維艱，殊爲可惜，以後改用素紙可也，此事亦傳知滿保遵奉。」滿保是當時的閩浙總督，雍正的簡樸由此可知。

現在從清宮的舊檔中可以看到：雍正大概不會酗酒；但是他可能染上了煙草的嗜好，因爲他下令內務府特製鼻煙壺，講究式樣與花紋。另外他也喜愛西洋的玻璃眼鏡與望遠鏡，他還下令賜一些眼鏡給年老眼花的大臣以及一些「潑灰」的工人，讓他們保護眼睛，這也算是一大德政。西洋的計時鐘、日晷、溫度計、玻璃鏡等物，也是他愛好的，這顯然是實用的需要。不過也有一些物品，如手巾、皂鞋、香袋、盆景，以至於蟒袍之類，他極爲要求格調與美感，當然費錢是在所難免的。養狗、溜狗可能也是雍正的另一喜好，因爲他指示製作過不少的狗衣、狗籠、狗窩等物品，相信這是他枯寂單調生活上的一種調劑吧。雍正是一個「崇儉而不奢」的君主，也是一個勞碌命的君主。

42

雍正的學問與著作

雍正的個性與行事也許有可議之處，但是他的學問確是夠水準的，在中國歷代君主中是少見的，儘管不能與著名的思想家與文學家相比。《清實錄》中稱讚雍正的學問時說：

幼耽書詩，博覽弗倦，精究理學之原，旁徹性宗之旨。天章濬發，立就萬言。書法遒雄，妙兼衆體。……

這當然是日後御用官員在編書時對皇帝的諛詞；不過，雍正的學問確是兼通經史與宗教各門，他的文思似泉湧而能倚馬萬言，他的書法也是挺秀成體的，所以官書裡的稱讚話仍有依據，並非全屬子虛。

他在當皇子時受過很好的、也很嚴格的儒家傳統教育，他在父親與名師的指導與鼓勵下學到很多東西，儒家的《四書》、《五經》全能記憶理解。正史、《資治通鑑》類的史籍也了然於胸。冊封後自立門戶，又與僧衲們多有往來，從事佛學研究。他在藩邸時得高僧指點，蹈越「三關」，被高僧譽為「得大自在矣」。他與精通佛理的禪師論道，竟讓大和尚辭窮得「無計奈何」，不得不承認「王爺解路過於大慧果」。他的佛法高明處由此可知。康熙在位六十一年，雍正是年長的皇子之一，潛居在藩邸生活的時間也比較長，他又好學愛辯，所以讀書研究的時間多，從而充實了他學術修養的內涵。我們從他當年寫成的〈春園讀書〉、〈夏日讀書〉等詩篇中，可以看出他在明媚春光中，或是炎炎夏陽日，靜坐書房讀書的情景，他總是樂此不疲，而感到「諷咏藝編興不窮」的。

除了儒、釋兩家的學說之外，雍正在當王爺時代又與道士們結交，了解到了老莊之學。早年的詩作中有〈贈羽士〉、〈群仙册〉等二十多篇，足證他對道家的興趣與信仰。

雍正第一次展示的學業成果是在康熙末年與諸兄弟從事爭繼鬥爭之時，他表面上裝著對皇位無興趣，強調自己是不追求功名富貴的。他以自己兼通儒釋道三家學問優長，從中國歷代三教名人著作中，選出了一些清心寡欲、與世無爭的作品，編成《悅心集》，以這些賞心悅目的詩文，表示他願做山僧野老，嚮往恬淡生活，掩飾他真正對政治的野心與行為。他真的收到效果，連他父親都被他騙過了，稱他是純孝的「偉人」，這是他「學以致用」的成果。

當了皇帝以後，他又在經筵講學中得到進一步的儒家知識。從密參帷幄的幾位高僧處吸取到深一層的佛理。對於道家，他則不時的與北京白雲觀的道士往還，名道士羅清山成了他的好友。另外江西來的道士婁近垣成了雍正的入室嘉賓，讓他住在光明殿，收他爲皇帝的釋家十四大門徒之一。還有道士賈士芳、張太虛、王定乾等人，也都被養在宮中，爲皇帝治病與修煉丹藥。可見皇帝的儒釋道三家學問仍在不斷的學習研究，必然是日益精進的。

雍正學到的知識，顯然不是人云亦云，或是不知創新發明的學問。以儒學來說，他就不是強調章句的腐儒，他對儒家的中心思想有不少新解釋。例如「禮義廉恥」這國之四維，他的看法是：所謂禮，若是只講究進退周旋，俯仰揖讓，這些都是小禮，而「化民成俗，立教明倫，使天下之人爲臣者知忠，爲子者知孝」，這才是禮的本意。所謂義，若是只講信用，不欺人，謹言行，這也是小義；義的主旨是教人開誠布公，蕩平正直，無黨無私，和衷共濟，如此才是眞義。所謂廉，若是只要求爲官的不魚肉百姓，這還不夠；官員們應該做到善於理財，教民務本崇儉，使社會上家給人足，路不拾遺，盜賊不生，爭訟不作，貪官污吏無以自容。所謂恥，對不同的人有不同的解釋，做皇帝的，當以一夫不獲其所爲恥；當官員的，應以他們的君主不能成爲堯舜這樣的賢君爲恥，若以不失言於人、不失色於人爲恥，還僅是恥的末意。他對「智仁勇」三達德也做過精闢的闡發，他說：

聖人統言智、仁、勇，乃一貫之義。如遇有益於民應行之善政，見得透徹，即毅然行之，則是勇以行其智，勇以全其仁，智仁勇未嘗非一事，若將三字誤會，恐涉于匹夫之勇，婦人之仁，奸徒之智，反將聖人之言誤解矣。

從以上引文，可以了解雍正確是一個有學問的人，他能把禮義廉恥從君主的需要做成宏觀的解釋，更適合統治者來控制臣民。他也認識教與刑的相輔相成關係，把智仁勇聯成一起，告訴大家「治天下，不肯以婦人之仁弛三尺之法」。類似的精采新解仍有很多，不能贅舉。事實上，他在每天給大臣的硃批中也常常寫下不少「教人爲善，戒人爲非」的雋語，都是他熟諳三教高深理論後的智慧結晶語言，正如他說的，他的硃批中都是大道理，都是一些「示以安民察吏之方，訓以正德厚生之要，曉以福善禍淫之理，勉以存誠去僞之功」的文字，足以表示出他學問的高深淵博。

講到雍正的硃批，這項工作與文字本身也足以說明這位皇帝的學識工夫是深厚的。由於雍正加強密奏制度，管理臣工，而他又認眞勤政，所以他每天都仔細的處理各地來的大臣密奏。他自己這樣說：

雍正六年以前，晝則延接廷臣，引見官弁。傍晚觀覽本章，燈下批閱奏摺，每至二鼓三鼓，不覺稍倦，實六載如一日。……每摺或手數十言，或數百言，且有多至千言者。……

他又強調他批覽工作的情形說：

此等奏摺皆本人封達朕前，朕親自覽閱，親筆批發，一字一句，皆出朕之心思，無一件假手於人，亦無一人贊襄於側，非如外廷宣布之諭旨，尚有閣臣等之撰擬也。

據此可知：雍正每晚看幾十件奏摺，每一件都批上一些指示的話，從幾十字到幾百字，甚至多到千言，而且又都是他「親筆批發」，從不「假手於人」，「一字一句，皆出朕之心思」，也就是說，所有硃批都是他隨看隨批的即興之作。他當時的硃批文獻現在全公開了，我們可以看到他的字跡是秀美的，文字內容除部分喜怒不定情緒話外，多是成句成篇的好文章，到處顯現他的學問與智慧。有人稱讚他的硃批作品是「書契以來所未嘗聞見者」，是合理的評語。

雍正的學問是多方面的，這篇短文不能更深入的介紹了。他對中國九流十家之學都多少有些涉及，不過對於西洋科學，顯然他的興趣不大，最多只對一些實用品喜愛並加以利用而已。理化醫學都不像他父親那樣的熱愛追求，即使是天文律曆，他也「用以敬天授民，格神知人，行於邦國，而周於鄉閭」，爲他的統治服務的。他如此不重視西洋科學，可能與他崇佛信道，迷信祥瑞等有關。

雍正是位愛說話、愛辯論的君主。即位後又勤勞認眞的工作，頒降過很多諭旨，手批無數的訓示。年輕時也有一些詩文作品，所以他留下的著作相當可觀，現在分別簡介如下：

一、《硃批諭旨》：據目前的發現，雍正在執政的十三年間，手批過的大臣奏摺計有滿漢文的約三萬多件。這批文獻都公開了，中國大陸與台灣都影印刊行問世，名爲《雍正朝宮中檔奏摺》與《雍正朝滿文奏摺全譯》。這些硃批資料的史料價值很高，是研究雍正朝的第一手史料，對皇帝本人、皇帝與大臣的關係、若干大臣的生平事功以及當時地方實狀等等都提供了豐多美備的記述，是一般官私書檔中不見的。

二、《世宗憲皇帝御製文集》：這是雍正一生所有詩文的總集子，是他兒子乾隆編印成書的，共三十卷，其中文二十卷、詩十卷。文的部分多半在《清世宗實錄》與《上諭內閣》等書中記錄過，是重複刊刻了的。詩的部分，很有閱讀價值，早期做皇子時的收入《雍邸集》，後來當了皇帝，詩作多寫成於圓明園的四宜書屋，所以稱爲《四宜堂集》，這兩集的詩都可以視爲史料，因爲詩中頗能反映他一生的生活、宮廷、朝政等等的問題，值得參考。

三、《上諭內閣》：雍正即位後，對內外大臣頒降過很多諭旨，通常由他口諭，再由御前大臣、侍衛、奏事官、奏事太監轉傳，皇帝爲了不致誤傳，並便於查考、核對，下令凡轉旨的人都須做紀錄，立爲檔案，然後每月呈報給皇帝，因此雍正的上諭就被保存了起來。早期諭旨由內閣頒發，所以名爲《上諭內閣》。這一套雍正的上諭集子第一次成書頒行全國是在雍正九年，由莊親王允祿主編，收錄到雍正七年，是編年體的集子。雍正死後，乾隆又下令將雍正八年至十三年的再收集成編，總共達一百五十九卷，是雍正朝施政的重要史料。

四、《上諭八旗》：雍正在位時也有很多上諭是專門給八旗屬下的，內容偏重旗務或相關事項。雍正七年皇帝令允祿編《上諭內閣》時，也同時編印《上諭八旗》，雍正九年成書問世。

五、《揀魔辯異錄》：雍正十一年編輯完成，是雍正批駁禪宗漢月藏一派「邪說」的；指出漢月藏、譚吉忍師徒的言論違背了佛教宗旨，像似危險的魔道，應予批判。

六、《御製語錄》：是雍正的另一部佛學作品，錄的是禪宗、淨土以及紫陽眞人的雋語，當然也有他個人的語錄。這本書共十九卷，其中第十二卷是他的作品，即〈和碩雍親王圓明居士語錄〉、〈圓明百問〉。他又爲此書作了〈總序〉、〈後序〉，說明他學佛經過與出書目的，書中每一卷的開始處又有他所作的小序。

七、《悅心集》：這本書早在康熙末年就編成了專書，到雍正四年再刊刻出版。書文共四卷，收錄了歷代政治家、思想家、僧道及一般文士的部分作品，有的是一篇文章，有的是一首詩，或是一句話，不過都是勸人樂天知命，與世無爭的文字，像陶潛的〈桃花源記〉、劉禹錫的〈陋室銘〉、邵雍的〈爲善吟〉、朱熹的〈敬恕齋銘〉、唐寅的〈一世歌〉、陳繼儒的〈警世通言〉等等。實際上，書中多是古人文字，他負責找人編成而已。如前所述，他編此書的目的在掩飾他爭繼野心與活動的。

八、《大義覺迷錄》：四卷，書首爲雍正的一篇萬言長諭，其後是訊問曾靜等人口供，最後附錄曾靜的〈歸仁錄〉一文。這部書是曾靜與呂留良文字獄的歷史紀錄，具有極高的史料價值。雍正在曾靜案結束後刻刊成書的，並命令分發給全國學子閱讀，做爲他繼承與施政的宣傳品用。乾隆上台後，立刻下令銷毀此書，列爲禁品。不過，此書現在還有影印本流通。

另外，有關雍正的著作還有《世宗憲皇帝聖訓》、《聖諭廣訓》、《執中成憲》等書，都是轉手的資料，勉勵人謹身節用、修省思過，或是談論國家事務與民間生產等事的，多由儒家三綱五常，或釋道因果報應等著眼，勸人爲善，宣揚倫理，約束臣民的。總而言之，雍正是一位飽學的君主，他的著作也是很多的。

43 雜談雍正的墨寶

康熙皇帝很注重他兒子的教育，除延請名師教導諸皇子外，他自己還親自教過皇太子讀書，並不時的巡視皇子們的書房教室，抽查他們讀書練武寫字的情形。由於康熙本人對書法有特殊的「性之所好」，一生「游情於翰墨之中」，他已是列名書法大家之林的人了，因而他對於皇子們的書法也很重視。據當時人王士禎說：「東宮暨諸皇子皆工書如此，蓋唐宋明以來僅見之盛事也。」雍正是康熙的重要皇子之一，而且他又是「幼承庭訓，時習簡編」，努力讀書，力求表現的人，他的書法顯然不會差的。事實上，康熙皇帝一直就喜歡雍正寫的字，「每命書扇，歲書進百餘柄。有旨不令書名，並用閒字圖章」。這可能與雍正會寫康熙的字體，學得很像有關，據說這事還得到康熙「嘉獎」過。雍正的墨寶現在留存下來的很多，就以他手書在當時大臣的奏摺上的御批文字來說，至少高達兩三萬件。

雍正對自己的書法顯然也很有信心，康熙死後，在雍正元年八月〈景陵聖德神功碑〉碑文撰寫完成時，他先下令要兄弟中書法著名的允祉與允祐以及翰林院的一些官員寫這塊碑文，不過他自己說是爲了對他父親表示恭敬之意，他也書寫同樣的碑文一遍，以便讓大臣們共同來選用，並希望大家不要誤會他「自耀己長」，與其他人比賽。

正像他的父親一樣，雍正也時常有需要而必得親自揮毫頒賜御書墨寶的，例如他強調儒家、尊崇孔孟，當孔孟等後人向他懇請家廟匾額時，他就必得書寫賜給了。雍正三年八月，他應衍聖公孔傳鐸與曾、孟等六賢後裔之請，一口氣寫了七幅匾額大字，計有：

孔子廟的是「生民未有」

顏子廟的是「德冠四科」

曾子廟的是「道傳一貫」

子思子廟的是「性天述祖」

孟子廟的是「守先待後」

閔子廟的是「躬行至孝」

仲子廟的是「聖道干城」

同時皇帝又爲孔家後裔寫了「欽承聖緒」、顏家後裔寫了「四箴常凜」、曾家後裔寫了「省身念祖」以及「六藝世家」、「七篇貽矩」、「門中孝行」、「勇行貽範」分別頒賜給子思子、孟子、閔子與仲子的後代。類似匾額實在太多，不能一一贅述，但最著名的，至今尚存的應該是懸掛在軍機處中的「一堂和氣」，不但遒美精妙，匾文的用意也是極佳的。

雍正親書自己的詩文賜給臣工也是常見的。例如在雍正二年三月初四日這天，他因爲「詣學禮成」舉行了慶賀禮，王公大臣、衍聖公以及五聖博士等多人向他進表謝恩，後來他回宮寫成了〈得雨詩〉七律一首。同一天當他召見孔子後裔孔繼溥與其他五家聖人後裔時，向他們宣讀了〈喜雨詩〉的內容：

三春淑氣動萌荄，膏雨知時四野皆；
東作共看霑溉足，西成咸慶歲時諧。
柔桑陌上青含秀，穲麥田間綠正佳；
竚覽霏霏飄灑意，眷予兆庶少紓懷。

孔繼溥等人於是「跪求恩賜御書，以爲世寶」，雍正乃「親灑宸翰，特書一幅，頒賜衍聖公及五氏後裔」。

雍正皇帝在年終時又有頒賜大臣春聯與福字的習慣，他曾經給寵臣張廷玉寫過「天恩春浩蕩，文治日光華」的春聯，也為鄂爾泰等人親書過「歲歲平安節，年年如意春」的紅帖，以作為新春的祝福。張廷玉給皇帝頒賜的春聯墨寶，「歲歲貼之」。鄂爾泰則將春聯「摹刻懸雲貴督署之二堂」，以示敬重。

賞賜大臣親書「福」字更是清朝君臣之間聯誼的一項傳統，當然這也是滿族的漢化明證。從康熙到光緒，清帝賜福字是一直實行的；不過雍正皇帝是一位嚴厲的君主，他雖然利用賜字做為手段，表示對大臣的祝福與鼓勵；但是他也經常趁著賜福字的機會來教育大臣，甚至警告大臣，讓若干大臣知道他賞賜的眞意。例如雍正七年年尾他賜給代理江西巡撫謝旻一幅福字，謝旻受寵若驚，立即上疏謝恩，皇帝在他的奏摺上批寫了如下的一些文字：

> 福之與孽，在人自作，朕何能賜汝之福？朕年年書福賜內外臣工之意，原欲汝等觸目驚心，人人造福、惜福、知福、享福之意耳！莫錯會朕意，便朕之福，猶賴汝等內外大臣代朕造福也，勉之！

雍正的這番話對過新年的謝旻來說，實在有點殺風景，興奮喜悅必然減少許多。雍正的這一御批雖然是一位善弄權術帝王的操縱臣工的一種表現，但也頗有哲理，值得我們省思。

44

雍正的個性

康熙四十七年（一七〇八），皇家發生廢儲的不幸事件，皇帝後來評論他的兒子們性情時，提到雍正在「幼年時，微覺喜怒不定」。知子莫若父，康熙當時對雍正的這番評語應該是可信的。可是雍正認為這樣的評語不好聽，尤其怕影響到他日後的聲譽，所以他向父親說明他已長大，性情經多年磨練已經穩定了，懇求他父親恩准不要把「喜怒不定」這四字載入官方檔案。康熙後來想想皇四子的性情確已有了改進，尤其對父親之心，「慇勤懇切，可謂誠孝」，因而就同意了他的請求，不予記檔。

雍正登基之後，覺得自己的涵養確實有了進步，「喜怒不定」的性格已經被陶鎔變了質，所以他在雍正四年（一七二六）纂修他父親的《實錄》時，就命令纂修官員將此一事實忠實的記錄下來，「喜怒不定」四字可以載錄在他父親的《實錄》中，因爲自從他即位之後，「凡一喜一怒，皆愼之又愼，未敢輕忽」。他說：「如或尙有不定處，足見皇考知人之明，評論不爽。如朕已無喜怒不定之處，是朕仰遵庭訓，時時體察，得以陶鎔氣質，皇考訓誨之恩，尤不敢忘也。」所以他認爲可以記錄的。至於他如何「時時體察，得以陶鎔氣質」的方法，他也有所說明，原來他把康熙經常對他說的「戒急用忍」訓示，「敬書於居室之所，觀瞻自警」。他是用這種耳提面命，寫書「戒急用忍」四字做座右銘的方式而使自己逐漸改變性情的。

雍正「喜怒不定」的性情是否眞的改進了呢？我看大有問題。從他當了皇帝之後，在很多事情方面的表現，似乎仍是「江山易改，本性難移」的。他與年羹堯的關係就能看出一點梗概。在雍正元年，他們君臣的交往簡直如膠似漆，親密異常。雍正看年羹堯的奏摺「比是什麼都喜歡」，並要與他做爲「千古君臣知遇榜樣，令天下後世欽羨流涎」。可是恩遇不久長，兩年多後，翻臉就像翻書似的，年羹堯被皇帝以九十二項大罪名處死了。皇帝的喜怒無常，眞教人莫測難料。

再看他對迦陵性音的態度，也可以了解他「喜怒不定」的性情。性音是他的舊識，說不定還幫過他不少忙。雍正做了皇帝，性音見好收場，到廬山隱居寺修行，「謹守清規，謝絕塵境」，與政界官場從無聯絡，數年後圓寂西歸。雍正得到消息之後，認爲他對佛法的造詣高深，他的著作是「近代僧人之罕能者」，爲了表彰他，下令追贈國師，贈給諡號，並把他的語錄收入經藏，眞讓性音身後備極哀榮。可是不到數年，皇帝突然由喜而怒，批評性音品行不端，「好干世法」，並且說他即位不久就命令他離開京城，免生事端，免得敗壞佛門淨地。同時他又下令將性音的語錄撤出經藏，性音的諡號尊稱全部削除，連性音的門徒也受到牽連，一切的獎賞與美譽都由處罰與詆毀代替了。

田文鏡一直是雍正的寵臣，在田文鏡小心侍候皇帝的過程中，有時也摸不清主子多變易變的個性。有一次皇帝在硃批中要田文鏡「悛改任性尙氣之舉」，並與田文鏡談了一些君臣私意相得的知心話，田文鏡接到硃批諭旨，感激之餘，立即上書謝恩，並表示一定遵旨改過。沒有想到皇帝竟給他批了：「你也不體諒，朕那裡有工夫看你幕賓寫來閒話。」令田文鏡碰了一鼻子的灰，感到又緊張又羞愧。又有一次，田文鏡敬呈了一些河南土產紵綾等物進宮，皇帝甚爲欣賞。田文鏡自認投合了皇帝的口味，所以再度恭呈同樣的禮品，沒有想到雍正對他說：「前朕獎卿能知朕心，今竟以紵綾之類進獻！」進獻土產是定制，大臣向皇帝拍馬屁也是常情，雍正如此一批，弄得田文鏡眞不知如何是好。

還有雲南巡撫沈廷正看到雍正的硃批要他多效法鄂爾泰爲官行事，沈廷正不敢違抗，立即回奏說：「惟有殫精竭力，不敢自暴自棄，諸凡倍加敬誡，效法督臣鄂爾泰存心行事，以圖上報。」可是皇帝卻在沈廷正的這件密奏上批了：「亦不過醜婦效顰耳，亦屬大言不慚！」福建巡撫毛文銓也有過類似的經歷，他有一回犯了一點小錯，皇帝指認他專擅，本來要處分他的，後來覺得他還可造就，特別赦免了他。毛文銓當然感恩不盡，上摺謝恩，雍正並未嘉勉，反對他說：「可謂厚顏矣！」像這一類的例子在雍正朝的密奏中俯拾皆是，不能盡舉，不過，我們從而可以了解雍正性情不定的一斑了。

雍正的個性中還有自信自負的一項特質。他常對大臣們批說：「你知道什麼！」「你非長才之人！」「你的見識朕實信不及！」「看你伎倆實屬特平常！」「所見甚淺矣！」「你乃窮書生！」「朕實爲汝愧之！」等等的話語。他對滿洲人總是評論他們秉性固執、尚氣而不圓通。漢軍則有「言行相符百無一二」的毛病。他自信一切比別人強，無論文章道德，或是辦事能力，甚至他的判斷也都是比別人正確的多，這也許與他想做萬民之主有關，他又好勝，當然就要樣樣比人強了。所幸雍正在若干政策的研製與施行上，有時還會及時改正，聽從好的意見，這是很難得的。例如丁隨地起的賦稅改革，山東巡撫黃炳首先奏請實行，皇帝不但不准，反而責斥他「冒昧瀆陳」，幾乎被處罰越例搜求之罪。可是後來經過直隸巡撫李維鈞等人的呈請，皇帝認爲有益貧民，終於改變初衷，同意改制了。又如甘肅巡撫石文焯建議在該省開爐鑄錢，雍正最初不同意，後來覺得有禁絕私錢的效用，「錢法既清，而民用亦裕」，當然准允他鑄造了，並且還對石文焯說：「彼時朕慮未周詳，故諭暫緩。」皇帝竟承認「慮未周詳」，也算難得。這類的例子也多，我個人以爲雍正性急，在不用忍而又自信自負之時，常做出不盡妥當的主觀決定；但是他有心爲國爲民服務，只要於民於國有益的，也就是對他自己統治權有益的，他會更改，甚至認錯的，他也說過：「改過是天下第一等好事！」

從雍正辦事的仔細認眞上看，我們還可以說他有著過分精嚴刻薄的個性。不少大臣或因疏忽大意，或草率從事，或敷衍塞責，或掩飾過愆，都逃不過他的法眼。例如雍正元年，皇帝命李杕署理京口將軍，大學士票擬時誤寫了張天植的名字，後被皇帝發現，挖苦了大學士們一頓，說他皇帝可以「代理」大學士辦事了。同年年羹堯爲事上了一摺，大學士已經議覆了，後來蔡珽又以同一事奏請，大學士們又當作新的提案辦，皇帝發現了又批評他們「漫不經心」。還有一次浙江官員報告偵查甘鳳池案件，雍正閱覽之後，對總督性杜說：「前既奏過，今又照樣抄謄瀆奏，是何意見耶？」可見皇帝記性很好，抓到了地方官重複奏報的錯誤。福建巡撫劉世明有一回沒有遵照雍正的指示立即做出回應，被皇帝追蹤識破了，於是就以近乎諷罵的口吻說：「朕日理萬機，刻無寧晷，費一片心血，親筆訓誨之旨，竟一字不提，想汝終日在醉夢中矣！」劉世明看了硃批，只好盡心的照皇帝旨意辦事了。雍正的精細嚴厲還可以在一些小事上看出，他似乎對很多小地方也都是十分注意的。雍正五年三月二十五日，岳鍾琪上奏陳事，密奏的開頭先引錄了幾句皇帝前一次給他硃批的話，岳鍾琪在抄引時只寫了「雍正五年三月初□日奉到硃批，……」其中確實日子沒有塡上，可能待查補寫的，可是後來疏忽就把摺子送出了。皇帝看了這份密摺，就在「初」字與「日」字之間畫了一個圓圈，並加寫「不必介意，戲圈來的」八個字。雖說是「戲圈來的」，但令岳鍾琪十分緊張，立即向皇帝說不是，並表示「惶恐萬狀」。還有浙江觀風整俗使王國棟的一份密奏，事實上是一份普通的請安摺，在宮中被皇帝弄髒了，雍正就隨手寫上「朕安！此朕几案上所污，恐汝恐懼，特諭！」這雖是小事，但足以說明雍正的仔細與大臣對他嚴厲作風的恐懼。

雍正的刻薄個性更是有名的，除了對他兄弟們的整肅手段，命令兄弟改名、牽連朋黨、大殺臣民之外，在不少文字遊戲中，也充分顯現他這方面的性情。雍正二年八月原任山東巡撫陳世倌收到皇帝賜來的新鮮荔枝，做臣子的當然立刻上奏謝恩，皇帝對他不曾嘗過如此人間美味的諂媚話表示不滿，便批了：「你乃浙江人，離福建不遠，果然不曾嚐過麼？」雍正五年七月蘇州高官陳時夏恭進地方土產並上摺請安，皇帝收到禮物後，在奏摺上批道：「進獻之物，因汝出於至誠，家人之情，勉強收納數件，亦未令廷臣觀看。若論物之好醜，實宮中棄置之物較之亦不及也。」本來大臣進獻方物，或臣下蒙賜物謝恩，都是定制，說些諂媚逢迎的話也是無可厚非的，然而，經雍正如此一批，實在令人難堪，也顯得皇帝刻薄了。皇帝有時還用些更難堪的文字侮辱大臣，像「書此一摺，能自不發哂乎？」「一切吏治湖廣不及他省，自然事，邁柱不及他人也！」這是在邁柱這位湖廣總督的報告上批的，簡直是「指著和尙罵禿驢」，能不教邁柱哭笑不得，無地自容？當然更不堪入目、令人心驚膽寒的是「胡說」、「混帳」、「孽障」、「惡種」、「無恥小人」、「不是東西」、「朽木糞土」、「庸愚下流」、「看你有些瘋顚」、「不學無術」、「無知小人」、「滿口支吾」、「良心喪盡」等等的批語，確實都可以視爲雍正刻薄個性的明證。

雍正身後留下罵名，也多少與他的刻薄性情有關。年羹堯被處死已經足以證明這位君主的刻毒手段了，但是在命令他自裁時，皇帝竟叫年羹堯的仇家蔡珽去監刑，讓年羹堯在臨死時還要多一層難看羞辱。更特別的是，雍正在年羹堯死前還頒發給他一道上諭說：「爾自盡後，稍有含怨之意，則佛書所謂永墮地獄者，雖萬劫亦不能消汝罪孽也。」讓年羹堯死而不能也不敢怨，眞是惡毒之極！

年羹堯死後，皇帝又遷怒到幾位曾經逢迎過年羹堯的人，汪景祺以文字獄被殺，錢名世革職回家被看管，而且在他家住宅邊掛上「名教罪人」的匾額，用以羞辱他。皇帝又命令京中臣工作詩諷刺錢名世「以爲無恥文人之炯戒」。侍讀吳孝登寫的詩不合上意，被指爲「謬妄」，因而被充軍到東北邊荒的寧古塔爲奴，處分比錢名世還重還慘，皇帝顯係太刻薄了一些。雍正不但刻薄的對待活人，也同樣刻薄的對待過死人。對呂留良家族的事過嚴姑且不說，他在淸除他兄弟允禩等人之後，突然想到揆敍曾是允禩的黨人，他雖已過世七年，但仍令人在他墓前豎立一塊刻有「

不忠不孝柔奸陰險揆敍之墓」字樣的石碑，這種譴責也不近人情。雍正五年因大臣辦事不認眞，皇帝命令一些新任小臣每天到圓明園值班，日未出報到，日落後才准回家，這些小臣住在城裡，如此折磨，也眞是極慘的事。

雍正的喜怒不定與精嚴刻薄個性，雖然對他的革新政治有加速以及成就的作用，但是對他的爲人行事卻也留下狠毒凶殘的罵名。

45

從祥瑞看雍正的迷信

中國歷史上有不少皇帝很迷信，就以明朝來說，武宗佞佛、世宗崇道，都是極其有名的。尤其世宗嘉靖皇帝朱厚熜，一生篤信道教，竟然不問國政，專事修玄。甚至相信空中降桃、兎鹿產子等事都是祥瑞徵兆，而在宮中建立道場，大事慶賀，花費極多，弄得民窮財盡，以致民間有「嘉者，家也；靖者，盡也」的民謠，可謂民怨沸騰，國勢日漸衰微。

清朝的雍正皇帝也是一位講迷信的君主，惟一好的，他不像明世宗那樣的不管政事，亂費公帑。相反的，他一邊偏好神仙，一邊卻利用所謂的「祥瑞」來美化他的政績、打擊政敵、爭取民心，也可以說他是利用一些迷信事象來騙人，以加強他的統治地位與權力。

雍正皇帝的迷信特別在他喜好祥瑞一事上可以看得出端倪來。他沿襲中國帝王的傳統思想，認爲有嘉禾出、甘露降、麒麟見、瑞芝生等等的事都是祥瑞徵兆，有了祥瑞出現就表示國家太平治世的出現。雍正即位之初，由於爭繼餘波尙存，政權未得穩定，皇帝爲了製造假象，讓臣民相信他是盛世君主，祥瑞的事在他的鼓勵以及若干大臣的阿諛下不斷的出現了。首先是在他即皇帝位的前幾天，一直天氣陰雨，尤其是十一月底的北京，顯得慘淡蕭疏；然而到他舉行登基大典的當天，竟然「天忽晴朗，赤日中天」，因而「臣民歡呼，占爲聖主之瑞」。三天後北京上空又出現卿雲，更令雍正欣喜。

雍正元年四月二十八日，馬蘭口的總兵官范時繹奏報皇帝祖父順治墓地孝陵上長出了「蓍草」，他並派專人送到京城，「上命傳視廷臣，無不驚喜，贊頌以爲奇瑞」。同年五月，江南出現嘉禾，很多州縣都產瑞麥，「一莖兩歧，含實珠堅，耀芒鋒起，慶如雲之表盛，驚合穗之奇標。田野老農，皆稱未見，舉朝卿士，咸慶希聞」。八月間山東省又進呈瑞穀數百枝，「皆一本雙穗，穗長尺餘，紫色鮮明，黃幹挺勁」。大臣們認爲：「古云：雍熙之代，祥出應時，生不擇地，於今驗之矣。」同時京城內苑太液池中的「蓮房同莖，分蒂駢實」，是「丹青之所未睹，史冊之所罕書者」，也是難得的祥瑞。四川也有「一本一幹四穗」的嘉禾。這一切都是「皇上聖德之感召」，大臣們請求皇帝宣付史館，記錄檔冊，雍正同意了。這一年九月，皇帝親送他母親孝恭仁皇后的靈柩去河北遵化安葬，據說天空又出現了卿雲，臣工們再度歌頌這是對皇帝的一種吉兆。

雍正二年八月十三日，順天府尹張令璜恭進皇帝親耕勸農的耤田裡所產十八枝「一莖雙穗、三穗及四穗」的嘉禾，又令君臣們相互欣喜了一陣子。同年雍正皇帝在舉行祈穀祭天典禮後又出現卿雲，當然又被視爲祥瑞。

雍正三年則出現了更爲罕見的「五星珠聯」吉祥奇觀。由於這種天文現象很多年才出現一次，歷來都是古人嘉瑞的話題，雍正當然更當作吉利事慶祝，命史館記入正史，並向全國人民做宣傳，滿朝文武官員也舉行慶賀活動。

雍正四年又換了另一個祥瑞題目，那是黃河水清的吉利事。這一年底，河南、山東、陝西各省的大臣以及河道、漕運等總督，都紛紛上奏章報告黃河河水清澈見底，「湛然澄清」，甚至有六百多里長的河道中都是「河水澄澈，並無濁流」的，因此沿河兩岸人民「紛口稱瑞，洵屬千古罕覩之奇徵」，大臣們也都「不勝懽躍之至」。

雍正五、六年間，地方官員報嘉禾、卿雲的仍有多起，尤其河南巡撫田文鏡稱該省的穀物有一莖十五穗的，更是難得的祥瑞徵兆。

雍正七年至八年之間，除了嘉禾一莖有十五、十六穗之外，又有瑞蠶、瑞芝、甘露、鳳鳥等祥瑞的出現，而鳳凰又是正在皇帝預築未來陵寢時工地上出現的，這隻神鳥據說有五、六尺高，「毛羽如錦，五色具備」。鳳鳥向來是王者的嘉祥，這當然與雍正有聖德有關的。

雍正十年至十二年，官員投皇帝所好，除報告嘉禾、瑞芝、卿雲這些祥瑞外，又找來了一個新的炒作題目，那是麒麟。據說在這兩年中三次獲麟，一是山東一戶民家，「牛生瑞麟，麕身牛尾，遍身皆甲，甲縫有紫毫，玉定文頂，光彩爛生」。一次是在四川的一個農家生出一隻瑞麟，地方官還畫了圖進呈宮中供皇帝御覽。另一次也在山東，牛產下了一個毓麒麟。古人有言「聖人生，王道行」才有麒麟出現，雍正朝麒麟竟一生再生，更是盛德瑞徵的吉兆了。

從以上簡略敍述中，我們可以了解雍正在位十三年中，祥瑞的事是與他的政權相始終的，而且我們還可以看出以下幾點事實：

第一，中外大臣奏報祥瑞是愈報愈多，愈報愈奇的。例如嘉禾從一莖二、三穗，最後到達了一莖十五、六穗，因爲報少了已經不足爲奇了。另外從嘉禾、卿雲、甘露、瑞芝，最後到鳳鳥、麒麟，則說明題材不翻新就沒有奏報的價值，也不能顯示王道聖德的日益隆盛了。

第二，雍正皇帝對奏報祥瑞的官員雖然也偶做批駁，例如對黃河清他認爲是「結冰則清」的緣故，或是歸功於河神廟興建的結果。對於嘉禾多穗，他說是「龍爪穀」品種的多產所致。對於卿雲的出現，他有一次也說是地方民風淳樸的驗證等等；但是他卻獎勵報告的官員，不見有處分報告人，或下令禁止的。

第三，儘管雍正常說「朕從來不言祥瑞」，但是雍正元年他就同意大臣們的請求，將嘉禾出現的事宜付史館記載正史。雍正十二年他更下令將地方官的瑞穀奏報編製成《嘉禾圖》、《瑞穀圖》，他自己還爲這些作品寫跋文，希望世人看了圖能相信當時的嘉禾報告都是眞的，也就是說他的統治是值得肯定歌頌的。

康熙皇帝在世時，對於大臣奏報祥瑞的事他認爲「史册所載祥異甚多，無益於國計民生，地方收成好，家給人足即是莫大祥瑞」。所以無論是呈報什麼祥瑞，他都是說：「朕不必覽！」皇帝不看了，大臣當然也就不會再奏報了，康熙朝記述祥瑞的史事也就絕少了。雍正與他父親的想法、作風不同，他自己內心裡很迷信，喜祥瑞，大臣的逢迎當然是必然的了。所謂「上有好者，下必有甚焉」，雍正一朝很多政事充滿迷信色彩，原因即在於此。

46 雍正熱衷算命

清初皇帝爲了籠絡蒙藏同胞，大力宣揚喇嘛教（現在稱藏傳佛教）。儘管他們不斷的訓誡宗室子孫「信教而不入教」；但是迷信佛教、迷信喇嘛的滿洲貴族還是很多。尤其到了康熙末年，又因爲皇儲之位的鬥爭，皇子們有的請高僧做顧問，有的找喇嘛來施魘勝巫術，不擇手段的想得到繼統之爭的勝利，也因此當時迷信風氣盛行，算命、看相幾乎成了政爭的工具。像皇八子允禩用相面人張明德來說他「後必大貴」，強調他有當皇帝的命。皇十四子允禵也在西部軍前讓張愷給他算命，結果認爲這位皇子「元武當權，貴不可言，將來定有五九之尊，運氣到三十九歲（當時允禵三十二歲）就大貴了」。皇太子允礽雖被廢了，但他仍想向蒙古高僧哲布尊丹巴問命運。皇三子允祉也通過楊道昇認定他自己有登上「九五之位」的天命。雍正皇帝早年就與佛教人士有密切的關係，並招攬過禪師與喇嘛，與他們經常有往來，不但「留師品茗」，同時還有佛僧存有他「舊跡私記」的。雍正的迷信又勝過其他兄弟，所以在參與皇位繼承的鬥爭中，他也以算命的一類事來證明他有當皇帝的命，他的門下屬人戴鐸就曾爲他如此的造過勢。

康熙五十五年（一七一六）秋天，戴鐸去福建，路過五夷山，「見一道人，行蹤甚怪，與之談論，語言甚奇，俟奴才另行細細啓知」。可能是戴鐸不敢在信中留下文字證據，他說要回京後向雍正面告。可是雍正卻急於了解眞相，對他批語說：「所遇道人，所說之話，你可細細寫來。」同時雍正似乎很有信心的表示：「爐中若無眞種子，總遇神仙也枉然。」不久之後，戴鐸終於向雍正報告當時的情形了，他說：「所遇道人，奴才暗暗默祝，將主子問他，以卜主子。他說：乃是一個萬字。奴才聞知，不勝欣悅。」雍正對他的如此回報非常高興，並對戴鐸說：「你得遇如此等人，你好造化。」可見雍正當時也爲自己有「萬」字命而欣喜，依命他是可以當「萬歲爺」了。

雍正相信算命不只是在爲繼承皇位之爭的造勢上，他平日確實是喜愛算命的，到他當了皇帝之後，我們還可以在他親筆書寫的文字中看得出來。例如在雍正二年六月十五日年羹堯的〈謝賜詩扇〉奏摺上，他就批寫了這樣的一件事：

朕已將年熙（按係年羹堯之子）過繼與舅舅隆科多作子矣！年熙自今春病自管添，形氣甚危，忽輕忽重，各樣調治，幸皆有應，而不甚效。因此朕思此子非如此完的人，近日著人看他的命，目下並非壞運，而且下運數十年上好的運。但你下運中言刑剋長子，所以朕動此機，連你父亦不曾商量，擇好日即發旨矣。此子總不與你相干了，舅舅已更名得住，從此自然全愈健壯矣！……將來看得住功名世業，必有口中生津時也。舅舅聞命，此種喜色，朕亦難全愈。舅舅說我二人若少作兩個人看，就是負皇上矣！況我命中應有三子，如今只有兩個，皇上所賜，即是上天賜的一樣，今合其數。大將軍（按指年羹堯）命應剋者已剋，臣應三子者又得，從此得住自然全愈，將來必大受皇上恩典者。爾父傳進宣旨，亦甚感喜。

年羹堯是雍正皇帝的旗下屬人，按八旗制度他是有權把年熙過繼給隆科多的；不過過繼的理由是根據命理，可見雍正對算命的重視了。

同年七月，也是在年羹堯的一份奏摺上，從雍正批寫的文字中，又透露了皇帝喜歡算命的另一個故事。雍正說：

京中有一姓劉的道人，久有名的，說他幾百歲，壽不可考。前者怡王見他，此人慣言人之前生，他說怡王生前是個道士。朕大笑說：這是你們前生的緣法，應如是也，但只是爲什麼商量來與我和尚出力？王未能答。朕說不是這樣眞佛眞仙眞聖人，不過是大家來利益衆生，栽培福田，那裡在色像上著脚，若是力量差些的，還得去做和尚、當道士，各立門庭，方使得。大家大笑一回。閑寫來令你一笑。

雍正二年還是皇帝與年羹堯關係很好的時候，因此在奏摺與硃批中才有如此君臣歡洽暢談的文字。文中「怡王」是指怡親王允祥，當時是朝中四大總理事務大臣之一，他與雍正的私交關係最好，是宗室大臣中最効忠雍正的人，皇帝也因此才有以上的一段御批談話。這一文件也充分的證明了雍正喜歡算命，相信算命，甚至以爲他自己是由和尚投胎而來，他的弟弟允祥前生則是一個道士，算命之學在當時宮廷中顯然是很流行而又被大家迷信的。

盛淸時代的名史學家、文學家趙翼，他曾在軍機處等中外衙門裡做過官，他與中央高官的關係很好，也有廣泛的社會閱歷。他說：在雍正年間，浙東有位史瞎子是摸骨相命的專家，論斷人的命運奇準，後來他被人推薦去爲雍正皇帝算命，「奏對後忽奉旨發遼左爲民」，一直到乾隆時才被釋放回京。這也是當時史家對雍正喜算命的一項記錄、一個旁證。

雍正皇帝迷信的事還有很多，例如岳鍾琪的戰爭行軍日期、路線、方位等方面，他都做出極富迷信色彩的指示，告訴岳鍾琪「西寧路查郎阿等出行吉日，四月皆稱上吉，擇一日用皆利」。甚至更仔細深入的說：「四月十一日辛卯，宜用卯時初動，喜迎西南方。四月二十一日辛丑，宜用寅時初動，亦喜迎西南方。」「松潘路周瑛等出行吉日，三日內擇一日用皆吉。四月二十一日辛丑，宜用寅時，喜迎西南方大利。上吉日。五月初一日辛亥，宜午時初動，迎西南方利。上吉日。」這是雍正六年（一七二八）征準噶爾之役雍正親授的行軍「方略」，實在令人驚異。更有趣的，他在這次戰爭行動中還特別派人從京城爲岳鍾琪送去一塊寶石與一道瑞符，說是「大內舊物」，在行陣之間佩帶，「甚有利益」，而且囑附岳鍾琪「此二物凱旋時仍交還」，可見皇帝是偏好方伎、神仙之事的。

從雍正的喜聽祥瑞、篤信八字、熱衷算命、仰仗天佛等等事實看來，他應該算是一位講求迷信的君主了。

47 篤信八字的雍正

雍正皇帝確實是位講迷信的君主，我們從他篤信八字一事上也可以證明。這位皇帝在用人、用兵以及對大臣流年壽命等事關心上，他經常以當事人的生辰八字來推算決定的。現在且舉雍正幾位名臣為例，略做說明。

鄂爾泰是雍正的寵臣之一，他是滿洲鑲藍旗人，姓西林覺羅，康熙五十五年官內務府員外郎，後得雍正賞識，所以在雍正元年（一七二三）任命他為江蘇布政使，專管地方錢糧財政。由於他的官聲很好，成績甚佳，雍正三年他就升官出任雲南巡撫、兼管雲貴總督事了。鄂爾泰在赴任之前，照例得到皇帝的召見，以便面授機宜，到地方上好辦事，當時鄂爾泰正在瘧疾初癒之後，身體尚未復元，在京城陛見皇帝時，面有病容，因而引起雍正皇帝的注意，皇帝並且還下令讓他由名醫診治，服藥處方後才啓程。第二年雍正四年春夏之間，雍正在鄂爾泰的摺子上還關心他的身體，曾經批寫過「你總不惜力養精神，朕實憂而憐之」一類的話。到同年八月間，皇帝又在他的一件請安摺上批道：「朕躬甚安。將你八字隨便寫來朕覽。」鄂爾泰當然遵旨照辦，皇帝得到他的八字之後，在鄂爾泰的九月十九日奏摺用硃筆批寫了如下的一段文字：「朕因你病，留心看之，竟大壽八字，朕之心病已全愈矣！」這是雍正皇帝相信八字能斷人壽命的一例。

另外一位雍正皇帝一度很信任的武將岳鍾琪，在可信的奏摺史料中也留下一些有關皇帝迷信八字的紀錄。岳鍾琪是漢人，雍正元年因平定青海羅布藏丹津之亂有功，授三等公，不久又升官爲川陝總督。雍正六年他正在主持西部邊疆兵務時，皇帝要他將有關重要將官的「年甲查奏」。岳鍾琪乃在同年四月十五日的奏摺中將大家生辰八字開列如下：

一、提臣馮允中，現年六十歲，五月二十九日申時，係己酉庚午辛酉丙申。

二、鎭臣袁繼蔭，現年五十六歲，十二月初六日申時，係癸丑乙丑辛丑丙申。

三、鎭臣張元佐，現年四十六歲，二月初七日卯時，係癸亥甲寅己卯丁卯。

另外還有「鎭臣紀成斌前在京城陛見，已蒙皇上面詢，無庸再開。其副將王剛年甲，俟開送至日，另行具奏」。雍正對於他的這份八字報告批了：「八字錄留中矣。」

同月二十九日，岳鍾琪又補報王剛的生辰八字是：「現年四十六歲，四月十六日子時生，係癸亥丁巳戊子壬子。恭請皇帝睿鑒。」

雍正看了岳鍾琪的這件奏摺，隨即按命理給這些武將做了如下的評語：

王剛八字想來是好的。馮允中看過，甚不相宜，運似已過，只可平守。袁繼蔭亦甚不宜，恐防壽云云。張元佐上好正旺之運，諸凡協吉。參將王廷瑞、遊擊陳弼，此二人命運甚旺好；若有行動，此二人可派入。今既數人不宜用，卿可再籌量數人，即將八字一併問來密奏。所擬將官中要用人員，不妨亦將八字送來看看。命運之理雖微，然而亦不可全不信！

由此可見，雍正皇帝的用人與調兵遣將都是參考生辰八字處理的。同樣的，在岳鍾琪部下馬龍失察而想授補趙顯忠爲靖遠協副將時，雍正也從八字著手來做指示，他說：

馬龍部引新例未至，於調用若無應得之罪，亦不至於特旨降調也。趙顯忠可另候缺題補，將伊八字寫來朕覽。趙顯忠光景是一出格好的，鄂爾泰深惜他，請留滇省，朕未允。王剛八字已看過，命甚好，運正旺，諸往協吉，命中一派忠直之氣，將來可至提督之命；但恐壽不能高，非言目前，乃望六之時說話。朕不知看命，看他光景想來自然好的，果應朕言矣！看諸人命，朕再不露一些好惡，令其仰合也。

還有年羹堯也是雍正初元的大紅人，有一次他想進京陛見，皇帝不同意他從西部邊疆回京來述職，原因很簡單，「有看八字的人說年熙不宜你來」。這是皇帝對年羹堯的答覆。年熙是年羹堯的長子，雍正認爲年羹堯可能命中「刑剋長子」，而年熙當時多病在京，所以皇帝說出「不宜你來」的理由了。不但如此，皇帝還向年羹堯警告說：「你的眞八字不可使眾知之，著實愼密好。番僧中鎮魘之事，實不能侵正人，雖屬荒唐，然而說不得全無，未免令人心彰些。」這是皇帝怕年羹堯的眞八字被別人知道，找西藏喇嘛來用魘勝之法向他報復。雍正也曾命年羹堯把岳鍾琪的八字送報來京。

雍正皇帝不但到處收集大臣的八字，而且任用了專人幫他爲這些大臣看八字。他曾經對岳鍾琪談過這位助理人員的情形，他說：「此人看命有些奇異，所以令他看過，求萬全之意耳。所看之命，鑿口有驗，不可枚舉，朕甚訝不解。向在藩邸，甚喜看命消遣，從未過如此人者，總不應其言，甚覺無味寒心。此人不然，大有所據，有許多人朕可以成器者，多將八字諭問，今又恐其本人揑成好命相欺也。若有此光景朕亦自覺也。今尙未。」

根據以上史料的記載，我們可以相信雍正當年確實是非常重視大臣八字的。他認爲八字可以看出人的流年運氣，八字也可以說明人的能力與壽命。他幾乎是「依命用人」的，也可以說在很多場合他是按八字辦事，依八字作爲臣工陞轉補授參考的。

48

雍正的家庭

滿洲人家本來就是一夫多妻的，貴爲皇帝的人當然后妃滿堂。據史料所記，清太祖努爾哈齊至少有妻妾十六人，清太宗皇太極有資料可考的也有十五個后妃或更多。順治皇帝英年逝世，得稱號的後宮達十八人。康熙的妻妾則更多，隨他祔葬的就有三十五位之多。雍正雖是好勝的君主，在這方面卻大大的不如他的祖先，他前後才娶了八個后妃，爲數實在不算多。

雍正的后妃可以簡略的介紹如後：

雍正的第一個媳婦姓喇那氏，是內大臣費揚古的女兒。康熙三十年（一六九一），雍正奉父命結婚，當年他才十四歲，算是早婚。這位喇那氏因爲是嫡妻，後來妻以夫貴，隨著雍正的冊封而成爲雍親王妃。雍正登基後她又成爲皇后。雍正九年（一七三一）九月她因病不治死亡，皇帝當時也久病初癒，沒有能參加她的大殮禮，後諡爲孝敬皇后，她與雍正的感情尙好，康熙三十六年曾爲雍正生下一子，命名弘暉，是雍正的嫡長子，但天不假年，這位皇子八歲時就病死了，令喇那氏極爲傷心。

雍正的第一個妾姓李，她與雍正婚姻的時間不詳，不過她在雍正册封的藩邸裡侍候雍正的時間最長，一度也很受寵。她於康熙三十六年比喇那氏晚三個月爲雍正生下一子，名爲弘昐，不過兩年就夭折了。其後在康熙三十九年與四十三年又爲雍正分別生子弘昀與弘時。弘昀活到康熙四十九年病故，弘時算是長大成人了；但爲人放縱不法，雍正五年死亡。李氏又生有一女，後封爲和碩懷恪公主，下嫁星德。李氏在雍親王府時爲側福金，地位不算高，但她是雍正后妃中生子女最多的人，顯然是雍正早年最寵的妾。雍正即位後封她爲齊妃，她的地位不高，可能受到她兒子弘時的影響很大。

雍正的另一位皇后姓鈕祜祿氏，是四品典儀官凌柱的女兒，她十三歲就被選入雍王府，康熙五十年生子弘曆，從此注定她高貴的命運。弘曆按雍正生子次序應爲第五位，但是弘昐死於弘曆出生前一年，所以弘曆變成皇四子了。事實上，弘曆的哥哥們在康熙五十年還健在的只有弘時一人，弘曆是老二，不過按照皇家傳統的登記方式，他仍被列爲第四。鈕祜祿氏只生下弘曆一子，據說康熙非常喜歡這位孫兒，把他「撫養宮中，恩逾常格」，而他的生母也被康熙皇帝連連稱讚爲「有福之人」。弘曆就是日後繼承雍正爲皇帝的乾隆帝。不過，鈕祜祿氏在雍正年間才被封爲熹貴妃，皇后喇那氏死後也沒有被尊爲皇后，直到乾隆登基時，才以雍正的遺命，給自己的生母「尊爲皇太后」。鈕祜祿氏眞是「有福之人」，她活到八十六歲，乾隆很孝順她，南巡、東巡、幸五台、訪中州都常帶著生母同行，並爲生母舉辦過六十、七十、八十共三次大壽的慶祝會，「慶典以次加隆」，令她十分愉快。

還有一位爲雍正生過兒子的妾是耿氏，她也在康熙五十年生了弘晝，比乾隆帝弘曆晚生三個月，是爲皇五子。雍正年間，先封她爲裕嬪，後進升爲裕妃。乾隆年間，被尊爲裕皇貴太妃，死於乾隆四十九年，享壽九十有六。

康熙四十八年，雍正又娶了一位側福金年氏。她是年遐齡的女兒，年羹堯的妹妹。她與雍正結婚多年一直沒有生兒育女，到康熙五十九年爲雍正生下頭一胎男嬰，接著一連每年爲雍正再生二男一女。這一現象是不是年氏在康熙崩駕前後幾年才被雍正寵幸？事實上，她在雍正元年受封爲貴妃，地位僅次於孝敬皇后，而當時也正是年羹堯升官進爵，年家時頒殊恩曠典的時候。不過年妃所生的子女，都沒有長大成人，最年長的福宜生於康熙五十九年，第二年夭折。第二個兒子福惠生於康熙六十年，雍正六年死。第三個兒子福沛則在雍正元年出生後即宣告死亡。一女也早殤，所以年妃在這方面是很命苦的，而最不幸的事是年妃自己也死得很早，並且也很突然，因而引起後人的猜測。據清代官書上記：年妃於雍正三年十一月十五日被皇帝稱爲「妃素病弱」又「耽延日久」延醫診治，所以病情「漸次沉重」了。七天以後，官方宣布了年妃死亡的消息。雍正三年底正是雍正嚴懲年羹堯的時候，把年羹堯從總督變成平民，爵位也削奪得一乾二淨，並且將他囚解到北京來，靜候皇帝下令處決。有一本當時人寫的《永憲錄》，書中說：雍正約在年羹堯押解到北京時，他也由圓明園回到京城宮中，而「貴妃年氏以不懌留圓明園」。因此引起現代專家聯想到可能是雍正不理年妃求情，哥哥既生存無望，妹妹當然「不懌留」下了。甚至還使人進一步猜測年妃在無臉面對年家老小並對夫君寡情的雙重羞懼與失望下，有可能是自殺身亡的。不過也有史家認爲這種臆測不一定可靠，因爲年妃死後還得雍正的降諭褒揚，並在死前加封爲皇貴妃，顯然不是恩情斷絕的樣子，說不定年妃對她哥哥還有一點保護的作用，因爲年妃死後一個月皇帝才命令年羹堯自盡。宮闈之事，諱莫如深，如果沒有眞實可靠資料證實，雍正與年妃的婚姻，似乎又蒙上一層政治現實的陰影了。

雍正的嬪妃中還有一位劉氏，康熙末年她在雍親王府只是一位貴人，地位不高。雍正做了皇帝之後，她被封爲謙嬪。乾隆時代又進升爲謙妃，顯然她爲人一定很謙和。她爲雍正生下一子，名爲弘瞻，出生的時間是在雍正十一年，應該算是雍正晚年才加以寵愛的妃子。弘瞻後來被過繼給雍正弟弟允禮，承襲了禮親王。

其他還有宋氏，爲雍正生了二女，都沒有長大。武氏則沒有生育。在重男輕女的時代，她們的地位是高不起來的。宋氏後來封爲懋嬪、武氏封爲寧嬪。《淸史稿》一類史書中，武氏都沒有一點紀錄，宋氏也僅記寫了寥寥數語。

從以上記述可知，八位后妃前後爲雍正生過十男四女，四位女兒中三個早夭，一個長大成親，但也享壽不長。雍正做皇帝之後，身邊已經沒有存活的女兒了，他只好把他兄弟的女兒三人，養於宮中，後來也封了她們爲和碩公主。至於他的十個兒子，活到雍正登大位時的只有弘時、弘曆、弘晝、弘瞻四位。弘瞻在雍正十一年才出生，沒有什麼重要地位。其他三子中，弘時的年紀最大，但是問題也最多。首先他在康熙末年就不爲祖父康熙所喜，可能他有「放縱不法」的紀錄，所以在康熙五十九年分封皇孫，十七歲的弘時沒有列名。更嚴重的是，他在雍正五年被他的生父因「性情放縱，行事不謹」的罪名，「嚴行懲治，削除宗籍」，而且不久後便傳出他的死亡消息了。現代學者有人認爲弘時的被殺，主要原因是他對雍正弒兄殺弟等等行爲的不齒，而同情叔叔允禩、允禟等人招來的大禍。這種說法也許還要加強證據，不過俗語說「虎毒不食子」，雍正將親生子削籍離宗，甚至處死或逼死，其手段殘酷也是足夠駭人聽聞了。他確是一個不容異己的皇帝。

弘晝是雍正的愛子，皇帝早就讓他辦理一些政務了，在他不到二十歲時，被派爲特使到山東曲阜參加孔廟重修落成大典，也讓他負責處理過苗疆的事務，雍正十一年册封爲和親王，同年他又和日後的乾隆帝一起被自稱「釋主」的雍正皇帝收爲十四大門徒，顯然他的父親對他是很好的。乾隆繼位之後，也請他參與朝政，不過他的表現並不太好，驕橫暴戾，甚至在朝廷上出手毆打大臣，雍正的教育兒子可見收效不大，而雍正的急躁殘暴個性，卻遺傳到弘晝的身上了。

雍正唯一存活而又學養兼優的兒子是弘曆，他曾被封爲寶親王，而且祕密指定爲皇位的繼承人。不論是康熙疼愛或是雍正意屬，他們的選擇是不錯的，在雍正的諸子中，弘曆該是佼佼者，他的乃祖乃父算是託對人了！

雍正可能早年還享受過快樂的家庭生活，從康熙末年繼承鬥爭開始到他死亡，妻兒對他已經不重要了，他的生活中全是政治，全是權力，全是鬥爭！

49

雍正之死

雍正皇帝的死，有多種說法。我們先來看看清朝官方的記載。據當日第一手史料《起居注冊》記：雍正十三年八月二十一日、丁亥這一天，「上不豫，仍辦事如常」。可是第二天，即八月二十二日，書中卻寫道：

戊子，上不豫。和碩寶親王□□、和碩和親王弘晝，朝夕侍側。戌時，上疾大漸。宣召和碩莊親王允祿、和碩果親王允禮、大學士鄂爾泰、張廷玉、領侍衛內大臣公納親、豐盛額、內大臣戶部侍郎海望至寢宮。命和碩莊親王允祿、和碩果親王允禮、大學士鄂爾泰、張廷玉，恭奉遺詔。……二十三日己丑，子時，上龍馭上賓，遺詔曰……

遺詔最重要的內容是宣布和碩寶親王弘曆繼位，確定乾隆登基的合法性。乾隆既然即刻上台當了皇帝，《起居注》裡當然不能直寫他的御名，連弘晝的「弘」也缺筆寫成「弘」字，以示敬避。乾隆年間纂修的《世宗憲皇帝實錄》所記內容差不多，也說是「丁亥，上不豫，仍照常辦事」。第二天二十二日「戊子，上不豫，皇四子寶親王弘曆（按「弘曆」二字用黃紙蓋著，叫貼黃，以示敬避）、皇五子和親王弘晝，朝夕侍側。戌刻，上疾大漸，召莊親王允祿……至寢宮前，大學士鄂爾泰、張廷玉恭捧上御筆親書密旨，令皇四子寶親王弘曆（貼黃）爲皇太子，即皇帝位。……己丑，子刻，上崩」。以上兩種記事不同處一是《起居注》把訥親名字寫爲「納親」，二是《實錄》記了雍正「親書密旨」著乾隆繼位事。總之，官方的說法都是雍正在八月二十一日生病，但仍照常辦公，第二天就病情急轉惡化，當天子夜就崩逝了。雍正病得快也死得快，難怪後人對他的「暴斃」發生懷疑。

雍正在死前一天是不是還能「辦事如常」呢？《起居注册》與《清實錄》裡都沒有記錄他在那一天辦了什麼事。不過，與雍正很親近的也是皇帝很寵信的大學士張廷玉則寫下了一些值得參考的資料，他在自撰的年譜中說：

> 八月二十日，聖躬偶而違和，猶聽政如常，廷玉每日進見，未嘗有間，二十二日漏

將二鼓，方就寢，忽聞宣詔甚急，疾起整衣，趨至圓明園，內侍三、四輩，侍於園之西南門，引至寢宮，始知上疾大漸，驚駭欲絕，莊親王、果親王、大學士鄂爾泰、公豐盛額、訥親、內大臣海望先後至，同至御榻前請安，出，候於階下。太醫進藥罔效，至二十三日子時，龍馭上賓矣！

據張廷玉的記事，似乎雍正是在八月二十日生病的，但仍「聽政如常」，其後兩天，他也「每日進見，未嘗有間」，正說明皇帝確實還能理政，死亡是突然的，否則他也不會「驚駭欲絕」了。現在我們在雍正與大臣們通信的密奏與硃批資料中，可以看到兩件比較接近皇帝死亡之日的文件，一是直隸總督李衛報告地方豐收的摺子，報告的日期是「八月初十日」，雍正在他的奏摺上還寫了如下的硃批：

今歲之豐收實所罕遇，無可批諭，我君臣惟以手加額，感天已往之恩，勉將來之佑耳。

另一件也是八月初十日由河東總督白鐘山從河南送來參奏朱俠的密摺，雍正的批語是：

似此題奏案件，何亦多此瀆奏？莫非將謂朕閒居閒坐，以爲披覽之怡情之具，甚不

「體朕之至。」

當年交通不便，通訊不如今天迅速，尤其從開封到北京，公文送達花上八天、十天或是更久的時間是正常的估算，所以在雍正死前三、五天他看到這些報告，寫上硃批是極其可能的。從上引硃批的文字看，皇帝似乎還很平靜，不像得病的樣子，至少病得不重。所以官書裡記他突然有病，很快死亡，應該是可信的。

有關雍正身體情況的資料我們看到的不多；不過在康熙末年，他應該是相當健康的，因爲看不到他生病的文獻，而且他確實參與爭繼的鬥爭並處理過不少政務。如果身體不好，顯然是不能勝任的。他繼承皇位當了皇帝之後，一面忙著理政，一面從事政爭，精神與體力必然耗費得更凶，尤其在他父母喪事未辦妥之前，在公私事務的雙重壓力下，他的健康一定受到影響。雍正元年九月以後，部分問題解決了，正是他所謂的「目今內外光景，日好一日」時，我們看到他在大臣奏摺上的硃批常有「朕安」、「朕躬甚安」等字樣。雍正元年九月至十二月間，他曾對署撫遠大將軍延信說：「朕躬甚安，已恢復原貌。」對閩浙總督覺羅滿保說：「朕躬甚安，業已復原。」他也向江南學政法海批示「氣色復原」。甚至還向山西巡撫諾岷說：「朕躬甚安，比去年冬又胖了。」可見他在即位後有一段期間「不安」生過病，或者至少不舒適過一些時候，元年秋天後恢復了。雍正二年間，皇帝向年羹堯、兩江總督查弼納與吉林將軍哈達等人都說過「朕躬甚安」的話，有時候他還向一些比較親近的臣工談得更多些，例如對延信說：「朕躬安，很好，已發胖許多。」對諾岷則說：「朕躬安善，甚是發福。」另有一次，他在諾岷的奏摺上批著：「朕躬甚安，數月幽思，因抵陵痛哭後，甚覺舒暢！」總體看來，這一年他是沒有生什麼大病。到允禩、允禟等政敵與年、隆等跋扈功臣被整肅之後，他的心情必然更輕鬆了，所以我們在鄂爾泰的奏摺上看到他寫了：「朕躬甚好，自去冬以來，外緣順序，身體更覺好。」在很多大臣的報告上，他也說「朕躬甚安」。直到雍正七年閏七月，他給黑龍江將軍那蘇圖的硃批仍是：「朕安，今夏京城甚熱，朕身無甚妨礙，較之往年益加強健。」我們知道，雍正年輕時中過暑，所以很怕酷熱天氣，這也是他喜歡居住「夏宮」圓明園的原因。雍正七年夏天北京很熱，他也愉快的度過，可見他的身體還不差。不過到這年冬天，他開始病了，而且病得很重，一直到雍正九年夏間才完全康復，他在雍正八年五月病體初癒時曾對大學士頒發諭旨說：「朕自去年冬即稍覺違和，疏忽未曾調治，自今年二月以來，間日時發寒熱，往來飲食，不似平時，夜間不能熟寢，始此者兩月有餘矣。及五月初四怡親王事出，朕親臨其喪，發抒哀痛之情，次日留心視察，覺體中從前不適之狀，一一解退，今日漸次如常矣。」事實上，他的病並沒有見好，甚至一度危急，連他自己也失去信心，以為來日無多，所以他在同年六月宣召過親王大臣允祿、允禮、弘曆、弘晝、鄂爾泰等人「

可留心訪問有內外科好醫生與深達修養性命之人或道士或講道之儒士俗家倘遇緣訪得時必委曲開導令其樂從方好不可迫之以勢厚贈以安其家一面奏聞一面著人優待送至京城朕有用處竭力代朕訪求之不必預存疑難之懷便薦送非人朕亦不怪也朕自有試用之道如有聞他省之人可速將姓名來歷密奏以聞朕再傳諭該督撫訪查不可視為具文從事可留神博問廣訪以副朕意慎密為之

雍正遍訪術士冀求靈丹之親書密諭

因聖躬違和」，「面諭遺詔大意」，也就是他把「儲位密建法」的「密」給洩漏了，大學士張廷玉在他的私人記事裡也談到雍正向他告知親筆書寫繼承人的密詔人選事，可見當時病情的嚴重。不過，雍正並沒有病死，他康復了，並且還活了好幾年。他究竟是如何度過這次大難關的，我們因缺乏資料，不能確知；不過，皇帝在當時是向心腹大臣祕密發出了諭旨，要他們推薦醫生與「深達修養性命之人」，包括道士或講道之儒士俗家。他在雍正八年五月二十三日田文鏡的一件奏摺上就批寫過：

可留心訪問有內外科名醫或深達修養之人、或道士、或講道之儒者，倘遇緣訪得時，必委曲開導，令其樂從方好。不可迫之以勢，厚贈以安其家。一面奏聞，一面著人優待送至京城，朕有用處，竭力代朕訪之，不必存疑難之懷，便舉送非人，朕不怪也。到京自有試用之道。如有聞他省之人，可速將姓名來歷密奏以聞，朕再傳諭該督撫訪求。不可視為具文，可留神博問廣訪之。

田文鏡在皇帝交辦的這件事情上表現得很積極，六月間便向皇帝報告：此二種人「雖遇合必俟機緣，而訪求亦在人力」，他向皇帝表示，「臣當欽遵諭旨，敬謹留心，竭誠密訪」。果然到七月上旬，他已派專人密送河南禹州人賈神仙賈文儒去京城了。當時正適雨後，路面泥濘，這位神仙大概去了十五天才抵京。另外，田文鏡也將「異人」賈士芳稍後送到了北京。賈士芳在北京白雲觀裡當過道士，怡親王允祥在世時曾經把他推薦給雍正，雍正不欣賞他，命他離開，他回到河南老家，這次又被召來宮中，顯然是爲皇帝治病。皇帝說賈士芳爲他治病時「口誦經咒，並以手按摩之術」，最初「調治有效」；不過後來皇帝對他起了反感，認爲他是左道妖人，「伊竟欲手操其柄，若不能出其範圍者」。賈士芳也眞是大膽，竟然對雍正這樣的猜忌君主耍花招，當然他沒有好下場了，據說皇帝終於將他處死了。賈士芳雖然不爲所喜，但是另有幾位道士卻成了雍正的座上賓，像張太虛、王定乾等人通「煉火之說」，被留在圓明園裡煉藥。婁近恆不做「煉氣修眞之法」，只專心爲皇帝設醮禱祈除祟，很得雍正賞識，後來甚至被皇帝收爲門徒。雍正這次大病不死，相信跟這批人多少有些關係。

經過一段時期的「靜養調攝」，雍正在大臣的奏摺上批寫「朕躬甚安，已痊愈」或「病已退」了。直到十三年八月死亡，似乎他沒有再患過嚴重的病。

雍正的突然逝世，產生很多的傳說，有人說是被呂四娘報仇殺死的；也有人說是遭盧姓婦人刺斃的，還有宮女與太監以繩索縊死之說；最近電視劇上則有女子喬引娣與雍正死亡的關連。這一切都不足徵信，治雍正史的學者先有鄭天挺先生提出「中風說」，現在又有楊啓椎、馮爾康教授等人的「丹藥中毒說」，我個人也同意後者的說法，因爲雍正是個迷信的皇帝，很信仰道家的丹藥可以養生延壽，服丹藥致死的可信性很大，現在就此事作一觀察與分析。

雍正在做皇子時，對道家就發生興趣，寫過不少咏道教事的詩，其中有〈燒丹〉一首，推崇這種「功兼內外」的藥物，有「光芒沖斗耀，靈異衛龍蟠」之效，可見他對道家的仙丹是有佳評的，不像他父親康熙，一直認爲「金石性烈，烹煉益毒，從古餌之被害者眾矣」，服丹藥可以養生長壽是「妄誕不足信」的事。雍正即位之後，對丹藥的信仰不但未見稍減，可能已經是深信不移了。他自己服用丹藥，更讓他寵信的大臣也服用丹藥。雍正四年，他賜「既濟丹」給鄂爾泰服用，據鄂爾泰說，吃後「大有功效」。皇帝高興之餘，還特別告訴鄂爾泰：「舊服藥方，有人參鹿茸，無金魚鰾，今仍以參湯送之，亦與方藥無礙。」雍正也曾把既濟丹賜給田文鏡，並說他自己也在服用這種丹藥，而且一直沒有間斷的在吃這種丹藥。他又說，既濟丹「性不涉寒熱溫涼，徵其效亦不在攻擊疾病！惟補益元氣，是乃專功」。他叫田文鏡「放膽服之，莫稍懷疑」。雍正經常賜藥給大臣們服用，有時還爲大臣診病處方。像對荊州將軍吳納哈、靖逆將軍富寧安等人都收到過他派專差送去的「平安丸」，據說這是「難得之妙藥」。又有「太乙紫金錠」一種，雍正也聲稱「此藥甚好」。皇帝在宮中一定有不少人爲他提煉各種「良藥」，有一次他竟賜給田文鏡一份七十歲的壽禮，並且做了如下關切的說明：

有人新進朕此一方，朕觀之甚和平通順，服之似大有裨益，與卿高年人必有相宜處。可與醫家相酌，若相若方可服之，不可因朕賜之方強用也。卿雖近七旬，朕尚望卿得子。此進藥人言，此方可以廣嗣，屢經應驗云云。

由此可知：皇帝在宮中特製了不少藥，有消暑、補氣的，有廣嗣、養生的，而由「丹」、「丸」等名稱來看，應是道士們煉製完成的。雍正對能煉丹的道士都很尊重，他推崇紫陽眞人，爲他重修過道院，並作碑文以記其事，稱讚紫陽「發明金丹之要」。雍正晚年，儘管「外間爐火修煉之說」已經傳聞，他還是將張太虛、王定乾等人養在宮中，爲他煉丹製藥。雍正死後，乾隆受命後第三天，就下令將張太虛等人逐出宮苑，說他們是「市井無賴之徒，最好造言生事」，所以將他們「驅出，各回本籍」，並且警告他們說：不要「因內廷行走數年，捏稱在大行皇帝御前一言一字，以及在外招搖煽惑，斷無不敗露之理，一經訪聞，定嚴行拿究，立即正法」。乾隆剛剛登基，許多大事要辦，而張太虛等人竟被列爲要務，三天內急著要辦，當然引起懷疑雍正最後是服丹藥死亡的可能了。在清末民初就有清朝宗室子孫金梁說，「世宗之崩，相傳修煉餌丹所致，或出有因」的話，揆諸雍正生前偏好以及他「暴斃」當日的情形，服用丹藥不愼致死的可能性是很大的。

50 從外國人與野史談雍正

康熙皇帝由於對西洋科學知識有興趣，他結識了不少當時在北京的傳教士，甚至延請了一些歐洲耶穌會士到宮中傳授給他西洋各種學問，以及在內廷設廠製造西藥，因此西洋人記述他的事比較多，像白晉（Joachim Bouvet）的《康熙帝傳》、馬國賢（Mathes Ripa）的《清宮十三年》，都是比較重要的。雍正禁止西洋人傳教嚴厲，除了極少的西洋人在京城衙門裡之外，他與洋人沒有私交，並且他又迷信天人感應，所以洋人記述他的事不多。雍正元年被他趕到澳門，後來回義大利的馬國賢（Ripa）只略述了他對這位新君的第一印象，似乎不是很差，而感激皇帝送他花瓶等物，結果這些禮物在他路經英國時，被海關官員沒收了一些，所以他對英國海關人員的看法遠不及雍正皇帝的好。

清朝末年，英國人濮蘭德（J. O. P. Bland）與白克好司（E. Backhouse）在《清室外紀》一書中，則對雍正皇帝有如下一段評論：

> 控御之才，文章之美，亦令人讚揚不值；而批臣下之摺，尤有趣味。所降諭旨，洋洋數千言，倚筆立就，事理洞明，可謂非常之才矣。

他們的說法應是中肯可信的；不過在同一書中，他們又引用傳聞，認爲湖南有盧姓人家，丈夫被雍正以謀逆罪名處死，其妻精通劍術，爲夫報仇，某夜進入暢春園，刺殺雍正，然後自刎身死。這是雍正非善終的一說；當然這是傳聞，不足徵信，就連雍正死於圓明園都錯作暢春園了，足見誤傳常是不眞實的。

外國人有關雍正的記述，可能以鄰邦韓國（當時應稱朝鮮）人談的最多，因爲他們每年有四次派使者來北京的機會，見聞很多，朝鮮國王又關心清朝大事，每有使臣回國，必令他們報告，並列入官方檔案，因此在《朝鮮實錄》、《燕行錄》等書中，留下不少文字，當然也有很多是傳聞，不可盡信，加上朝鮮一直懷念明朝，痛恨滿清「北虜」，記錄往往又有偏見，可信度大有問題；不過總是當時人的珍貴見聞，或是中國民間的反應，相信讀者也是樂見的。現在就抄錄分記如下：

一、有關雍正繼承前後的記事：朝鮮李朝肅宗三十六年（康熙四十九年）十一月乙卯日（三十）條記：

> 康熙死後，兵亂可翹足而待。

這是朝鮮人對康熙再立皇太子後的觀察，可能是他們看到或聽到諸王繼爭的事實而發的。康熙於六十一年十一月十三日駕崩之後，朝鮮人最初得到的消息是「十九日崩逝」，不過到十二月他們確知「皇帝於去月十三日崩逝，十五日第四子即位」。朝鮮人始終認爲：

> 康熙既沒之後，禍亂之作，十居八九。

康熙六十一年十二月，雍正登基之後，「禍亂」並未發生，朝鮮國王又得到情報稱：

> 康熙皇帝在暢春苑病劇，知其不能起，召閣老言曰：第四子雍親王胤禛最賢，我死後立爲嗣皇，胤禛第二子有英雄氣象，必封爲太子。仍以爲君不易之道，平治天下之要，訓誡胤禛，解脫其所掛念珠與胤禛曰：此乃順治皇帝臨終時贈送之物，今我贈爾，有意存焉，爾其知之。……言訖而逝。其夜以肩輿載屍還京城，新皇哭隨後，城中一時雷

哭，如喪考妣。十三日喪出，十五日發喪，十九日即位。其間日子雖多，此非祕喪也。新皇累次讓位，以致遷就，即位後處事得當，人心大定。……

以上這段記述中，朝鮮人把隆科多錯傳成爲馬齊。也提到雍正的兒子弘曆被祖父康熙疼愛的事，說他「有英雄氣象，必封爲太子」，乾隆被康熙定爲繼承人之說，顯見在當時是流傳的。另外朝鮮人還談到賜念珠與雍正謙讓大位諸事也是很有趣的，值得做一些探討。與雍正、乾隆同時代的人有位名叫蕭奭的，寫了一本名爲《永憲錄》的書，到民國初年才被人發現，書中全記雍正朝事，而且多係內幕，現代學者都認爲作者應是當時的廟堂大員，或者根本就是皇家成員之一，所記之事相當可信，因爲事關皇室鬥爭等醜聞，當然在清代不能流傳。這本書中也說道，在康熙與雍正授受大位之際，康熙曾把所帶的念珠交給了雍正，但沒有像朝鮮人所記的老皇帝還說了一番暗示的話。不過，這件事很教人存疑，因爲若有此事，雍正正好可以說出來做爲他得到大位的一項證明，可以大肆宣揚的，可是雍正從未提過這事，除非沒有發生過，否則雍正不會笨得如此的。話說回來，贈送念珠的事當時是一項傳聞，也許是存在過的。另一個傳聞是雍正謙讓皇位的事，這也是對雍正有利的，而且在中國內地也有此一傳聞。據清朝官方史料記錄，在福建汀州府上杭縣有位童生范世杰，他讀了《大義覺迷錄》之後，爲了向皇帝拍馬屁，寫了文章歌頌雍正，斥責曾靜。他還說在康熙死後，大位授受之時，「三兄（按指允祉）有撫馭之才，欽遵父命，讓弟居之，而聖君不敢自以爲是，三揖三讓，而後升堂踐天子位焉」。范世杰想以頌揚皇帝做爲進身之階，但給繼承事旁生了枝節，而且又說允祉「有撫馭之才」，當然爲雍正不喜，結果把這位少不更事的童生押交原籍，令地方官「嚴加看管，每逢朔望，令其宣讀《大義覺迷錄》，若再多事，即行治罪」。

二、有關雍正治理國家的記事：

雍正上台以後，朝鮮人說他「處事得當，人心大定」，似乎評論得不算差。雍正元年九月，朝鮮官書裡仍說：「都下人民妥帖，似無朝夕危疑之慮矣。」顯然他們對此前康熙死後必生「禍亂」的猜測做了修正，並且對雍正革新政治也做了一些報導，例如：

> 康熙皇帝以遊獵爲事，鷹犬之貢、車馬之費，爲弊於天下。……新皇帝詔罷鷹犬之貢，以示不用，而凡諸宮中所畜珍禽異獸，俱令放散，無一留者云。
>
> 新皇帝亦嘗黷貨致富，及登大位，前日所占奪者，並還本主，而教諭諸昆弟曰：朕在邸時，雖不免奪人利己，而未嘗傷害人命。他餘昆弟則殺人傷人，朕甚憫之。朕既悔過圖改，諸昆弟果有貧困者，則户部之物，雖係經費，朕不敢私用，而內庫所儲，可以

隨乏周給。爾等所奪民財，限一年並還其主，若久不還，致有本主來訴，斷不以私恩貰之也。

朕久在閭閻，稔知官吏之善惡，某也廉，某也貪，聞之亦詳，宜可斥退，而朕姑含容以開自新之路，各自救勵，以遵朕旨，當擢用。如不然，復踵前習，當以法重勘，當其時無謂朕少恩也。

以上是朝鮮人對雍正上台後新人新政的佳評，從整飭吏治到清理財政都有了好印象。不過他們對雍正的某些作風與政策，顯然也有些不敢恭維，例如：

聞皇帝以黑爲白，則羣臣不敢矯其非。明察摘發，以此御下，故小大官只以告訐爲能事。

清皇每責其臣之不一進規；而及其規輒踈斥。

清皇……多苛刻之政，康熙舊臣死者數百人。置五星御史，譏察朝臣，故人皆惴惴。殖貨無厭，怨聲載路。年近六十，不立太子，其勢不久。……

這是對雍正苛嚴政治、密奏制度以及儲位不公開建立的一些看法，聽來也很中肯。

三、有關雍正本人的一些記事：

朝鮮使臣覲見雍正後，認爲他「氣象英發，語音洪亮」。這與《清實錄》中記載的雍正「隆準頎身」、「音吐洪亮」差不多。對於雍正的個性，朝鮮人則認爲「雍正有苛刻之名」，「且有好勝之病」，又「爲人自聖」，可以說缺點不少。同時鄰邦人士又打聽出了皇帝很迷信，「惡聞災害，欽天監雖有災不敢奏」。又聞說雍正六年秋天北京大地震，皇帝「乘船幕處，以避崩壓」，朝鮮國王說：「以萬乘之主，避地震設幕泛舟而居處云，舉措可謂駭異矣！」也說明了清朝大皇帝有著畏天驚恐的失態情況。另外也有記「雍正本有愛銀癖」的，這可能與皇帝大力推行追繳虧空政策有關，給人留下皇帝拚命要錢的印象。總之，朝鮮人當時記下了不少雍正的個性、爲人、理政相關的事，是第三者的觀察，也是有參考價值的。

由於雍正皇帝的個性特別，手段凶狠，爲政積極，在中國境內當然流傳很多有關他的傳聞，本文篇幅有限，只能擇其重大的略述如下：

《滿清十三朝宮闈祕史》中說雍正的生父不是康熙，而是一位姓衛的人，衛的小妾被康熙看中，「召入宮，六月而生雍正」，所以「世宗實衛家兒矣」。又說「胤禛之母，先私於年（羹堯），入宮八月，而生世宗」。「世宗」是雍正死後的廟號。同在一人，同在一書，而有兩種說法，已經夠不可信了。再說衛姓其人毫無所指，當然也無從查考。至於年羹堯生雍正之說，更是荒誕不經，因爲雍正比他年長，那有年輕人生出年長人的奇事？雍正當皇子時，傳說他「少年無賴，好飲酒擊劍，不見於康熙，流亡在外，所交多劍客力士，結兄弟十三人，其長者爲某僧，技尤高妙」。雍正當皇帝之前，有不少官方史料與他個人詩文記事可考，「好飲酒擊劍」、「流亡在外」等傳說是絕對不正確的，「結兄弟十三人，其長者爲某僧」，可能是因爲他當時與和尚們過從甚密有關。至於他的繼位，有野史裡也做如此記述：

康熙晚年病篤，雍正偕劍客數人返京。先是康熙已草詔，收藏密室，雍正偵知之，設法盜出，詔中有云：傳位十四太子，潛將十字改爲于字，藏於身邊，乃入宮問疾。……康熙宣詔大臣入宮，半晌無至者，驀見雍正立前，大怒，取玉念珠投之，有頃康熙上賓。雍正出告百官，謂奉詔冊立並舉念珠爲證，百官莫辨眞僞，奉之登極。……

這又是授珠改詔說的另一種版本，我們在書前已經談過了，這裡不擬再贅述。

雍正執政時的苛嚴統治，野史裡也有他的特務理政行爲，文字內容是：

雍正初，世宗因允禩輩蓄逆謀，故設緹騎，四出偵伺，凡閭閻細故，無不上達。有引見人欲買新冠者，路逢人問其處。次日入朝免冠謝恩，世宗笑曰：愼勿污汝新帽也。

王殿元（雲錦）元旦與戚友爲葉子戲，忽失一葉。次日趨朝，世宗問夜間何所事。王以實對。世宗笑曰：「不欺暗室，眞狀元也。」因袖中出葉示之，即王夜間所失葉。

雍正的特務人員像似無所不在的，這應是當時實情的部分寫照，被人誇大其詞而已。雍正的死，傳聞最多。有野史書中還言之鑿鑿的說：

世宗暴崩，傳聞異辭，有謂爲被刺者，其說亦非無據。蓋自曾靜勸岳鍾琪舉義不成，獄興，辭連呂留良，世宗嚴治之。戮留良並其徒嚴鴻逵屍。留良子葆中，時爲編修，亦論斬，於是漢人之義憤大起，甘鳳池輩，日從事暗殺，清廷雖極力搜捕，不能止。當時留良孫女某，劍術之精，尤冠儕輩，爲祖父報仇，入宮行刺，故世宗實未得令終。……

這是呂四娘刺殺雍正說。還有《梵天廬叢錄》中記雍正九年大病初癒之後，有宮女與太監乘雍正熟睡時擬用繩索縊斃的事，雖未成功，但也傳爲日後雍正的死因。另有湖南盧氏婦人爲報夫仇，刺殺雍正致死一說以及丹藥中毒暴斃一說，總之雍正不是善終的。雍正的死之所以有諸種說法，確實與他的突然生病、突然死亡有關，加上他生前殘忍的殺過不少人，大家以傳聞來應驗因果報應也是可以理解的。特別是辛亥革命以後，推翻滿清的種族口號成功，清代的醜事惡政全都被渲染開來，根本偏離了史實。一直被大家目爲「暴君」的雍正，當然會被更醜化、更貶損，因而也深植到人們的心中。今天很多史料公開了，清史也被人重新做評價了。雍正的生平、事功與歷史地位也都有了新的詮釋，我們也希望現代的人，特別是看過雍正朝歷史的讀者，能摒除前人的種族成見，審愼的看雍正，審愼的看清朝歷史。

我評雍正

清朝學者說過：「論人貴平心，尤須審時勢。」我覺得這是至理名言。我們要想對雍正皇帝作一些評論，這兩句話更顯得重要。

多年以來，雍正一直被大家視爲「暴君」。他謀父逼母，弒兄屠弟，簡直是禽獸不如。他凶殘嗜殺，完全望之不似人君。不過這些負面評價固然有一部分與他的個性、作風有關，大部分卻是他當時的政敵宣傳所致的，失意政客日後給他塑造成的，或是後世與他政治見解不同人士爲他追加到身上的。加上種族成見的推波助瀾，雍正的罵名似乎愈叫愈響，終於讓人相信他是一個殺人魔王，一個不孝不義的人間敗類。

說實在的，雍正在繼承鬥爭中，對允禩、允禟的處置，表現得刻薄寡恩。在殺戮功臣的事件中，對年、隆透現了無情無義。在株連朋黨的案件中，對汪景祺等人的懲罰，更反映了殘暴不仁，給人極壞的印象。然而，繼承鬥爭是康熙引起的，他先廢儲，又不預立新儲君，因而導致骨肉相殘，包括康熙在內，家人父子之間充滿猜忌、充滿殺機，明爭暗鬥，君臣倫理與家庭倫理全然不顧，有那一個是品德完美的呢？如果允禩、允禵等人得位，誰又能保證不會發生殺戮的餘波。所以責難雍正一人，是不是眞的公平，值得考慮。再說很多傳聞是政敵製造出來的，眞實性也值得考究。如若根據不可靠的證據定人於罪，那就更不公平了。雍正既登上寶座，他爲了鞏固自己的地位，加強統治權力，消除異己，統一權力中心也是必要的。

經過殘酷的鬥爭，雍正剷除了親貴、功臣與朋黨的勢力，爲自己施行治國政策排去了干擾，創造了有利的條件。然而這位性情急躁而又易怒苛刻的帝王，在推行革新措施時，又爲自己留下罵名了。例如他以猛烈的氣勢，嚴諭「直省倉庫虧空，限三年補足，逾期治罪」，「其實係侵欺者，定行正法無赦」。如此一來，他不但有了嗜殺的罪行，同時也給人有窮搜財貨的印象，難怪朝鮮人都說他有「愛銀癖」。又如他以大學士票籤不符、御殿前班行不齊等事，痛斥朝臣。甚至爲題本上丟落一字，而小題大做的指斥大學士等官員互相推諉，說他們若「肯用心細問，自無錯誤」。這種「諉咎」、「豈不可恥」？還有他在爲康熙與四位皇后神牌升祔太廟的典禮時，發現途經端門前更衣房的油氣漏洩，氣味難聞，竟發怒令允禩與工部負責的其他官員在太廟前跪了一晝夜。他的這些作爲，當然被人指爲嚴苛狠毒。不過，我們若是換一個角度看，也許會得到不同的解釋。大家知道：康熙末年，吏治廢弛，官場一片因循苟且之風，正如雍正說的，「倘若惰者不加懲，勤者不加勸，必然上寬下慢，遞相仿效」，因此他對細微之事，也要求得極嚴，希望藉以改正官員們漫不經心以及他們希圖僥倖的態度與想法。他的嚴厲行事作風，確實收到掃除官場怠玩推諉風氣的效果，令雍正朝政治呈現出新興的氣象。

雍正還有一些行事是被人非議的。在京城裡不但「緹騎邏察之人，四出偵調」，弄得人心惶惶。他甚至還派出「侍衛」到年羹堯軍前聽他使喚，實際上是派去了一個臥底的情報人員，幫皇帝刺探年羹堯的言動。更特別的是雍正又命侍衛混入天津賭場，了解實際情形。這一切特務活動，都讓人有恐怖感覺，使不少大臣相信「伴君如伴虎」。雍正對大臣的賞罰是公正嚴明的；但是變化得太快，很多臣工正陶醉在皇帝的激情硃批文字中，不久就被罵得不成人樣，簡直是「翻臉如翻書」，又快又平常。這些也是多年以來大家對雍正不滿或不齒的；不過，雍正爲了解中外政情，爲統治天下，他不能不對臣工嚴密監視，不能不對臣工施以權術，使臣工不能預料皇帝的意向，無法預知賞罰的降臨，大家只有好好的實心辦事。這可以視爲雍正的一種駕馭臣工的伎倆、一種治術。

事實上，雍正一朝可以正面肯定的事情很多。他宵旰勤政，嚴格認眞，是一般帝王所不能匹比的。每天視朝聽政，並從事引見臣工等活動，傍晚後還要批閱大臣報告幾個小時，經常工作到深夜。他又成立軍機處，使自己掌理大學士與議政王大臣的處理政事之權，成了眞正獨裁的君主。雍正朝的吏治澄清、官員效率提高、政治上軌道，都與皇帝的勤勞工作有關。

說起君主獨裁，中國的官制本來是有一定理性色彩的，因爲在皇帝之下，從內閣到地方省縣，行政系統實行著專門化的職能分工。另有監察系統直接受命於皇帝，負責監督各級官員以保證政令的執行。還有在科舉制度下，開放了政治圈，體現了中國社會的流動性與自由參與性，這些都是維繫中國官僚制度的穩定的。然而，康熙長期統治以來，特別是他晚年標榜寬仁不生事，使這套官僚機器失去了靈活性，官員因循玩愒，吏治不清，科舉制度弊病叢生，雍正在潛居藩邸時，他自己說「於群情利弊事理得失，無不周知」，因此他上台之後，當然對臣下的那些「結黨懷奸、夤緣請託、欺罔矇蔽、陽奉陰違、假公濟私、面從背非」惡劣之習，予以痛擊，大力改革。他要大臣密奏，緹騎四出偵查；任命可信官吏，推行務實政治；成立會考府與軍機處，使中央財政不致被侵漁或浪費，行政事權歸於統一。他又不拘資歷任用人才，刻意打壓科舉出身的不法官吏，爲公務人員換新血。由於他的這種種措施，造成了當時有個比較廉潔的政府，從而使清朝政治比較清明。

雍正還做了一件歷代君主不敢放手做的事，那是賤民階級的豁除。他儘管知道地方上的紳衿勢力是強大的，他們的既得利益是不能剝奪的，但是他還是向他們挑戰了，藉以改變社會上的階級秩序。他先後豁除了山陝樂戶、紹興墮民、江蘇丐戶、寧國世僕、徽州伴儅、廣東蜑戶、福建棚民等賤籍，允許他們開戶爲民，改業從良，提升了他們的社會地位，壓抑了不法的紳衿，改變了賤民千百年沉淪命運。較之歷代帝王，雍正的表現是空前的，是值得大加喝采的。不但如此，雍正時期還有些漢族官員對回民有成見，看不慣他們的風俗信仰、語言服飾，因而向皇帝密奏，希望「嚴加懲治約束」。雍正對大臣的請求沒有批准，反而對他們說：

直隸各省皆有回民居住，由來已久。其人爲國家之編氓，即俱爲國家之赤子，原不容以異視也。數年以來，屢有人具摺密奏，回民自爲一教，異言異服，且強悍刁頑，肆爲不法，請嚴加懲治約束等語。朕思回民之有教，乃其先代留遺，家風土俗，亦猶中國之人，籍貫不同，則嗜好方言，亦遂各異。是以回民有禮拜寺之名，有衣服文字之別，要亦從俗從宜，各安其習，初非作奸犯科，惑世誣民者比。……回民處天地覆載之內，受國家養育之恩……朝廷一視同仁。回民中，拜官受爵，洊登顯秩者，常不乏人，則其勉修善行，奉公守法，以共爲良民者亦回民之本心也。要在地方官吏，不以回民異視，而以治衆民者治回民……則賞善罰惡，上之令自無不行，悔過遷善，下之俗自無不厚也。

雍正認爲回民是國家的編氓（登記了的民户），就是國家的赤子（人民），不容許被歧視。可見雍正有著博愛的思想，全國人都是他的子民，都應該同等看待。當然他以「作奸犯科、惑世誣民」爲標準，則又與服從他的管理統治有關了。正如豁除賤民一樣，多少與穩定農村與社會秩序有關的。

中國賦稅制度，一直存在積弊，很多皇帝與政治家都想從事改革，可是都不敢冒然進行，最多做些小幅度的變動。雍正認清事實，他知道這些弊端一日不改，人民經濟負擔就不能公平，也無法減輕。官貪吏蝕的現象更無從盡絕，所以他決心以嚴猛之威，大刀闊斧的推行攤丁入畝與火耗歸公兩項政策。攤丁入畝使無地與少地的農民減少了賦稅負擔，放鬆了農民對土地的依附，這對清代經濟發展有著巨大影響。火耗歸公則是變私收爲官徵，遏制了官員的藉機狂收濫取，也使吏治得到一時的澄清，國家財源得到了增加，實在一舉多得。

儒家思想在漢人心中已牢不可破，雍正爲統治漢人，必然會以崇儒尊孔爲國策。不過他自己對佛教有高深的造詣，了解佛教也有其功利的一面，所以他以孔孟之道做爲官方哲學，做爲統治人民思想的工具。他又抬高佛學的地位，以輔助儒學，加強統治的效果，因爲佛家講因果報應，教人甘心忍受，以求來生的幸福。人若能如此，無異的給自己內心套上了枷鎖，做個逆來順受的良民，當然就有利於社會國家秩序的穩定了。雍正對道教也有興趣，他深知這種講清靜的教派對統治者無害，所以他竭力找出儒釋道三教共同具有的教義，他認爲三教有一共同的宗旨，即勸人爲善棄惡，都共同的可以發揮「致君澤民」的作用。甚至他也相信回民與漢人「習尙雖不同教，而同歸於爲善」。西洋天主教也「原無深惡痛絕之處」，也是教人爲善的，如果不是天主教徒違反了中國的倫理傳統，牽涉到了政治鬥爭，相信雍正也會利用他們的。總之，雍正對各種學理與宗教都有興趣，而且又有深入研究，因而他能糅合各家的宗旨大義，充分發揮，作爲皇帝統治國家的御用工具。

雍正年間對邊疆事務極爲關心。初年動員大軍平定青海之亂，並於事後採取很多措施徹底解決問題。例如推行盟旗制度，使蒙古王公成爲清朝政府的地方官員，並爲清廷統治蒙古牧民。又如對喇嘛寺廟的整調，使喇嘛教更加成爲統治蒙藏的思想工具。還有加強青海地區與內地貿易來往，發展了青海的文化與經濟。這一切促進了青海地區的統一，也促進了清朝多民族國家的鞏固與發展。

準噶爾蒙古的和戰關係雖然不算成功，但畢竟遏制了準部的野心與東進。劃定阿爾泰山爲牧地疆界，保障了喀爾喀蒙古的安全。雍正對西疆的用兵、對邊疆的經營仍是有其成效的。魏源說

：清朝解決西北問題，「聖祖墾之，世宗耨之，高宗穫之」，正足以說明雍正在這方面承先啓後的作用。

以上只是雍正事功成就中的重大幾項，其他在嚴行保甲、加強宗族制度上的努力，也有助於地方的治安；他重視農本、擴大墾田、興修水利，確實發展了經濟；他又在改革旗務、籠絡漢人、去奢崇儉、移風易俗以及很多方面做過努力，多半也有良好豐碩的成果。當然他在位只有十三年，時間不算多，很多改革工作可能無法完成，那也是無可奈何之事。同時又有很多改革，只是治標而未能治本，像科舉考試制度仍在舉行，僅靠打擊科舉中人是無法淸除弊端的。另外，他的皇權無限提升，迷信神仙祥瑞，個性殘忍狠毒，思維自傲主觀，應該也是他的缺點，而這些缺點也影響到他的政策制定與推行。我個人以爲雍正的一生功大於過。他自己評論他的歷史地位時說：「雖不敢媲美三代以上聖君哲后，若漢唐宋明之主實對之不愧。」這句話應該是相當中肯的。

國家圖書館出版品預行編目 (CIP) 資料

雍正寫真 / 陳捷先著 . -- 二版 . -- 臺北市
：遠流 , 2019.03
面； 公分 . --（實用歷史）

ISBN 978-957-32-8471-0（平裝）
1. 清世宗 2. 傳記

627.3 108001879

實用歷史
151

康熙寫眞

陳捷先⊙著

康熙是中國歷史上難得的傑出君主，無論在戲劇、小說中，他的傳奇一直讓人津津樂道。但除去劇作家、小說家的想像後，眞實的康熙究竟是什麼樣貌？

本書作者身爲有名的史學家，使用通俗的語言，寫眞實而有趣的歷史故事，如同「寫眞」一樣忠實地顯現康熙的方方面面，讀來不但是種愉快的精神享受，也增長了歷史知識。

本書以五十篇精湛的小品文來介紹康熙的家庭生活、爲人處世、朝政事功、宗教觀等。它不但反映了當時的時代背景，也是優秀的人物傳記。

雍正寫真

作　　者——陳捷先
總編暨總編輯——林馨琴
主　　編——游奇惠
責任編輯——陳穗錚・傅郁萍
發 行 人——王榮文
出版發行——遠流出版事業股份有限公司
臺北市100南昌路2段81號6樓
郵撥／0189456-1
電話／2392-6899　傳真／2392-6658
著作權顧問——蕭雄淋律師
2001年11月1日　初版一刷
2019年3月1日　二版一刷
售價新台幣 360 元　（缺頁或破損的書，請寄回更換）

ISBN 978-957-32-8471-0
YLib 遠流博識網
http://www.ylib.com　E-mail:ylib@ylib.com